beck'sche reihe

Vor nunmehr 70 Jahren nahm die Tragödie des Spanischen Bürgerkriegs ihren Anfang. War Spanien ein militärisches Übungsfeld der Achsenmächte? Wollte die Sowjetunion hier ihren ersten Satellitenstaat errichten? War der Einsatz der deutschen Legion Condor kriegsentscheidend? Handelte es sich um einen Religionskrieg, oder um einen Krieg gegen den Faschismus? Das vorliegende Buch führt in die wichtigsten Aspekte des Krieges ein, schildert die internationale Dimension des Konfliktes, erläutert die innerspanischen Zusammenhänge, den ideologischen Unterbau und zeigt die für die spanische Gesellschaft über Jahrzehnte währenden Folgen des Krieges.

Carlos Collado Seidel lehrt als Privatdozent Neuere Geschichte an der Universität Marburg.

Carlos Collado Seidel

Der Spanische Bürgerkrieg

Geschichte eines europäischen Konflikts

Verlag C. H. Beck

Originalausgabe

Gesamtherstellung: Druckerei C. H. Beck, Nördlingen
Umschlagentwurf: + malsy, Bremen
Umschlagabbildung: Robert Capa

Printed in Germany
ISBN-10: 3 406 54095 3
ISBN-13: 978 3 406 54095 0

www.beck.de

Für Hans und Barbara Neubert

Inhalt

Einleitung

Der Spanische Bürgerkrieg (1936–1939) ist ohne jeden Zweifel eines der großen Themen der europäischen Geschichte des 20. Jahrhunderts, eingebettet in die Epoche der Krise der Demokratien der Zwischenkriegszeit, die, aus der historischen Distanz betrachtet, unvermeidbar in die Katastrophe des Zweiten Weltkriegs geführt zu haben scheint. Schriftsteller von Weltrang wie George Orwell (*Mein Katalonien*), André Malraux (*Die Hoffnung*) oder Ernest Hemingway (*Wem die Stunde schlägt*) haben die Ereignisse in Spanien literarisch verarbeitet und damit nachdrückliche Zeugnisse der Tragödie geschaffen. Picassos *Guernica*, ein Bild, das für den Pavillon der spanischen Republik auf der Pariser Weltausstellung von 1937 konzipiert wurde, ist zum Inbegriff für das Leid geworden, das von diesem Krieg ausging. Das durch Fliegerstaffeln der deutschen Luftwaffe zerstörte kleine baskische Städtchen mahnt als Erinnerungsort an die deutsche Mitverantwortung an diesem Krieg.

Der Spanische Bürgerkrieg wird häufig als erste bewaffnete Auseinandersetzung zwischen «Faschismus» und «Antifaschismus» betrachtet. Eine auf die Ideologien bezogene Interpretation des Bürgerkrieges gewinnt zusätzlich an Gewicht, wenn die massive militärische Intervention Italiens, Deutschlands und der Sowjetunion in Betracht gezogen wird. So verstanden die meisten Zeitgenossen den Konflikt als Auseinandersetzung zwischen Ideologien, mit der nicht nur das Schicksal Spaniens, sondern darüber hinaus das der zivilisierten Menschheit auf dem Spiel stand. Die einen wähnten Demokratie, Fortschritt und Freiheit in Gefahr, während es für die anderen um die Abwehr der bolschewistischen Bedrohung und die Errettung des christlichen Abendlandes ging. Im Spanischen Bürgerkrieg verschärften sich damit Konflikte, die in anderen Ländern Europas vielfach noch mit politischen Mitteln ausgetragen worden waren. Erstmals kam es zu einer offenen militärischen Auseinandersetzung.

Der Spanische Bürgerkrieg war aber nicht nur ein Spiegel der ideologischen Auseinandersetzungen in Europa, und die Haltung der europäischen Mächte hat nicht nur den Kriegsausgang maßgeblich beeinflusst; er war ein entscheidender Faktor, der zu der späteren Frontstellung im Zweiten Weltkrieg führte. Zum einen suchte Frankreich angesichts der bedrohlichen Expansionsambitionen Hitlers und aus einem Gefühl der eigenen militärischen Schwäche heraus eine enge politische Tuchfühlung mit Großbritannien, und zum anderen fanden die sich zunächst argwöhnisch beäugenden Diktaturen in Italien und Deutschland über eine Kooperation in Spanien zur Bildung der «Achse Berlin-Rom» zusammen. Zudem erwies sich mit der deutschen und italienischen Intervention in Spanien die Hoffnung Londons als Trugschluss, zu einem grundsätzlichen Interessenausgleich vor allem mit Berlin und Rom zu gelangen, während die passive Haltung der westlichen Demokratien gegenüber den Achsenmächten diese in ihrer aggressiven Expansionspolitik bestärkt hat. Das Gesicht Europas hat sich zwischen Juli 1936 und April 1939 grundlegend gewandelt.

Gleichzeitig ist der Spanische Bürgerkrieg aber ein zentraler Bestandteil der neueren spanischen Geschichte und eingebettet in ein soziales und politisches Umfeld zu verstehen, das sich genuin aus der spanischen Geschichte ergibt. Hierzu gehörten in einem agrarisch und durch Großgrundbesitz geprägten Land die immer brennender artikulierte soziale Frage der Landarbeiterschaft sowie die Forderung nach politischer Partizipation größerer Bevölkerungskreise, die im Grunde erst mit der Errichtung der Zweiten Republik möglich werden sollte. Zu diesen politischen Konflikten tritt ein aggressiver Antiklerikalismus als Symptom der Auflehnung gegen die etablierte Ordnung, die sich in Spanien in einer besonders ausgeprägten Kohärenz von Staat, soziopolitischen Herrschaftseliten und Amtskirche manifestiert hatte. Somit ist der Spanische Bürgerkrieg zu Recht als ausgesprochener Klassenkonflikt interpretiert worden. In ihm kommen aber auch weit in die Geschichte zurückreichende innerspanische Nationalitätenkonflikte zum Tragen. So entstanden in Katalonien und im Baskenland, den industrialisierten peripheren Regionen des Landes, immer stärkere regionalistische Tendenzen, die sich gegen den Madrider Zentralismus richteten. Andererseits wird der Putschversuch, der zum Spanischen Bürgerkrieg führte, aber auch als die letzte der spanischen Militärerhebungen interpretiert, die die Geschichte Spaniens seit den napoleonischen Befreiungskriegen geprägt haben, indem ein politisiertes Offizierskorps sich legitimiert fühlte, als Korrektiv in die Politik einzugreifen, um im Jahr 1936 die als staatszersetzend wahrgenommene demokratisch-republikanische Ordnung zu beseitigen. Insgesamt haben wir es dabei aber im Wesentlichen mit Konfliktfeldern zu tun, die auch anderswo in Europa im Rahmen der Entstehung einer bürgerlichen Gesellschaft bestanden haben. Allerdings lässt sich in Spanien angesichts einer bis weit in das 20. Jahrhundert hinein weitgehend statischen Gesellschaft, in der sich liberale bürgerliche Ideale und sozialreformerische Ansätze im Grunde bis zur Ausrufung der Republik im Jahr 1931 nicht durchzusetzen vermochten, eine deutliche Phasenverschiebung erkennen, eine Verkrustung politischer Strukturen ohne die Fähigkeit, soziale Konflikte zu entschärfen.

Seit Jahrzehnten weckt der Spanische Bürgerkrieg in aller Welt Emotionen. Die Erregung über diese Zeit hat nicht nur nicht nachgelassen, sondern erreicht innerhalb der spanischen Öffentlichkeit nach 70 Jahren eine neue Dimension. Wie auch in Deutschland erst lange nach dem Ende des Zweiten Weltkriegs eine intensive Auseinandersetzung mit der nationalsozialistischen Herrschaft einsetzte, so hat in Spanien die Tabuisierung öffentlicher Debatten über Täter und Opfer des Krieges, die nach Francos Tod im November 1975 im Verlauf des Demokratisierungsprozesses die Aufarbeitung der Tragödie verhinderte, bis heute nachgewirkt. Die wissenschaftliche Forschung hat sich zwar seit langem intensiv und grundlegend mit dem Bürgerkrieg befasst, aber erst in den letzten Jahren sind eine Vielzahl von Büchern erschienen, die sich als Erinnerungsliteratur verstehen und in der Darstellung von Einzelschicksalen Leid und Brutalität des Krieges beschreiben. Unter großer medialer Beteiligung wird nun auch die Öffnung ungezählter Massengräber betrieben, deren Existenz verdrängt worden war. Die spanische Gesellschaft wird gegenwärtig von einer gewaltigen emotionsgeladenen Welle der Erinnerung an die größte menschliche Tragödie der spanischen Geschichte erfasst.

Das vorliegende Buch versteht sich als eine Einführungs- und Überblicksdarstellung auf der Grundlage der aktuellen Forschungsergebnisse. Dabei sollen sowohl die internationale Dimension als auch innenpolitische Ursachen und Konstellationen sowie ideologische Aspekte Berücksichtigung finden. Nachdem die Zeit zwischen 1931 und 1939 aus guten Gründen immer stärker als eine historische Einheit wahrgenommen wird, ist die knappe Beleuchtung der Grundkennzeichen der spanischen Gesellschaft sowie der Grundzüge der politischen und gesellschaftlichen Entwicklung in der Zeit vor 1936 notwendig. In einem zweiten Abschnitt wird erläutert, wie und warum die Militärerhebung scheiterte und wie je nach Erfolg oder Misserfolg des Putsches in den verschiedenen Garnisonsstädten zwei Kriegslager mit klar definierten Herrschaftsgebieten entstanden. Da aber beide Kriegsparteien zur Führung eines Krieges auf ausländische Waffenlieferungen angewiesen waren, sollen in den drei folgenden Kapiteln nicht nur der Verlauf des Krieges und die Entwicklung der beiden Lager, sondern vor allem auch die kriegsentscheidende Haltung der europäischen Mächte analysiert werden. Aufgrund der gewaltigen ideologischen Aufladung des Konfliktes muss insbesondere im Hinblick auf die beträchtliche Heterogenität der Kräfte innerhalb der Kriegsparteien auch ein Blick auf die Prozesse geworfen werden, die zur Entstehung zweier ideologischer Lager führten. Schließlich soll in einem Ausblick auf die bis in die Gegenwart reichenden Folgen des Krieges hingewiesen werden. Oft gestellte Fragen werden nach der Lektüre des Bandes beantwortet sein: War der Spanische Bürgerkrieg das erste Kapitel des Zweiten Weltkriegs? War der Einsatz der *Legion Condor* kriegsentscheidend? War der Bürgerkrieg ein Religionskrieg? War das Franco-Regime eine faschistische Diktatur? Karten, Kurzbiographien der wichtigsten Personen und eine Zeittafel erleichtern den Überblick. Ausgewählte Literatur führt ein in eine vertiefte Beschäftigung mit einzelnen Aspekten des Bürgerkrieges.

Abschließend noch ein Wort zu den verwendeten Begriffen. So wird zur Bezeichnung der Aufständischen neben dem Begriff «Putschisten» für die Phase der Institutionalisierung des Regimes insbesondere auf den aus der Zeit stammenden Begriff «Nationalisten» und, um das immer stärker auf die Person des Diktators zugeschnittene Regime zu charakterisieren, für die Endphase des Krieges auch auf die Bezeichnung «Franquisten» zurückgegriffen. Diese Begriffe können etwas missverständlich sein, zumal sich regionalistische Kräfte des Baskenlandes und Kataloniens auch als nationalistisch verstanden, doch sie haben sich in der Forschung etabliert. Besondere Probleme bietet eine Sammelbezeichnung für die Koalition der Kräfte im Lager der Republik, nachdem hier nicht nur linke Gruppierungen wie Sozialisten, Kommunisten, Anarchisten, sondern darüber hinaus bürgerlich-republikanische und sogar eine konservativ-katholische baskische Partei vertreten waren. Obwohl einige der in dieser Koalition enthaltenen revolutionären Kräfte dezidiert gegen die republikanische Ordnung kämpften, wird wie in der Literatur üblich auf den Begriff «republikanisches Lager» oder «Republik» zurückgegriffen.

1. Konflikte und Gewalt in einer zerrissenen Gesellschaft

Die Analyse der Ursachen dieses mit äußerster Brutalität geführten Bürgerkriegs erfordert einen vertieften Blick auf die Bedingungen des Modernisierungsprozesses innerhalb der spanischen Gesellschaft. Die gesellschaftlichen Veränderungs- und Liberalisierungsprozesse des 19. Jahrhunderts, die in Spanien später als in anderen Staaten Europas einsetzten, führten hier zu keiner bedeutenden Schwächung jener Gesellschaftsschichten, die im Ancien Régime eine hegemoniale Position innegehabt hatten. Die Schwächung der politischen Macht im Rahmen liberal-revolutionärer Prozesse ging nicht einher mit einer Minderung der ökonomischen Besitzverhältnisse oder einer Schmälerung der gesellschaftlichen Bedeutung. Im Jahr 1930 verfügte der Großgrundbesitz über etwa ein Drittel der landwirtschaftlichen Nutzfläche, während dessen Anteil, an der Zahl der Betriebe gemessen, lediglich 0,1 Prozent ausmachte.

Vergleichbar den Ereignissen, die im übrigen Europa dem Revolutionsjahr von 1848 folgten, führten in Spanien revolutionäre Vorgänge im Jahr 1873 zur Ausrufung der Ersten Republik, doch die Angst des liberalen Bürgertums vor den revolutionären Massen brachte auch das Ende der reformorientierten Bestrebungen. Mit der Wiedereinführung der Monarchie unter Alfons XII. (1874–1885) begann die sogenannte Etappe der Restauration, in der im Gegensatz zu der Entwicklung in anderen europäischen Nationen dieser Zeit keine Modernisierung der Gesellschaft einsetzte. In dem politischen System der Restauration spiegelten sich vielmehr weiterhin die traditionellen sozialen Machtverhältnisse innerhalb des Landes. Zwei politische

Parteien, die sich wenig voneinander unterschieden, beide vom aristokratisch dominierten Großgrundbesitz getragen und beide für die Monarchie engagiert, wechselten sich in einem regelmäßigen Turnus einvernehmlich und unabhängig von tatsächlichen Wahlergebnissen in der Regierungsausübung ab. Das Bürgertum (ganz zu schweigen von der Arbeiterschaft) fand sich im politischen System der Restauration in einem kaum nennenswerten Umfang vertreten. Das Wahlsystem, das zu einer überproportionalen Repräsentanz der ländlichen Regionen führte, sowie die paternalistischen Abhängigkeitsstrukturen auf dem Land, die eine massive Wahlbeeinflussung durch die Großgrundbesitzer ermöglichten, boten keinen Raum für legale politische Betätigungen außerhalb dieses abgeschlossenen Parteiensystems, an dem nur eine kleine Minderheit teilhatte. Somit lag neben der sozialen und wirtschaftlichen auch die politische Macht in den Händen einer kleinen Gruppe, die im Wesentlichen die Interessen des Adels und der großbürgerlichen Familien vertrat. Auf diese Weise war in Spanien bis zur Ausrufung der Zweiten Republik (1931–1936/39) kein politisches Repräsentationssystem ähnlich dem in Frankreich oder England entstanden, das den Veränderungen innerhalb der Gesellschaft Rechnung getragen hätte und das flexibel genug gewesen wäre, um die neuen gesellschaftlichen Kräfte politisch zuzulassen und zu integrieren.

Wenngleich Analogien zu der gesellschaftlichen Machtverteilung in den ostelbischen Provinzen Preußens gezogen werden können, müssen für den borussischen Staat in dieser Zeit ein rapide zunehmender Industrialisierungsgrad und damit wachsend die zunehmende Bedeutung des Bürgertums festgestellt werden. Im Vergleich zu der rasanten Industrialisierung in anderen westeuropäischen Staaten lässt sich für Spanien als besonderes Kennzeichen ein Beharren auf traditionellen Wirtschaftsformen sowie eine ausgesprochene Zurückhaltung gegenüber einem ökonomischen Denken erkennen. Ein wichtiger

Faktor für dieses Innovationen ablehnende Klima war die feudalistische Einstellung der traditionellen Eliten gegenüber Gewerbetätigkeit und Arbeitsleistung. Im Jahr 1898 schrieb ein deutscher Adeliger aus dem Hause Ungern-Sternberg: «Der spanische Adel ist ausschließlich ein Hofadel, und hält es nicht für nothwendig, activ in's Staatsleben einzugreifen. Nur falls es ihm an Geldmitteln gebricht, versucht er durch Empfehlungen irgend einen lucrativen Posten zu erhalten, und wenn er einen solchen erhält, so sieht er es beinahe als eine Schande und Entwürdigung an. Denn das muss jeder, der Spanien einigermaßen kennt, zugeben, dass die Arbeit als solche dort etwas gesellschaftlich entwürdigendes an sich hat, und dass das Nichtstun, der Genuss irgend einer Rente oder Pfründe das größte Ansehen verleiht» (Deutsches Handelsblatt, 25/1898). Wenn auch in der zweiten Hälfte des 19. Jahrhunderts Veränderungsprozesse einsetzten und der Adel nach dem Ende der Feudalherrschaft gezwungen war, kapitalistische Wirtschaftsformen anzunehmen und gewinnorientiert zu denken, hinkte dieser Prozess der Entwicklung in anderen europäischen Ländern deutlich hinterher. So war nicht nur bis weit in das 20. Jahrhundert hinein die althergebrachte traditionelle wirtschaftliche und gesellschaftliche Dominanz einer weitgehend statischen und auf Pfründen basierenden gesellschaftlichen Elite erhalten geblieben. Dieses Selbstverständnis des Adels wurde anders als in Deutschland auch von den aufstrebenden Finanz- und Industrieeliten verinnerlicht. Das Großbürgertum fühlte sich der aristokratischen Lebenswelt zugehörig, eine Haltung, die zudem in einer massiven Nobilitierungswelle während der Restaurationszeit und verstärkten Eheschließungen zwischen Adel und Besitzbürgertum zum Ausdruck kommt.

Nach der Überzeugung des Soziologen Santos Juliá hatte dieser Prozess der «Adelung» des Bürgertums weitreichende Folgen für die spanische Gesellschaft, da auf diese Weise das Bürgertum jene gesellschaftliche Führungsrolle abgab, die ihm aufgrund der Modernisierungs- und Industrialisierungsprozesse zukam, und darüber hinaus diese Prozesse durch die Festschreibung eines althergebrachten Systems schwächte (Juliá, Historia económica, 30f.). Die in diesem gesellschaftlichen Milieu vorherrschenden Wertvorstellungen nähren sich im Wesentlichen aus der Lehre der katholischen Kirche, der Institution der Monarchie und dem ihr innewohnenden hierarchischen Prinzip, der Überzeugung von der Familie als Grundlage der gesellschaftlichen Ordnung sowie einem ausgeprägten Patriotismus. Nach diesem Selbstverständnis kann es auch nicht verwundern, dass die gesellschaftlichen Eliten nicht nur die Forderungen nach politischer Partizipation und Verbesserung der sozialen Lage breiter Bevölkerungsschichten grundsätzlich ablehnten, sondern auch keinerlei Bedarf an Reformen des politischen Systems erkannten, um die Massen an das System zu binden. Allein die Repression schien das geeignete Mittel zu sein, um sozialen und politischen Forderungen unterer Bevölkerungsschichten zu begegnen. Eine Egalisierung der sozialen Schichten stellte nach diesem Selbstverständnis im Grunde nichts anderes als einen Frevel gegenüber der göttlich gewollten Ordnung auf Erden dar.

So zeigt sich für die Epoche der Restauration in Spanien eine deutliche Dichotomie zwischen dem Fortbestand einer aus dem Ancien Régime herübergeretteten Gesellschaftsstruktur und den gesellschaftlichen Entwicklungen seit dem ausgehenden 19. Jahrhundert; eine Situation, die bis zum Ausbruch des Bürgerkrieges keine grundlegende Veränderung erfahren sollte. Wie der Historiker González Cuevas schreibt, war das Weltbild der gesellschaftlich dominierenden Schicht ausgesprochen statisch, und sie war unfähig, die soziale Realität in Spanien zu erkennen und jene Kräfte einzuschätzen, die mit dem Sturz der Monarchie im Jahr 1931 auf eine völlige Neugründung der politischen Ordnung abzielten (González Cuevas, Historia de las derechas, 247ff.).

Die soziale Lage barg eine gewaltige Sprengkraft angesichts von unproduktiven Wirtschaftsweisen, etwa in Gestalt enormer brachliegender landwirtschaftlicher Flächen, und eines seit Mitte des 19. Jahrhunderts einsetzenden überproportionalen Bevölkerungswachstums, das zu Verelendungserscheinungen, vor allem bei den von der Landwirtschaft abhängigen Arbeitskräften, führte. In der Restaurationszeit kam es zu Hungerrevolten, die durch den Einsatz der Guardia Civil oder des Militärs meist blutig niedergeschlagen wurden. Diese Konflikte erhielten gegen Ende des 19. Jahrhunderts allerdings einen immer stärker organisierten und politischen Charakter. Unter den Landarbeitern Andalusiens verbreiteten sich insbesondere der Anarchismus und als organisierte Sonderform der Anarchosyndikalismus der *Confederación Nacional del Trabajo* (CNT). Nachdem die beginnende Industrialisierung ähnliche soziale Probleme mit sich brachte wie bereits in anderen europäischen Staaten, gewannen in den neu entstehenden industriellen Ballungszentren, vor allem im textilproduzierenden Gewerbe in Katalonien, dem Kohlebergbau in Asturien, dem Eisenhüttenwesen und der metallverarbeitenden Industrie im Baskenland, ebenfalls sozialrevolutionäre und radikal-reformerische Ideen an Boden, und die Reihen der 1879 gegründeten sozialistischen Partei *Partido Socialista Obrero Español* (PSOE) und ihrer gewerkschaftlichen Organisation *Unión General de Trabajadores* (UGT) erfuhren neben der CNT starken Zulauf.

Der Verlust der letzten überseeischen Kolonien nach der Niederlage Spaniens im Krieg gegen die USA im Jahr 1898 erschütterte nachhaltig das politische System der Restauration und hatte traumatisierende Folgen, nachdem damit eine mühevoll aufrechterhaltene imperiale Fassade in sich zusammenbrach. Hinzu kamen wachsende soziale Spannungen. In den Industrie- und Ballungsgebieten, vor allem in Katalonien, kam es zu Streiks und Attentaten mit anarchistischem Hintergrund. Der Ruf nach Erneuerung wurde zum Programm nicht nur der

Arbeiterschaft, sondern erfasste auch reformorientierte Kräfte aus den bürgerlichen Schichten und dem Militär. Die Krise vertiefte sich infolge des Ersten Weltkriegs weiter. Spanien blieb neutral, und das dadurch verstärkte Wirtschaftswachstum führte zu einer Verschiebung der Machtgewichte innerhalb der ökonomischen Eliten des Landes und auch zu einem Aufschwung im Selbstbewusstsein des Bürgertums. Vor diesem Hintergrund kam es Mitte 1917 zu einem Vorstoß bürgerlicher Schichten, insbesondere in Katalonien, das politische System zu reformieren.

Gerade in Katalonien lebten aber auch regionalistische Tendenzen auf. Der wirtschaftliche Erfolg bescherte nicht nur den bürgerlichen Schichten Wohlstand, sondern brachte auch eine aus dem neuen Selbstbewusstsein resultierende Rückbesinnung auf die regionalen Wurzeln. Dies zeigte sich zunächst im Aufblühen von Dichtung und Literatur in katalanischer Sprache, artikulierte sich rasch aber auch politisch, indem die Wiedereinführung früherer katalanischer Sonderrechte und Institutionen zum Programm erhoben wurde. Bereits am Anfang des 20. Jahrhunderts entwickelte sich die bürgerliche *Lliga Regionalista de Catalunya* zur dominierenden Partei in Katalonien. Mit der Zeit griff der Katalanismus aber auch auf andere Gesellschaftsschichten über, die sich vor allem in der *Esquerra Republicana* unter der Führung von Francesc Macià sammelten, so dass bis 1931 von einer breiten regionalistischen Bewegung gesprochen werden kann. Katalonien begriff sich als Nation und trat damit in Gegensatz zu dem in Madrid formulierten gesamtstaatlichen Anspruch.

Das Baskenland erlebte ebenfalls einen starken wirtschaftlichen Aufschwung, aber der baskische Nationalismus basierte anders als in Katalonien nicht auf dem Selbstbewusstsein des aufstrebenden Bürgertums. Hier kam vielmehr ein ethnisch begründeter Abgrenzungswille zum Tragen. Die Ende des 19. Jahrhunderts in Gestalt der baskischen nationalistischen

Partei PNV politisch artikulierte nationalkulturelle Bewegung war eine im Kern antimoderne Bewegung. Dies hing damit zusammen, dass die baskische Industrialisierung durch kastilische, aber auch durch baskische, an Madrid orientierte Unternehmer vorangetrieben wurde und sie einen starken Zuzug von Arbeitskräften aus anderen Regionen Spaniens zur Folge hatte. Der baskische Nationalismus ist daher zunächst als eine Abwehrreaktion gegen die Folgen der Industrialisierung zu verstehen. Die erst im Laufe des 19. Jahrhunderts verloren gegangenen Sonderrechte sollten nicht nur wiederhergestellt werden, das Baskenland sollte darüber hinaus von fremden, nichtbaskischen Einflüssen befreit werden. Damit blieb der baskische Nationalismus zunächst eine Erscheinung der ruralen und kleinbürgerlichen Gegenden, der vor allem durch den niederen Klerus unterstützt und verbreitet wurde.

Die Reformbestrebungen des Bürgertums fielen mit den Forderungen der organisierten Arbeiterschaft nach politischer Partizipation und sozialen Reformen zusammen. Als nun UGT und die anarchosyndikalistische CNT es im wirtschaftlich turbulenten Jahr 1917 durch Streiks auf eine Kraftprobe ankommen ließen, zeigte sich rasch, dass die besitzenden Schichten nicht nur nicht bereit waren, den Forderungen der Arbeiterschaft nachzugeben; aus Angst um die Besitzstände bei einer weiteren Destabilisierung des Systems gab das Bürgertum den Versuch auf, politische Reformen durchzusetzen. Die daraus resultierende Kluft zwischen dem besitzenden Bürgertum in Allianz mit den Großgrundbesitzern auf der einen Seite und der Arbeiterschaft auf der anderen erreichte damit einen ersten Höhepunkt. Die blutige Niederschlagung von Aufständen – so ereigneten sich in den Folgejahren vor allem im anarchistisch dominierten Süden wiederholt Streiks und Landbesetzungen – unterdrückte zwar punktuell die Protestbewegungen, war aber kaum dazu geeignet, das Problem zu bewältigen. Vielmehr vertieften sich die Ressentiments gegen und der Hass auf das bestehende System. Die Industrieregionen wurden zudem durch eine tiefe Krise erschüttert, da das Ende des Ersten Weltkrieges dazu geführt hatte, dass Absatzmärkte im Ausland verschwanden. Die Folge waren Massenentlassungen und Lohnkürzungen. Streiks wurden mit Aussperrungen und Gewalt beantwortet, so dass sich auch die Radikalisierung der städtischen Arbeiterschaft verstärkte. Insbesondere Barcelona erlebte eine Welle terroristischer Attentate anarchistischer Provenienz.

Die Labilität des politischen Systems war nach außen hin deutlich sichtbar, da sich in einer raschen Folge die Regierungen und ihre Versuche abwechselten, der inneren Krisen Herr zu werden. Das Zweiparteiensystem der Restauration zerfiel zudem in eine Vielzahl von Parteien zur Vertretung unterschiedlichster Interessen. Der König griff seinerseits, auch im Hinblick auf die Belange des Militärs, immer stärker in die Regierungsarbeit ein. Das Militär wiederum war zu diesem Zeitpunkt nicht nur wegen innerer Spannungen alarmiert. Die Streitkräfte wurden der Lage in Marokko nicht Herr, wo seit Jahren ein Kolonialkrieg tobte, was zu wachsenden Spannungen zwischen Heeresführung und Zivilverwaltung führte. Hinzu kamen Spannungen innerhalb der Armee, nachdem sich die auf der Iberischen Halbinsel stationierten Einheiten im Vergleich zu der Beförderungspraxis bei der Afrikaarmee beruflich benachteiligt fühlten. Darüber hinaus wurden Forderungen artikuliert, die eine Verbesserung der ihrem Selbstwertgefühl nicht angemessenen Besoldung betrafen. In einer direkten Kraftprobe mit der zivilen Regierung, die nicht zuletzt aufgrund der sozialen Unruhen keine Konfrontation riskieren wollte, ging das Militär als Sieger hervor. Damit zeigte sich, dass das Militär de facto eine autonome Machtposition neben der Regierung des Landes innehatte und, wie sich auch in den Folgejahren erweisen sollte, gewillt war, diese zur Geltung zu bringen. Das Militär, das seit Beginn des Jahrhunderts eine immer stärkere soziopolitische Rolle eingenommen und auch dank der Patronage durch Alfons XIII. eine Privilegierung erfahren hatte, wurde damit zu einem entscheidenden Machtfaktor innerhalb des Systems. Die Kette der demütigenden Niederlagen der spanischen Streitkräfte bei ihren krampfhaften Versuchen, die rebellischen Stämme der Rifkabylen zu befrieden, die im Jahr 1921 mit der vernichtenden Niederlage eines spanischen Expeditionsheeres bei Annual ihren Höhepunkt fand, führte zu einer weiteren das Land erschütternden Krise. Während das Kolonialheer in Marokko eine Fortführung des Krieges verlangte und die Öffentlichkeit sich kriegsmüde zeigte, entbrannte auf politischer Ebene ein nicht endender Streit um Verantwortlichkeiten für die militärische Niederlage von Annual und über die Fortsetzung des Krieges.

Angesichts der innenpolitischen Krisen und der eskalierenden Gewalt erwies sich das System der Restauration schließlich als handlungsunfähig. Der oberkommandierende General für die Militärregion Katalonien, Miguel Primo de Rivera, übernahm im September 1923 durch einen von König Alfons XIII. tolerierten Staatsstreich die Regierungsgewalt und entmachtete das Parlament. General Primo de Rivera hatte in Barcelona nicht nur den anarchistischen Terror als Bedrohung für die nationale Ordnung und die Interessen der katalanischen Unternehmer wahrgenommen. Als Spross einer Familie von Großgrundbesitzern in Andalusien hatte er auch die Aufstände der Landarbeiter zu spüren bekommen. Mit der Ablösung des parlamentarischen Systems trat nun ein Diktator an die Spitze der Regierung, der mit dem erklärten Ziel antrat, Spanien von Berufspolitikern zu befreien und das Staatswesen mittels eines autoritären Regimes auf eine neue Grundlage zu stellen. Spanien stand damit vor einer Militärdiktatur, wie sie auch Kennzeichen vieler ost- und südosteuropäischer Staaten der Zwischenkriegszeit war. Das Militär machte sich zum Interpreten der nationalen Interessen des Landes.

Mit der Diktatur Primo de Riveras kommt es für einige Jahre zu einer deutlichen Reduzierung der sozialen Spannungen. Mit Ausnahme der Anarchisten, die weiterhin die Zerstörung von Staat und Kapitalismus anstrebten, sowie der kleinen kommunistischen Partei erhofften sich alle politischen und sozialen Gruppierungen positive Impulse. Primo de Rivera als Speerspitze einer «nationalen und patriotischen Revolution von oben» verstand sich als Erneuerer Spaniens. Unter Primo de Rivera übernahm der Staat eine verstärkte Lenkungsfunktion in sozialen und wirtschaftlichen Belangen. Und in der Tat erreichte Primo de Rivera die Lösung einiger der brennenden Probleme. So wurden zwar die anarchistischen Organisationen verboten, stattdessen aber wurde die sozialistische Gewerkschaft UGT in das System integriert und übernahm die Vertretung der Interessen der Arbeiterschaft. Die Sozialisten erhofften sich durch diese pragmatische Haltung die Überwindung der Unterentwicklung der sozialen Strukturen des Landes und eine spürbare Verbesserung der Lage der Arbeiterschaft durch Lohnerhöhungen und Arbeitsbeschaffungsmaßnahmen. Durch die Kooperationsbereitschaft der Sozialisten nahmen die sozialen Auseinandersetzungen deutlich ab. Die Wirtschaftsleistung und das Volkseinkommen wiederum wuchsen. Ein breit angelegtes Infrastrukturprogramm, das vor allem auf die Verbesserung der Verkehrswege setzte, sollte zudem strukturelle Defizite beseitigen. 1926 gelang durch eine militärische Großoffensive schließlich auch die Zerschlagung des Widerstandes in Nordmarokko.

Bald zeigten sich jedoch eine Reihe von Problemen, die sich innerhalb der verkrusteten Gesellschaftsstrukturen als unüberwindliche Hindernisse erweisen sollten. Da Primo de Rivera die Einführung paritätisch besetzter Tarifparteien zur Regelung von Fragen der Entlohnung und Arbeitsbedingungen anstrebte, brachte er bald die Großgrundbesitzer und Industriellen gegen sich auf. Auch andere Bereiche des öffentlichen Lebens, das er neu zu regeln versuchte, brachten ihm trotz einer anfänglichen Euphorie immer weitere Feindschaften innerhalb der Führungseliten ein. Das Militär sperrte sich gegen eine Neuordnung des Laufbahn- und Beförderungssystems. Das katalanische Bürgertum wiederum stieß sich an der Ablehnung des Regionalismus. Das Bürgertum litt bald unter der Entwertung der Pesete, die auf das kostspielige Programm zur Verbesserung der Infrastruktur des Landes zurückgeführt wurde, und mit Zunahme der Finanz- und Wirtschaftsprobleme in Folge der internationalen Finanzkrise distanzierten sich auch Unternehmer und Gewerkschaften vom Diktator. Der Versuch der Institutionalisierung eines autoritären korporativen Staates, wie er sich in Portugal oder Österreich entwickeln sollte, scheiterte schließlich 1929 nach breiter Ablehnung eines durch Primo de Rivera vorgelegten Verfassungsentwurfes. Die traditionellen Machteliten sahen im Diktator nicht mehr den Vertreter ihrer Interessen, und Regionalisten und Arbeiterschaft waren enttäuscht über den fehlenden Willen zu grundlegenden sozialen Strukturreformen. Angesichts des Verlustes an Rückhalt durch die Eliten des Landes, auch des Militärs, trat Primo de Rivera im Januar 1930 schließlich zurück und ging ins französische Exil.

Nun aber brachen wieder die alten sozialen Konflikte auf, und es radikalisierten sich erneut die politischen Auseinandersetzungen im Land. Auf der einen Seite standen reaktionär eingestellte traditionelle Eliten, die eine rücksichtslose Diktatur in ihrem Sinn als einzig gangbaren Weg ansahen. Auf der anderen Seite wurde der Ruf nach grundlegenden sozialen Reformen bis hin zur Revolution wieder laut. Der vom König eingesetzten Regierung unter General Dámaso Berenguer gelang es nicht, die sich zuspitzende Lage unter Kontrolle zu bringen und eine Rückkehr zum System der Restauration zu bahnen. In San Sebastián formierte sich im Sommer 1930 eine ernstzunehmende reformorientierte und republikanische Front. In der Folge der Kommunalwahlen vom 12. April 1931, die als Plebiszit über die Staatsform und die soziale Ordnung verstanden wurden, kam es schließlich zum Kollaps des Systems. Zwar hatten auf dem Land aufgrund der dort noch weitgehend unangetasteten althergebrachten Sozialstrukturen die besitzenden Schichten einen Wahlsieg errungen, die Sozialisten und das liberale Bürgertum waren jedoch in den meisten Städten als stärkste Gruppierung hervorgegangen. In der Absicht, eine weitere politische Eskalation und eine Machtübernahme radikaler Arbeiterorganisationen zu vermeiden, sowie angesichts einer allgemeinen Orientierungslosigkeit entzogen das Establishment und vor allem die Streitkräfte dem König das Vertrauen. Alfons XIII. ging am 14. April 1931 ins Exil. Die Zweite Republik wurde ausgerufen.

Mit einer gespannten Erwartungshaltung stand Spanien vor einer letztlich völlig unerwartet entstandenen Situation. Vor allem die Rechte befand sich dabei zunächst in einer Phase der Desorientierung, nachdem das Modell einer Militärdiktatur und selbst die Institution der Monarchie gescheitert und bis zu einem gewissen Grad diskreditiert waren. Die Republik wurde von den gesellschaftlich dominierenden Schichten allerdings als Bedrohung wahrgenommen, wie etwa eine massive Kapitalflucht ins Ausland bezeugt (Viñas et al., Política comercial, I, 55). Demgegenüber wurden bei der Arbeiterschaft und dem Kleinbürgertum gewaltige Hoffnungen geweckt. Die Parteien, die sich im Jahr zuvor im «Pakt von San Sebastián» zusammengefunden hatten, standen für die Einleitung grundlegender Strukturreformen bereit. Zum Chef der provisorischen Regierung wurde zunächst Niceto Alcalá Zamora gewählt, ein Großgrundbesitzer aus dem andalusischen Córdoba, der bereits unter Alfons XIII. ein Ministeramt innegehabt hatte. Das wichtige Innenressort fiel wiederum an Miguel Maura, den Sohn des einflussreichen konservativen Politikers Antonio Maura. Beide Politiker vertraten katholisch-konservative Positionen und boten somit dem Establishment immerhin eine gewisse Gewähr dafür, dass die Republik keinen radikalen Bruch mit der Vergangenheit herbeiführen würde. Die Sozialisten zeigten sich darüber hinaus gemäßigt. Die Forderung nach Abschaffung der Guardia Civil als Symbol der Repression gegen die Arbeiterschaft wurde fallen gelassen, und die provisorische Regierung unterband auch Übergriffe gegen Einrichtungen, die wie der Königspalast das verhasste monarchistische Regime versinnbildlichten.

Bei den Parlamentswahlen Ende Juni 1931 errangen die Sozialisten und linksrepublikanische Parteien, die wiederum heterogene Gruppierungen aus dem bürgerlichen Mittelstand umfassten, einen überwältigenden Sieg. Das schlechte Abschneiden der konservativen und reaktionären Parteien ist dabei einerseits auf das Wahlsystem und andererseits auf die noch nicht erfolgte Bündelung ihrer Kräfte zurückzuführen. Um eine Zersplitterung der Nationalversammlung zu vermeiden und mit Blick auf die negativen Folgen, die Zeitgenossen dem Modell von Weimar aufgrund der instabilen Mehrheitsverhältnisse zuschrieben, war das Wahlsystem so gestaltet worden, dass Wahlbündnisse bei der Sitzverteilung massive Vorteile erhielten. Auf diese Weise sollten starke parlamentarische Mehrheiten entstehen. Die Sitzverteilung erfolgte nach Provinzen, und diejenige Partei oder Wählervereinigung, die in der jeweiligen Provinz die Mehrheit erhielt und über vierzig Prozent der Stimmen auf sich vereinigen konnte, bekam automatisch achtzig Prozent der für diese Provinz vorgesehenen Parlamentssitze. Der zweitstärksten Gruppierung wiederum wurden die restlichen zwanzig Prozent zugesprochen. So konnten also nur wenige Stimmen Unterschied bei Wahlen gewaltige Verschiebungen in der Sitzverteilung hervorrufen.

Durch das Wahlergebnis war die Macht von der kleinen besitzenden Oberschicht an bürgerlich-liberale Mittelschichten und eine gemäßigte sozialistische Partei übergegangen. Trotz divergierender Vorstellungen nahm diese Koalition unter dem neuen Ministerpräsidenten Manuel Azaña eine grundlegende Reform der überkommenen politischen Strukturen in Angriff. Dazu zählten insbesondere eine Militärreform mit dem Ziel, die Armee zu professionalisieren und politische Ambitionen des Offizierskorps zu unterbinden, die Verwirklichung der strikten Trennung von Staat und Kirche, um auf diese Weise das Religiöse aus dem öffentlichen Leben zu verbannen, eine Bodenreform, um die Produktivität im Agrarsektor zu erhöhen und den Forderungen nach Umverteilungen nachzukommen, und die Absicht, den Forderungen nach Selbstverwaltung in den historischen Regionen zu entsprechen. Die Palette der Reformvorhaben, die in einer neuen Verfassung verankert werden sollten, war somit umfassend und richtete sich klar gegen die Interessen und Wertvorstellungen der althergebrachten sozialen, ökonomischen und politischen Machtträger. Es war unschwer vorauszuahnen, dass sich diese die Kontrolle über Staat und Gesellschaft nicht so einfach nehmen lassen und eine derart grundlegende Umgestaltung des Staatswesens nicht hinnehmen würden.

Das Vorhaben, eine strikte Trennung von Staat und Kirche herbeizuführen, sollte sich als außerordentlich konfliktreich erweisen. Das lag im Wesentlichen daran, dass die katholische Kirche in Spanien seit Jahrhunderten und bis zum Sturz der Monarchie im Jahr 1931 nahezu ununterbrochen eine privilegierte Position innegehabt und ihre Lehren das öffentliche und private Leben maßgeblich bestimmt hatten. So wirkte sie disziplinierend und konnte, etwa durch die Kontrolle über das Erziehungswesen, auch lenkend auf gesellschaftliche Prozesse einwirken. Der katholischen Konfession war ganz offiziell der Rang einer Staatsreligion zugekommen. Die neue republikanische Verfassung verbannte nun die Ausübung der Religion in konsequenter Weise in die private Sphäre und eliminierte die Stütze, die sich Staat und Kirche gegenseitig geboten hatten. Sie entzog dem Klerus und den Orden jegliche finanzielle staat-

Manuel Azaña wurde 1880 in Alcalá de Henares bei Madrid geboren. Nach einem Jurastudium arbeitete er zunächst im Justizministerium. In den 1920er Jahren trat er durch publizistische Aktivitäten hervor, agitierte als begabter Redner gegen die Diktatur von Primo de Rivera und trat für eine republikanische Staatsordnung ein. Als Vorsitzender des Intellektuellenklubs *Ateneo* war er eine der zentralen Persönlichkeiten des Madrider Kulturlebens. Er war Mitglied der republikanischen Opposition, die 1930 den «Pakt von San Sebastián» unterzeichnete. Azaña übernahm 1931 zunächst das Amt des Kriegsministers innerhalb der provisorischen Regierung unter Niceto Alcalá Zamora und später das des Ministerpräsidenten. Unter seiner Federführung wurden eine Militärreform und die Trennung von Staat und Kirche vorangetrieben. Er wurde im Zusammenhang mit den Aufständen in Barcelona im Oktober 1934 kurzzeitig inhaftiert. Nach den Wahlen vom Februar 1936 wurde er erneut zum Ministerpräsidenten und nach dem Rücktritt Alcalá Zamoras zum Staatspräsidenten gewählt. Er trat als eine der wenigen Persönlichkeiten hervor, die sich noch im Krieg für eine Aussöhnung der Kriegsparteien aussprachen. Nach seiner Flucht nach Frankreich trat er Ende Februar 1939 vom Amt des Staatspräsidenten zurück. Er starb 1940 im französischen Exil.

liche Unterstützung. Zudem wurde der Jesuitenorden verboten und sein Vermögen eingezogen, da er sich mit dem Gehorsamsgelübde dem Papst gegenüber einer ausländischen Macht unterwarf. Allen anderen Orden wurde eine Vielzahl von Einschränkungen auferlegt. So durften sie sich weder gewerblich betätigen noch Vermögen anhäufen. Vor allem aber wurde ihnen die Kompetenz entzogen, Schulen zu betreiben. Die Regierungskoalition war der Überzeugung, dass gerade Religion und Kirche ein Hindernis zur freien Entfaltung und Modernisierung der Nation waren und daher deren gesellschaftlich-öffentlicher Einfluss unterbunden werden müsse.

Es war unschwer abzusehen, dass die katholische Kirche in Spanien, die sich bereits in der Vergangenheit erfolgreicher als in anderen europäischen Ländern säkularisierenden Tendenzen entgegengestellt hatte, auch diesmal die traditionelle soziale Ordnung zu wahren versuchen würde. So wurden mit Billigung der Hierarchie die katholischen Lehren als politische Waffe im ideologischen Kampf eingesetzt. Dies kam insbesondere in der Doktrin des einflussreichen und radikalen reaktionären Zirkels um *Acción Española* sowie der populistischen Partei von José María Gil Robles, *Acción Popular*, klar zum Ausdruck. Nachdem die Einschränkung der öffentlichen Präsenz der Kirche tatsächlich das religiöse Empfinden von Millionen Spaniern berührte, nahmen breite Bevölkerungsschichten die gegen die Institution der Kirche gerichteten Artikel der Verfassung als das Werk einer aus Jakobinern zusammengesetzten Regierungskoalition wahr. Die Parteien der Reaktion besaßen damit ein Kampfargument, das die Mobilisierung der Massen ermöglichte.

Die konservative Opposition empfand das Säkularisierungsvorhaben als Bedrohung. Dahinter stand die Überzeugung, dass die menschliche Vernunft grundsätzlich nicht in der Lage sei, zwischen Gut und Böse zu unterscheiden, sondern vielmehr der Lenkung durch christliche Ideale bedürfe. Jeglicher laizistische Humanismus von der Renaissance bis hin zur Französischen Revolution wurde als unchristlich empfunden, eine Bedrohung, die zwangsläufig zur Zerstörung der Gesellschaft führen würde. Eine solche Grundannahme akzeptierte weder ein säkularisiertes soziales Umfeld noch eine laizistische Auffassung von Kultur. Unter Rückgriff auf Theorien konservativer Denker wie Marcelino Menéndez Pelayo wurde der Beweis zu führen versucht, dass der Macht- und Bedeutungsverlust Spaniens mit dem Beginn der Verbreitung der Ideen der Aufklärung begonnen und die Säkularisierung der Gedanken die Grundfesten der Nation zerstört habe.

Die faktische Macht der Kirche und die alle Bereiche des privaten und öffentlichen Lebens umfassende Durchdringung mit ihrer Glaubenslehre hatten wiederum in zunehmendem Maße zur Formulierung eines radikalen Antiklerikalismus geführt. Der Liberalismus vertrat die Überzeugung, dass Spaniens kulturelle, ökonomische und soziale Rückständigkeit das Ergebnis der korsettartig einschnürenden Dominanz der Kirche sei. Liberalismus wie Traditionalismus sollten sich somit in der Folge gegenseitig bezichtigen, die Ursache allen Übels im Lande zu sein. Die politische Instrumentalisierung der Religion sollte in den Jahren der Zweiten Republik schließlich zu einer offenen Auseinandersetzung und gewaltigen Gewaltausbrüchen führen. Nach Hilari Raguer begingen Ministerpräsident Manuel Azaña sowie die liberal-bürgerlichen und linken Kräfte einen schweren Fehler, als sie die strukturelle Macht sowie die politische Reaktionsfähigkeit eines als inhaltsleere Hülle wahrgenommenen Katholizismus in Spanien unterschätzten. Azaña irrte demnach in seiner Überzeugung, dass der Katholizismus kein geistiges Gewicht mehr besitze und daher keine Kraft habe, um sich seinem Vorhaben entgegenzustellen, ein laizistisches Gemeinwesen zu schaffen (Raguer, pólvora). Entsprechend hielt er es auch nicht für notwendig, von staatlicher Seite einzugreifen, als im Mai 1931 Kirchen und Klöster von einem antiklerikalen Mob niedergebrannt und geplündert wurden.

Die Führung der sozialistischen Partei PSOE setzte keine Hoffnung darauf, das kapitalistische System unmittelbar überwinden zu können, und strebte daher zunächst nur die Verbesserung der Lebensbedingungen der Arbeiterschaft an. So erließen Arbeitsminister Francisco Largo Caballero und der sozialistische Justizminister Fernando de los Ríos eine Reihe von Dekreten, um die Lage im Agrarsektor zu verbessern. Die Stellung der Pächter von Ackerland wurde verbessert, indem dem willkürlichen Besitzentzug durch die Eigentümer und die Erhöhung des Pachtzinses erschwert wurden. Auch mussten nun die Bewohner der jeweiligen Gemeindebezirke vorrangig vor Arbeitern aus anderen Gemeinden beschäftigt werden. Damit konnten die Großgrundbesitzer nicht mehr auf Arbeitskräfte aus anderen Regionen ausweichen, um etwa Arbeitsniederlegungen zu unterlaufen. Largo Caballero setzte schließlich auch in Kraft, was Primo de Rivera nicht hatte durchsetzen können: die Schaffung von Tarifparteien zur Festlegung von Löhnen und Arbeitsbedingungen, ein auf dem Land bis dahin ausschließliches Vorrecht des Grundeigners. Das Gesetz setzte jetzt auch die Länge eines Arbeitstages auf acht Stunden fest, was den Arbeitgebern Mehrausgaben für Überstunden oder die Beschäftigung zusätzlicher Arbeitskräfte aufbürdete. Ebenso wurden Maßnahmen ergriffen, um zu verhindern, dass Ackerflächen unbewirtschaftet blieben. Schließlich ging man auch an die besonders heikle Aufgabe der Vorbereitung einer umfassenden Bodenreform. Als im Sommer 1932 nach zähem Ringen das von der Landarbeiterschaft heiß ersehnte Gesetz verabschiedet wurde, machte sich jedoch Enttäuschung breit. Selbst Largo Caballero verglich das Gesetz mit einer Aspirintablette, die zur Heilung einer Blinddarmentzündung eingesetzt werde, und in der Tat stellte dieses Gesetz einen äußerst vorsichtigen Schritt in Richtung auf eine Umverteilung des Grundbesitzes dar. Allem Anschein nach hatte Azaña das Vorhaben wegen seiner Sprengkraft zum Unmut der Sozialisten sehr zaghaft in Angriff genommen. Hieran wurde auch deutlich, dass bürgerlich-republikanische und sozialistische Kräfte letztlich doch die Durchsetzung unterschiedlicher Gesellschaftsmodelle verfolgten. Die begonnenen sozialen Reformen griffen nach Meinung großer Teile der besitzlosen Arbeiterschaft viel zu kurz. Ihre Ungeduld und ihre Forderungen nach weitergehenden Reformen sollten rapide zunehmen. Anarchosyndikalisten und die sozialistische Landarbeitergewerkschaft *Federación Nacional de Trabajadores de la Tierra* (FNTT) forderten unablässig die Kollektivierung des Grundbesitzes, und die Anarchisten sorgten durch Streikaufrufe und Kundgebungen wiederum dafür, dass der revolutionäre Druck nicht nachließ. Insbesondere die während der Diktatur Primo de Riveras von der CNT abgespaltene radikale *Federación Anarquista Ibérica* (FAI), die kompromisslos jegliche Kooperation mit bürgerlichen Kräften ablehnte, verlangte die sofortige Durchführung der Revolution. Gewaltausbrüche wurden zu alltäglichen Vorkommnissen in den ländlichen Regionen. Bei Auseinandersetzungen zwischen Streikenden und der Guardia Civil gab es in der Folge, wie etwa Ende 1931 in Badajoz und in der Rioja sowie Anfang 1932 in Nordkatalonien, immer wieder Tote und Verletzte.

Francisco Largo Caballero wurde 1869 in Madrid geboren. Aus bescheidenen Verhältnissen stammend, arbeitete er in verschiedenen Berufen, unter anderem als Seiler und Stuckateur. Er trat 1890 in die UGT und wenige Jahre später in die sozialistische Partei ein. Wegen seiner Beteiligung an dem Generalstreik des Jahres 1917 wurde er zu lebenslanger Haft verurteilt, kam jedoch frei, nachdem er zum Parlamentsabgeordneten gewählt worden war. Als langjähriger Generalsekretär der sozialistischen Gewerkschaft UGT trat er noch vor Ausrufung der Republik für die Mitarbeit der Sozialisten innerhalb einer bürgerlichen Regierung ein. Nach dem Wahlerfolg von 1931 wurde er zum Arbeitsminister ernannt und 1932 zum Vorsitzenden der sozialistischen Partei gewählt. Im Verlauf der Zweiten Republik vertrat er jedoch immer stärker sozialrevolutionäre Positionen, was ihm den Beinamen «spanischer Lenin» einbrachte. Aufgrund seiner Beteiligung an der asturischen «Oktoberrevolution» wurde er zu 30 Jahren Haft verurteilt, kam aber nach dem Sieg des Linksbündnisses im Februar 1936 wieder frei. Mit Beginn des Bürgerkrieges und dem Vorrücken der Nationalisten auf Madrid trat er an die Spitze einer breiten republikanischen Regierung. Nach sich zuspitzenden Konfrontationen mit sowjetischen Beratern musste er 1938 auf kommunistischen Druck hin sein Amt als Ministerpräsident und als Führer der UGT abgeben. Im Januar 1939 emigrierte er nach Frankreich. Nach der Verhaftung durch die Vichy-Regierung verbrachte man ihn in das Konzentrationslager Oranienburg. Kurz nach seiner Befreiung starb er 1946 in Paris.

Für die besitzenden Schichten wiederum war jegliche Abtretung von Besitzständen prinzipiell inakzeptabel. Reformvorhaben wurden als Entfesselung von Rachegefühlen und Ressentiments einer intellektuellen bürgerlichen Mittelklasse empfunden, die bislang ein trauriges und armseliges Leben geführt und nun die Herrschaft an sich gerissen habe (Foxà, corte a checa). Eine Eskalation setzte bereits dadurch ein, dass sich eine Reihe von Großgrundbesitzern über die neue Gesetzgebung hinwegsetzten, indem sie mittels bewaffneter Gefolgsleute die Beibehaltung der althergebrachten Ordnung erzwangen und auf die Unruhen innerhalb der Landarbeiterschaft mit Selbstjustiz reagierten. Die Gesetzgebung zum Schutz der Arbeiterschaft wurde missachtet, und die Repressalien richteten sich insbesondere gegen Landarbeiter, die gewerkschaftlich organisiert waren. Zudem war innerhalb der unveränderten sozialen Strukturen in entlegenen ländlichen Gegenden im Süden die Durchsetzung von Dekreten aus Madrid illusorisch. Es fehlte eine Verwaltung, die willens war, entsprechend zu agieren. Vor allem die Tatsache, dass meistens der Großgrundbesitzer unverändert weit und breit der einzige Arbeitgeber war, ließ seine Machtstellung unangetastet. Die Zivilgouverneure waren zudem oftmals nicht in der Lage, die Guardia Civil zum Einschreiten gegen das lokale Establishment zu bewegen. Einen weiteren Anlass zur Entrüstung konservativer Kreise, diesmal auch insbesondere innerhalb des Offizierskorps, stellte das durch katalanische Parteien eingebrachte und Mitte September 1932 verabschiedete Autonomiestatut für Katalonien dar. Dass die unteren Verwaltungsbehörden einer autonomen Regionalregierung und einem Regionalparlament unterstellt und eine Reihe von Rechten im Kulturbereich (insbesondere hinsichtlich der Verwendung der katalanischen Sprache) gewährt wurden, wurde als unerträglicher Angriff auf die Einheit und Unauflösbarkeit der spanischen Nation empfunden.

Während das Militär durch diese das nationale Selbstverständnis betreffende Maßnahme emotional stark aufgewühlt war, war es durch die geplante Militärreform in seiner Struktur betroffen. Azaña hatte in seiner Funktion als Kriegsminister damit begonnen, das Militär zu entpolitisieren und die Streitkräfte zu modernisieren. Die Armee sollte vor allem gegen mögliche äußere und nicht mehr vor allem gegen innere Feinde ausgerichtet werden. Dabei sollte auch das personell aufgeblähte Offizierskorps drastisch reduziert werden. Azaña trieb das Reformvorhaben mit Energie voran. Wenngleich den etwa achttausend Offizieren, die aus dem aktiven Dienst entfernt werden sollten, großzügige Ruhestandsangebote gemacht wurden, bewirkte die Eile, mit der das Reformvorhaben vorangetrieben wurde, neue Widerstände. Durch die angeordnete Überprüfung aller kriegsbedingten Beförderungen sowie den Erlass, wonach bestimmte Straftatbestände wie die Beleidigung des Militärs durch Zivilisten der Militärgerichtsbarkeit entzogen wurden, fühlte sich das Militär zusätzlich düpiert. So sahen sich Generäle wie Franco, Manuel Goded, Luis Orgaz und José Varela, die allesamt eine herausragende Rolle bei den Verschwörungsplänen gegen die republikanische Ordnung spielen sollten, mit zwar weitgehend nur symbolischen, aber als ehrenrührig aufgefassten Rückstufungen konfrontiert. Ferner wurde die Truppenstärke des symbolträchtigen Afrikaheeres von etwa 57 000 auf zunächst etwas über 45 000 und später noch einmal auf etwa 30 000 Mann reduziert. Die Einführung einer zivilen Verwaltung in Marokko, die nun weite Aufgabenbereiche übernahm, die bislang die Militärs wahrgenommen hatten, führte darüber hinaus ebenfalls dazu, dass sie sich an den Rand gedrängt sahen. Das wachsende Gefühl einer ehrenrührigen Zurückstufung brachte breite Teile des Offizierskorps, insbesondere in Marokko, gegen die republikanische Ordnung und vor allem gegen die links-bürgerliche Regierung auf. Die innenpolitischen Spannungen, die Maßnahmen der Zentralregierung, die gegen die Wertevorstellungen des Offizierskorps verstießen, sowie die Heftigkeit der parlamentarischen Auseinandersetzung, die als Ausdruck ineffizienten politischen Handelns wahrgenommen wurden, schwächten das Vertrauen in das politische System einer Kaste, die an Hierarchien, klare Befehlsstrukturen und einen fest umrissenen Wertekodex glaubte.

Francisco Franco Bahamonde wurde 1892 in El Ferrol in Galicien geboren. Er trat in die Militärakademie von Toledo ein. Seine militärischen Verdienste in den Kriegen in Marokko eröffneten ihm eine brillante Militärlaufbahn. Mit nur 33 Jahren wurde er 1926 zum Brigadegeneral befördert und galt damit als jüngster General in Europa. 1928 übernahm er die Leitung der Militärakademie von Zaragoza. Wegen kritischer Äußerungen anlässlich der auf Anordnung von Ministerpräsident Azaña erfolgten Schließung der Militärakademie im Jahr 1932 erhielt Franco ein nachrangiges Truppenkommando. Nach der Regierungsübernahme durch die Rechte wurde er im Mai 1934 zum Generalmajor befördert. Im Oktober 1934 wurde er mit der Organisation der Unterdrückung des asturischen Aufstandes betraut, was ihm einen großen Bekanntheitsgrad in Spanien verlieh. Im Jahr darauf ernannte ihn Kriegsminister José María Gil Robles zum Chef des Generalstabes. Nach dem Sieg des linken Wahlbündnisses im Februar 1936 wurde Franco das militärische Kommando auf den Kanarischen Inseln übertragen. Von hier aus trat er der Militärverschwörung bei und übernahm den Befehl über das Afrikaheer. Ende September 1936 wurde er von der nationalistischen Verteidigungsjunta zum Oberbefehlshaber der Streitkräfte ernannt, er übernahm das Amt des Regierungs- und später auch des Staatschefs. Damit begründete er seine Diktatur, die er bis zu seinem Tod am 20. November 1975 ausübte.

Die Aufgaben, die die erste republikanische Regierung zu schultern versucht hatte, wären ohnehin kaum zu bewältigen gewesen. Hinzu kam aber auch, dass die Weltwirtschaftskrise gerade zu diesem Zeitpunkt ihren Höhepunkt erreichte und sich auch auf das unterentwickelte Spanien auswirkte. Der Export von landwirtschaftlichen Produkten und Rohstoffen ging drastisch zurück, und die Preise auf den internationalen Märkten fielen, was sich vor allem auf die Beschäftigung auswirkte. Da auch die Importe von Rohstoffen, insbesondere Baumwolle, krisenbedingt zurückgingen, wurde die verarbeitende Industrie ebenfalls in Mitleidenschaft gezogen. Unter diesen Umständen war nicht daran zu denken, nachhaltige Lohnerhöhungen durchzusetzen und Arbeitsplätze zu schaffen. Im Gegenteil, die Lebensverhältnisse der Land- und Industriearbeiter verschlechterten sich weiter, und die Arbeitslosigkeit nahm dramatisch zu, was zu einer weiteren Belastung des Reformprozesses und einer Radikalisierung der Arbeiterschaft führte.

Die republikanische Ordnung wurde nicht nur von rechts bekämpft, sondern auch von großen Teilen der anarchistischen Bewegung, die nach internen Machtkämpfen in offene Opposition zum System trat. Die Republik wurde nicht als Fortschritt gegenüber der Monarchie oder der Diktatur von Primo de Rivera wahrgenommen. Der revolutionäre Kampf sollte daher weitergeführt werden. Kurz nach Eröffnung der konstituierenden Cortes rief die CNT zu einem Generalstreik auf, der in den anarchistischen Hochburgen Barcelona und Sevilla besonders stark befolgt wurde. Um handlungsfähig zu bleiben, fühlte sich die Regierung gezwungen, die Ordnungskräfte zu Hilfe zu rufen, und in Sevilla, wo die Anarchisten sogar versucht hatten, eine allgemeine Erhebung auszulösen, rief der Innenminister Maura den Notstand aus. Das Militär rückte an, um die Unruhen zu ersticken. Die tragische Bilanz belief sich auf dreißig Tote und zweihundert Verletzte. Die Konfrontation zwischen Anarchisten und der bürgerlich-linken Regierung eskalierte weiter. Die brutale Repression als Antwort auf einen revolutionären Aufruf der CNT Anfang 1933 führte in der von Verelendung und Unruhen besonders betroffenen südandalusischen Ortschaft Casas Viejas zum Tod von vierundzwanzig Personen. Dass die Proteste an Schärfe zunahmen und derart massive Repressionsmaßnahmen eingesetzt wurden, ließ die

Überzeugung reifen, dass das Agrarproblem mit den bislang ergriffenen Mitteln nicht lösbar war, sondern vielmehr einschneidendere Maßnahmen notwendig waren. In der Folge radikalisierten sich auch die Forderungen der sozialistischen Partei und ihrer gewerkschaftlichen Organisationen. Die gemeinsame Handlungsgrundlage mit den bürgerlich-republikanischen Parteien zerbrach, und für November 1933 wurden Neuwahlen anberaumt. Die Anarchisten, die 1931 die Sozialisten unterstützt hatten, riefen diesmal zur Wahlenthaltung auf, und viele Sozialisten hatten ihren Glauben an die Möglichkeit einer durch eine bürgerliche Regierung herbeigeführten grundlegenden Veränderung der sozialen Realität verloren. Die sozialistische Partei verweigerte sich einem Wahlbündnis mit bürgerlich-republikanischen Gruppierungen.

Während die Linke gespalten in den Wahlkampf ging und auch keine Unterstützung von den Anarchisten erfuhr, hatte sich die Rechte organisiert, was sich angesichts des bestehenden Wahlmodus als gewaltiger Vorteil erweisen sollte. Jener Teil der politischen Rechten, der die Durchsetzung eigener sozialer Ordnungsvorstellungen und die Rücknahme der eingeleiteten Reformen innerhalb der bestehenden republikanischen Ordnung anstrebte, stand maßgeblich unter der Führung von José María Gil Robles. Dieser war der Führer der Massenpartei *Acción Popular*, die, da sie dem Katholizismus eine politische Plattform bot, breite Gesellschaftsschichten zu mobilisieren verstand. Im Februar 1933 führte Gil Robles seine *Acción Popular* mit weiteren rechtsgerichteten Parteien zu dem Aktions- und Wahlbündnis *Confederación Española de Derechas Autónomas* (CEDA) zusammen. Gil Robles bediente sich einer antimarxistischen Rhetorik und sparte nicht an Bewunderung für das gerade erst an die Macht gelangte nationalsozialistische Regime in Deutschland und den italienischen Faschismus. Die Verbote der sozialistischen und kommunistischen Organisationen in Deutschland wurden gefeiert und als Vorbild für die Erneuerung Spaniens verstanden. Gil Robles reiste im September 1933 sogar nach Deutschland und besuchte den Reichsparteitag in Nürnberg. Allerdings stieß die CEDA auf kein besonderes Interesse von Seiten der NSDAP-Führung. Weder kam bei dieser Gelegenheit ein Zusammentreffen mit Hitler zustande, noch gelang ein Meinungsaustausch mit führenden Nationalsozialisten. Der katholische Hintergrund der Bewegung um Gil Robles scheint auf die potentiellen Gesinnungsgenossen nicht gerade vertrauenserweckend gewirkt zu haben. Für deutsche Beobachter verbarg sich hinter der CEDA die katholische Kirche, die sich mit einer zeitgemäßen faschistischen Fassade schmückte, aber letztlich gegen die Interessen des Faschismus arbeitete (Viñas, estallido, 158). Bei allen faschistoiden Zügen und faschistischer Rhetorik und obwohl die CEDA von zeitgenössischen Beobachtern als die spanische Form des Faschismus verstanden wurde, war ihr tatsächliches Ziel die Umgestaltung der laizistischen Republik in einen autoritären korporativen Staat katholischer Prägung. Gil Robles hat wiederholt seine Bewunderung für das ständisch-autoritäre Regime von Engelbert Dollfuß in Österreich gezeigt. Entsprechend den Lehren von Papst Leo XIII. sollte die Wiederherstellung der alten Ordnung auf der Grundlage der katholischen Lehre erreicht werden, wenngleich dieser sozialkatholische Ansatz nicht von allen Repräsentanten innerhalb des Wahlbündnisses vorbehaltlos akzeptiert wurde. Die CEDA vertrat letztlich die Interessen des besitzenden Bürgertums.

Neben der durch Gil Robles vertretenen Haltung, die auf eine Umgestaltung der republikanischen Ordnung innerhalb der bestehenden Legalität abzielte, nahmen Teile des in seinen Grundfesten erschütterten Establishments jegliche Form von Liberalismus oder gar einer repräsentativen Demokratie als Schreckgespenst wahr. Ein Sprachrohr für den sogenannten Integrismus, der für die Rückkehr zur traditionellen Monarchie und die Wiederherstellung der althergebrachten feudalen Herrschaftsstrukturen eintrat, war die Zeitschrift *Acción Española*, die unter der Federführung des spanischen Intellektuellen Ramiro de Maeztu mit dem Ziel antrat, die ideologischen Grundlagen für den Kampf gegen die Ideale der Republik zu schaffen (González Cuevas, Acción Española). *Acción Española* wurde somit zum Sammelbecken reaktionären Denkens als Antwort auf die Bedrohung und Gefahr, die in der Wirkung linker Theoretiker angesiedelt wurde. Für *Acción Española* stand fest, dass die Rückkehr zur «integralen Monarchie» nur durch Gewaltanwendung herbeigeführt werden könnte. So traten Mitglieder von *Acción Española* in Kontakt mit umstürzlerischen Generälen und waren auch an der militärischen Verschwörung General Sanjurjos im August 1932 in Sevilla beteiligt. Dieser Putschversuch war rasch gescheitert, nachdem er unzureichend vorbereitet worden war, die Madrider Regierung im Vorfeld Kenntnis davon erlangt hatte und zudem durch die Ausrufung eines Generalstreiks in Folge der Erhebung die Handlungsfähigkeit der Putschisten in Sevilla eingeschränkt worden war. Im Rahmen der Vorbereitungen zu diesem Putsch hatten die Verschwörer um ausländische Hilfe nachgesucht, und offizielle italienische Stellen hatten sich sogar bereit erklärt, Waffen und Munition zu liefern (Coverdale, italian intervention, 42). Nach dem Scheitern des Putschversuches, der aufgrund der dilettantischen Ausführung den vom Namen des Anführers abgeleiteten ironisch-despektierlichen Beinamen *sanjurjada* erhalten sollte, erhob sich kurzfristig eine Welle der Republikbegeisterung. Sie ermöglichte der Regierung den Spielraum, nicht nur eine Verhaftungswelle gegen die Republikfeinde einzuleiten, sondern darüber hinaus das erwähnte Agrarreformgesetz und das Autonomiestatut für Katalonien zu verabschieden. Diese Maßnahmen wiederum sollten sich wie Wasser auf die Mühlen der Reaktion auswirken.

Ende September 1932 traf sich im französischen Biarritz eine Gruppe Monarchisten zur Planung eines neuen Umsturzes.

José Sanjurjo wurde 1872 in Pamplona geboren. Als Berufsoffizier nahm er an den Feldzügen in Kuba und in Marokko teil. Mit seinem Namen ist vor allem die Beendigung des Kolonialkrieges im spanischen Marokko-Protektorat im Jahr 1927 verbunden, was ihm große Popularität verlieh. Er übernahm das Amt des Hohen Kommissars für Marokko und wurde 1928 zum Chef der Guardia Civil ernannt. Im April 1931 erkannte er zunächst die Legalität der spanischen Republik an und weigerte sich, zur Rettung der Monarchie aufzutreten. Nach Auseinandersetzungen um die Militärreform von Manuel Azaña und seiner Versetzung auf ein Kommando von geringerer Bedeutung trat Sanjurjo im August 1932 an die Spitze einer Militärerhebung in Sevilla. Nach deren Scheitern wurde er verhaftet und durch ein Kriegsgericht wegen militärischer Rebellion zum Tode verurteilt. Das Urteil wurde allerdings in lebenslängliche Haft umgewandelt. Zwei Jahre später amnestierte ihn die rechtsgerichtete Regierung Lerroux, und er ging nach Portugal ins Exil. 1936 schloss er sich der Militärerhebung an und übernahm die militärische Führung der Putschisten. Er starb am 20. Juli 1936 beim Absturz des Flugzeuges, das ihn nach Spanien bringen sollte.

Der darüber informierte exilierte König Alfons XIII. gab sein Einverständnis zu dem Vorhaben. Auch die Kontakte zwischen den Verschwörern und der italienischen Regierung wurden fortgeführt. Beide Seiten waren daran interessiert, denn die Iberische Halbinsel war auch für Mussolinis Imperiumsambitionen im Mittelmeerraum von strategischer Bedeutung. Im Herbst 1933 trafen umsturzbereite Monarchisten in Rom mit Mussolini und anderen Repräsentanten des Regimes zusammen, und Ende März 1934 schloss Italien sogar ein geheimes Abkommen mit den Verschwörern. Es verpflichtete sich demnach, Gelder, Waffen und weitere Hilfestellung zu geben. Die finanzielle Beteiligung aus den Reihen des Adels und des konservativen spanischen Establishments an den Kosten eines möglichen Umsturzes war darüber hinaus beträchtlich. Eine bedeutende reaktionäre Gruppierung, die kompromisslos gegen die republikanische Staatsform agitierte, an den Verhandlungen in Rom beteiligt gewesen und zu den Waffen zu greifen bereit war, waren dabei die *Carlisten*. Die *Comunión Tradicionalista*, in der sich die Gefolgsleute des Thronprätendenten in der Nachfolge von Karl (V.) von Borbón sammelten, hatten im Verlauf des 19. Jahrhunderts bei ihren Versuchen, ihre Ansprüche durchzusetzen, wiederholt bürgerkriegsartige Auseinandersetzungen ausgelöst. Die *Carlisten* traten für eine radikal theokratische Ordnung ein, und ihre Milizen, der *requeté*, fanden starken Zulauf in den ländlichen Regionen Navarras und in der südbaskischen Provinz Alava. Der Führer der traditionalistischen Bewegung Manuel Fal Conde bereiste auch andere Landesteile, insbesondere Andalusien, und versuchte dort Anhänger zu rekrutieren, die bereit waren, gegen die republikanische Ordnung zu kämpfen. In Folge des Abkommens mit Mussolini wurden allem Anschein nach *Carlisten* sogar zur Vorbereitung eines Umsturzes in Lybien an italienischen Waffensystemen ausgebildet (Heiberg, emperadores, S. 41).

Wie in anderen europäischen Ländern fand auch ein Teil des reaktionären Establishments Gefallen an den Gedanken des Faschismus oder zumindest an dem, was sie darunter verstehen wollten: eine politische Lösung zur Begegnung der sozialen Umwälzungen und Krisenerscheinungen, die nach dem Ersten Weltkrieg aufgebrochen und in Spanien mit der Errichtung der Republik virulent geworden waren. Die erste faschistische Gruppierung Spaniens, die «Juntas de Ofensiva Nacional-Sindicalista» (JONS), fand noch keine Unterstützung durch die besitzenden Schichten. Die Gründe lagen im politischen Programm dieser Gruppe um Ramiro Ledesma Ramos, die neben nationalistischen Parolen auch revolutionäre und sozialistische Ziele verfolgte und explizit die Dekadenz der traditionellen Eliten geißelte. Etwas anders gelagert war der Fall der zweiten faschistischen Gruppierung um José Antonio Primo de Rivera, den Sohn von Diktator Miguel Primo de Rivera. Nach der Hinwendung von Primo de Rivera zum Faschismus italienischer Prägung sowie den mangelnden Erfolgen von JONS sahen reaktionäre Kreise in dem begabten Redner die ideale Führungsfigur einer gegenrevolutionären Partei faschistischer Prägung. Im August 1933 traf sich José Antonio Primo de Rivera mit Pedro Sainz Rodríguez, einem der führenden Monarchisten, die für die Rückkehr des exilierten Königs kämpften, und

José Antonio Primo de Rivera wurde 1903 in Madrid geboren und begann als Spross einer großbürgerlichen Familie zunächst eine Juristenlaufbahn. Nach dem Fall der Diktatur unter seinem Vater, General Miguel Primo de Rivera, versuchte er zunächst dessen Politik innerhalb der *Unión Monárquica* (Monarchistische Union) fortzuführen. Nach Ausrufung der Republik verfestigte sich sein antiparlamentarisches und antiliberales Weltbild. 1933 gründete der charismatische Redner die *Falange Española* als totalitäre, nationalistische und antimarxistische Partei, die sich insbesondere an der faschistischen Partei Italiens orientierte. Sowohl Hitler als auch Mussolini sahen in Primo de Rivera den möglichen künftigen Führer eines faschistisch regierten Spanien. Bei den Parlamentswahlen von 1933 errang Primo de Rivera in seinem Wahlkreis Cádiz ein Abgeordnetenmandat. Im Februar 1934 fusionierte die *Falange* mit den ebenfalls faschistischen *Juntas de Ofensiva Nacional-Sindicalista* (JONS). Auf dem ersten Kongress der *Falange Española y de las JONS* im Oktober desselben Jahres wurden die dezidiert faschistischen Parteiprinzipien verfasst und Primo de Rivera zum Führer der Organisation gewählt. Bei den Parlamentswahlen vom Februar 1936 erlebte die Partei ein Debakel und errang kein einziges Mandat. Einen Monat später wurde Primo de Rivera verhaftet und in das Gefängnis von Alicante überführt. Von dort aus sprach er sich für die Unterstützung der militärischen Erhebung vom 18. Juli aus. Im Rahmen eines Prozesses als Rädelsführer der Rebellion wurde er zum Tode verurteilt und am 20. November hingerichtet. Primo de Rivera wurde während der gesamten Diktatur Francos als mythischer Führer verehrt.

Mitglied von *Acción Española*. Bei dieser Gelegenheit trafen beide Seiten eine Übereinkunft zur Schaffung einer faschistischen Partei. Im Anschluss hieran traf Primo de Rivera in Biarritz mit den zentralen Gestalten von *Acción Española* zur Abstimmung von politischen Aktivitäten zusammen und erhielt hierzu auch beträchtliche finanzielle Zuwendungen (Gil Pecharromán, Primo de Rivera, 188 ff.).

Angesichts der Ausbreitung des Faschismus in Europa nach der Machtübernahme Hitlers und in gewisser Weise in Analogie zu der in Deutschland Anfang 1933 für möglich gehaltenen Allianz zwischen dem konservativen Establishment und der NSDAP haben wir es also mit einer gezielten, durch reaktionäre Kreise angestoßenen Stärkung einer faschistischen Bewegung zu tun, die eine Organisation zur Lenkung und Einbindung der Massen mit dem Ziel etablieren sollte, die angestrebte soziale Ordnung zu sichern. In der Tat sah auch die NSDAP in der Falange, anders als im Fall von CEDA, eine Partei faschistischer Prägung. So wurde Primo de Rivera, der Anfang Mai 1934 nach Deutschland reiste, sogar von Hitler empfangen, galt er doch als möglicher künftiger Führer eines faschistisch regierten Spaniens. Eine Finanzierung der spanischen Falange stand allerdings offenbar außer Frage. In der Logik des NS-Systems hätte eine Regierungsübernahme durch Primo de Rivera auch ohne Geldhilfen eine Annäherung an Berlin erbracht (Viñas, estallido, 161 ff.). Spanien stand zu der Zeit zudem außerhalb der Interessensphären des «Dritten Reichs». Die Kontakte von Primo de Rivera mit Mussolini sollten indes eine deutlich größere politische und finanzielle Bedeutung für die Falange bekommen. Sollte also die faschistische Idee in Spanien Verbreitung finden, wollte die Reaktion daran teilhaben und die Entwicklung in ihrem Sinne lenken. Ausdrücklich sollte dabei die Unterordnung des spanischen Faschismus unter die Interessen der Geldgeber erfolgen und ihren Zielen dienen. Den Kreisen um *Acción Española* gelang sogar im Februar 1934 die Fusion beider faschistischer Gruppen zu einer einheitlichen Partei mit dem Namen *Falange Española y de las JONS*.

Wenngleich Falange und *Acción Española* als gemeinsame Ziele den Kampf gegen den Liberalismus, Parlamentarismus, das Parteienwesen und die Demokratie hatten, wurden jedoch bald grundlegende ideologische Divergenzen sichtbar. Der insbesondere durch Ledesma Ramos vertretene Agnostizismus und Antimonarchismus sowie seine sozialrevolutionären Vorstellungen machten die faschistische Partei für die Monarchisten und Adligen immer weniger akzeptabel. Hinzu kam, dass Primo de Rivera bei seinen öffentlichen Auftritten einen besonderen Schwerpunkt auf die soziale Frage legte und den Kapitalismus in Spanien geißelte. Zudem wurde ihm vorgehalten, sich allzu sehr auf die Rhetorik zu konzentrieren und nicht im erwünschten Umfang den Straßenkampf zu propagieren. Die Monarchisten erwarteten insbesondere eine Stärkung des Milizcharakters von Falange, um durch deren Einsatz das republikanische System zu erschüttern und zu destabilisieren. Zwar erfolgte noch einmal aufgrund der finanziellen Abhängigkeitsverhältnisse ein Abkommen auf der Grundlage der Übereinkunft von August 1933, indem Primo de Rivera dem Führer der Alfonsisten, Antonio Goicoechea, die Unterstützung der politischen Ziele der Monarchisten zusagte. Der Bruch wurde aber letztlich unausweichlich, als in den Ende 1934 verfassten Parteistatuten der Falange schließlich jeglicher Bezug zur Monarchie fehlte, eine laizistische Position vertreten und die Institution der katholischen Kirche den Staatszielen untergeordnet wurde. Darüber hinaus standen soziale Reformen wie die Verstaatlichung des Bankenwesens und eine radikale Agrarreform auf der Agenda. Zudem stellte die Falange im letzten Punkt des Grundsatzprogrammes die Vorrangstellung der Partei gegenüber allen anderen politischen Gruppierungen heraus. Die traditionalistische Auffassung der zu errichtenden Ordnung war, wie nun offenkundig wurde, nicht vereinbar mit einem genuin faschistischen Staatskonzept, bei dem alle Bestandteile der Gesellschaft auf die Staatsziele hin auszurichten waren und sogar über den Leitbildern der katholischen Doktrin standen. Auch das faschistische Ideal des charismatischen Führers, der durch die Volksmassen auf seine Position gehoben wird, hatte im Weltbild der Reaktion keinen Platz.

Primo de Rivera sollte es allerdings nicht gelingen, ähnlich wie in Italien oder Deutschland die Massen zu begeistern. Die Wahlerfolge blieben unbedeutend. Im November 1933, als die Falange erstmals bei Parlamentswahlen antrat, erhielt die faschistische Partei lediglich zwei Mandate, namentlich für den Marquis von Eliseda, ebenfalls ein Mitglied von *Acción Española*, und für Primo de Rivera. Und beide errangen ihr Mandat zudem dank der persönlichen Unterstützung, die sie durch das Establishment und die patriarchalischen Strukturen in ihren Wahlkreisen erfuhren. Bei den Wahlen vom Februar 1936 erhielt die Falange lediglich 0,4 Prozent der Stimmen. Organisationen wie die Falange wiederum trugen jedoch maßgeblich dazu bei, die gewaltsame Auseinandersetzung auf die Straßen zu tragen, um auf diese Weise das System weiter zu destabilisieren und einen Staatsstreich zu provozieren. Die sich hochschraubende Gewaltspirale sollte jegliche rationale Debatte unmöglich machen.

Um den Wahlsieg anlässlich der Wahlen vom November 1933 in keinem Fall zu gefährden, ging Gil Robles Wahlbündnisse mit radikal antirepublikanischen Kräften sowie mit der katalanischen *Radikalen Partei* von Alejandro Lerroux ein, die aus der Koalition mit dem links-republikanischen Lager ausgeschert war. Der Wahlsieg der Rechten war aufgrund des Wahlsystems überwältigend. Die faschistische Rhetorik von Gil Robles und seine Weigerung, einen Treueeid auf die Republik abzulegen, hatten allerdings zur Folge, dass Staatspräsident Alcalá Zamora mit der Regierungsbildung nicht den Führer der CEDA beauftragte, sondern vielmehr Alejandro Ler-

Lluis Companys wurde 1882 in El Tarròs bei Lérida als Sohn eines Landwirtes geboren. Nach einer beruflichen Tätigkeit als Rechtsanwalt wirkte er ab 1917 als Mitglied einer republikanischen linkskatalanischen Koalition zunächst im Stadtrat von Barcelona. Er ging in Opposition zu der Diktatur von Primo de Rivera und trat für die Interessen der Landarbeiterschaft ein. Aufgrund seiner politischen Aktivität wurde er häufig inhaftiert. Im April 1931 wurde er von den Kräften der *Esquerra Republicana de Catalunya* zum Bürgermeister von Barcelona gewählt. Nach Verabschiedung des Autonomiestatuts für Katalonien wurde er Ende 1932 zunächst Präsident des katalanischen Parlamentes und ein Jahr später, nach dem Tod von Francesc Macià, Präsident der katalanischen Regierung (*Generalitat*). Aufgrund seiner maßgeblichen Beteiligung an dem katalanischen Aufstand vom Oktober 1934 wurde er zu einer langjährigen Haftstrafe verurteilt, kam nach dem Sieg des Linksbündnisses im Februar 1936 allerdings wieder frei und übernahm erneut die Führung der *Generalitat*. Nach dem Scheitern des Putschversuches blieb er trotz grundlegender ideologischer Divergenzen mit den Anarchisten an der Spitze der *Generalitat*. Er konnte aber die fortschreitende Entmachtung der Regionalregierung durch die Zentralregierung unter Juan Negrín nicht verhindern. Nach der Besetzung Kataloniens durch die Nationalisten floh er nach Frankreich. Dort wurde er nach der deutschen Besetzung des Landes von der Gestapo verhaftet und an die spanischen Behörden ausgeliefert. Mitte Oktober 1940 wurde er in Barcelona hingerichtet.

roux, den Führer der *Radikalen Partei*. Die neue Minderheitsregierung, die wiederum durch die CEDA unterstützt wurde, machte sich nun daran, einen Teil der Reformgesetze außer Kraft zu setzen oder etwa im Hinblick auf das Agrarreformgesetz nicht weiter umzusetzen. Bereits enteignetes Grundeigentum wurde teilweise wieder rückübertragen. Insbesondere wuchsen die Spannungen der Zentralregierung mit der durch die *Esquerra Republicana* regierten katalanischen *Generalitat* unter Lluis Companys sowie mit regionalistischen Kräften im

Baskenland. Den zentrifugalen Kräften der historischen Regionen wurde massiv entgegengewirkt.

Die Sozialisten und die organisierte Arbeiterschaft waren aber nicht gewillt, sich das begonnene Reformwerk, so unzureichend es ihnen auch erschien, zerschlagen zu lassen. Wie bereits im Wahlkampf angeklungen war, gaben die Sozialisten darüber hinaus ihre politische Mäßigung nun weitgehend auf. Die Revolution und die marxistische Doktrin rückten im politischen Diskurs und insbesondere bei Largo Caballero, der zu der zentralen Figur innerhalb des PSOE avancierte, in den Vordergrund. Dieser trat für einen «radikalen Reformismus» (Bernecker, Krieg, 138) ein. Das bestehende System sollte in aller Konsequenz umgestaltet werden. Die Anarchisten wiederum setzten ihre revolutionäre Taktik fort. Im Dezember 1933 riefen sie zu einem landesweiten Aufstand auf, der zu Streiks, Sabotageakten und Angriffen auf Posten der Guardia Civil führte. Die Regierung antwortete darauf mit der Ausrufung des Ausnahmezustandes, ließ die Anführer der anarchistischen Organisationen verhaften, schloss deren Büros und führte die Pressezensur ein. Obwohl die Regierung rasch wieder die Kontrolle übernehmen konnte, gelang es den Aufständischen in Zaragoza, ihre Stellungen vier Tage lang zu halten, bis auch dort die Armee die Revolten schließlich niederschlug. Protestwellen, Aufstände, Streiks sowie die Gegengewalt der Sicherheitsorgane wurden zum alltäglichen, gleichwohl bedrohlichen und beängstigenden Erscheinungsbild in Spaniens Städten und ländlichen Regionen.

Als Ende September 1934 die CEDA die Unterstützung der Minderheitsregierung aufkündigte und in der Folge Gil Robles die Beteiligung seiner Partei an den Regierungsgeschäften erzwang, wurde die als faschistische Machtübernahme wahrgenommene Regierungsbeteiligung der CEDA zum Anlass eines durch die UGT ausgerufenen Generalstreiks. Wenngleich dieser in weiten Teilen des Landes durch das rasche Vorgehen der

Ordnungskräfte unterbunden wurde, eskalierte die Situation, als in diesem Klima des allgemeinen Aufruhrs Companys in Barcelona, getragen durch Sozialisten und die *Esquerra* und bezeichnenderweise gegen den Widerstand der Anarchosyndikalisten, die unabhängige katalanische Republik ausrief. Auch dieser Aufstand scheiterte rasch durch das Eingreifen der Streitkräfte, zumal sich der Präsident der *Generalitat* geweigert hatte, die Massen zu bewaffnen. In Asturien indes konnte die Rebellion, die unter dem Namen «spanische Oktoberrevolution» in die Geschichte eingegangen ist, zunächst nicht unter Kontrolle gebracht werden. Dem von Bergarbeitern initiierten und von der breiten Masse der Arbeiterschaft mitgetragenen «Aufstand gegen den Faschismus» schlossen sich hier nicht nur die sozialistische Partei und die UGT, sondern auch die CNT und später sogar die Kommunisten an. Erst nach intensiven Kämpfen, die maßgeblich durch General Francisco Franco organisiert wurden, der schwere Artillerie und Bombardierungen aus der Luft einsetzte, konnte der Aufstand niedergeschlagen werden. Abkommandierte Einheiten des Afrikaheeres zeigten bei ihrem Vorgehen eine extreme Brutalität, die sich in der Erschießung Hunderter von Gefangenen, der Ermordung von Zivilisten, in Vergewaltigungen sowie Plünderungen und Brandschatzungen niederschlug. Auch wenn nach Sebastian Balfour dieses Verhalten der marokkanischen Söldner mit dem üblichen Stil des Krieges zwischen den Rifstämmen erklärbar war und der Raub von Gütern zu den gängigen geldwerten Sonderleistungen für den militärischen Einsatz gehörten (Balfour, deadly embrace, 254), kam hinzu, dass die spanischen Offiziere die Truppen zu menschenverachtender Härte und Hass im Kampf gegen die Revolutionäre antrieben. Das Afrikaheer verschaffte sich jedenfalls durch sein brutales Vorgehen Zustimmung innerhalb der Streitkräfte und stärkte nachdrücklich die Vorstellung, dass es als von der parlamentarisch-demokratischen Ordnung nicht kontaminierte Institution zur notwendigen Selbstreinigung Spaniens unerlässlich sei (Nerín, Africa, 298). Dieser Aufstand ist durch Zeitgenossen wie Gerald Brenan rückblickend als erste Schlacht des Spanischen Bürgerkrieges bezeichnet worden, ein Argument, das in jüngster Zeit durch revisionistische Autoren wie Pío Moa aufgegriffen worden ist, um damit aufgrund der nach den Vorgängen in Asturien eskalierenden Spannungen der politischen Linken die Verantwortung am Scheitern der Republik anzulasten.

In der Tat waren nach der Niederschlagung des Aufstandes in Asturien die Gräben zwischen Rechts und Links so tief geworden, dass kein Weg zu einem friedlichen Miteinander mehr möglich schien. Das Bürgertum war durch den Widerstand der organisierten Arbeiterschaft zutiefst erschüttert. Auch für konservative Mittelschichten schien nun kein Weg an einer Diktatur mehr vorbeizuführen; eine Zukunft auf der Grundlage einer liberal-demokratischen Verfassungsordnung galt als ausgeschlossen. Im Mai 1934 war darüber hinaus der charismatische Führer der Monarchisten, José Calvo Sotelo, nach drei Jahren aus dem Exil zurückgekehrt. Die radikale monarchistische Presse wiederum trat immer offener für die Abschaffung der demokratisch-republikanischen Staatsform ein und forderte die Eroberung des Staates und die Schaffung eines korporativen autoritären Systems als einzigen gangbaren Weg zur Rettung der Nation. Auch innerhalb der CEDA fand eine Radikalisierung statt. Insbesondere die Jugendorganisation von *Acción Popular* (JAP) erhielt faschistische Strukturen, etwa indem das Führerprinzip in das Programm aufgenommen wurde. Massenaufmärsche der JAP an symbolträchtigen Orten spiegelten nicht nur den faschistischen Geist der Zeit, sondern kündigten auch die Bereitschaft zur Tat an. Gleichzeitig begann eine Welle der Repression gegen die Führung der Arbeiterorganisationen. Nahezu die gesamte Führungsschicht der UGT wurde inhaftiert. Companys wurde zu dreißig Jahren Haft verurteilt. Das Autonomiestatut für Katalonien wurde außer Kraft gesetzt.

Soziale Reformprojekte, die der weiteren Eskalation hätten entgegenwirken können, lagen auf Eis.

Emilio Mola wurde 1887 in Placetas auf Kuba geboren. Er trat in die Militärakademie von Toledo ein und kam 1909 nach Marokko. 1927 wurde er zum Brigadegeneral befördert, 1930 zum Leiter des Sicherheitsamtes ernannt. Nach Ausrufung der Republik wurde er unter Anklage gestellt, dann zwar freigesprochen, doch aus dem aktiven Dienst entfernt. Unter der rechtsgerichteten Regierung wurde Mola 1934 wieder reaktiviert und erhielt ein bedeutendes Truppenkommando in Marokko. Unter der folgenden linksrepublikanischen Regierung wurde er wiederum nach Pamplona versetzt. Von dort aus entwickelte und koordinierte er die Planungen zum Putsch von 1936. Er war eine der Schlüsselfiguren der nationalistischen Verteidigungsjunta von Burgos und befehligte die Feldzüge im Norden. In seinen militärischen Verantwortungsbereich fiel auch die Bombardierung von Guernica. Anfang Juni 1937 kam er unter nicht geklärten Umständen bei einem Flugzeugabsturz ums Leben.

Der 1935 als Kriegsminister in das Kabinett aufgenommene Gil Robles begann nach Amtsantritt unmittelbar damit, eine Reihe von Führungspositionen innerhalb des Militärs neu zu besetzen. Am Putsch vom 18. Juli 1936 maßgeblich beteiligte Offiziere rückten dabei in zentrale Positionen. General Franco avancierte zum Chef des Generalstabes der Streitkräfte. Manuel Goded wurde Generalinspekteur des Heeres, Joaquín Fanjul Staatssekretär im Kriegsministerium, und Emilio Mola, der durch Azaña in den einstweiligen Ruhestand versetzt worden war, wurde reaktiviert und erhielt ein bedeutendes Kommando im marokkanischen Protektorat. In dieser Zeit entstehende Verschwörungspläne unter der Leitung von General José Varela als Verbindungsmann des im portugiesischen Exil weilenden General Sanjurjo fanden in dieser Phase allerdings nur wenig Widerhall. Vorsichtige Militärs wie Franco waren nicht bereit, sich gegen die rechtsgerichtete Regierung zu erheben, nachdem sich der Führer der CEDA unschlüssig zeigte, die verfassungsmäßige Ordnung zu verlassen und der Machtübernahme durch die Generäle zuzustimmen. Die Konspirationspläne kamen auf diese Weise nicht dergestalt voran, dass ein Vorgehen notfalls auch gegen den Willen der Regierung Erfolg versprechend gewesen wäre.

Es ist immer wieder betont worden, Gil Robles habe seinen Koalitionspartner stets zu schwächen versucht, um damit selber den Schalthebeln der Macht näher zu kommen. Das Bekanntwerden von Korruptionsskandalen führte jedenfalls zum Kollaps der *Radikalen Partei*. Daraufhin beauftragte Alcalá Zamora den Führer der CEDA erneut nicht mit der Regierungsbildung. Das Misstrauen in die Verfassungs- und Systemtreue des Populisten bestand fort, und die Sorge war allzu groß, Gil Robles strebe bei scheinbarem Legalismus eine Machtübernahme à la Hitler an. Der Staatspräsident setzte für Mitte Februar 1936 Neuwahlen an. Die Linke versuchte, sich nun neu zu organisieren. Zudem kam es unter der Führung von Manuel Azaña, der der *Izquierda Republicana* vorstand, wieder zu einer Annäherung der verschiedenen linken und bürgerlich-republikanischen Gruppierungen mit dem Ziel, eine Wahlplattform zu bilden, um damit ein neuerliches Wahldebakel zu verhindern. In der Tat gelang ihm angesichts einer polarisierten Stimmung im Land die Schaffung eines Zusammengehörigkeitsgefühls, was in Versammlungen zum Ausdruck kam, bei denen sich Hunderttausende zusammenfanden. Die gemäßigte Führungsfigur des PSOE, Indalecio Prieto, wiederum versuchte, den revolutionären Impetus der linkssozialistischen Kräfte innerhalb der UGT unter Leitung von Largo Caballero zur Zurückhaltung zu bewegen. Selbst die bislang recht unbedeutende kommunistische Partei PCE schloss sich diesem Bündnis an. Der Wahlkampf wurde wie erwartet außerordentlich hitzig und emotional geführt. Für beide Lager ging es um einen Kampf zwischen Gut und Böse. Die Linke agitierte gegen einen drohenden Faschismus, und die Rechte erkannte in der Linken den «marxistischen Antichristen».

Linke und Republikaner gingen als überragende Wahlsieger hervor, denn wieder einmal hatte sich das Wahlsystem massiv zugunsten einer Seite ausgewirkt, nachdem beide Lager nahezu gleichauf gelegen hatten. Dennoch ging das neue Regierungsbündnis geschwächt an die Arbeit. Largo Caballero hatte seine sozialrevolutionären Ambitionen nicht aufgegeben und weigerte sich, einer Regierungsbeteiligung der Sozialisten zuzustimmen. Er hoffte auf einen raschen Verschleiß der maßgeblich auf seinen Druck hin lediglich aus Republikanern gebildeten Regierung und predigte unablässig die unmittelbar bevorstehende Vollendung der Revolution. Er hatte nach den Erfahrungen der Jahre 1931 und 1932 keinen Glauben an den Erfolg einer Reformregierung unter bürgerlicher Beteiligung. Als im Mai die Ablösung von Staatspräsident Alcalá Zamora erwirkt wurde, um ihn durch Azaña zu ersetzen, scheiterte Indalecio Prieto an Largo Caballero mit seinem Anspruch, das Amt des Ministerpräsidenten zu übernehmen. Während Prieto für die Wiederaufnahme eines Reformkurses eintrat und hierzu die Bildung einer starken Regierung forderte, stieß er bei den radikalisierten Anhängern des PSOE und der UGT auf Widerstand.

Wieder einmal begann eine radikale politische Kehrtwende. Zu den ersten Maßnahmen der Regierung gehörten eine Amnestie für die unzähligen in den vorangegangenen zwei Jahren aus politischen Gründen Inhaftierten, die Wiederzulassung der Gewerkschaften sowie vor allem die Wiederaufnahme der sozialen Reformvorhaben. In dem halben Jahr bis zum Ausbruch des Bürgerkrieges wurde nun eine größere Landfläche enteignet als in den vorangegangenen Jahren der Republik zusammengenommen. Vor allem aber begannen die Arbeiterorganisationen vor Ort, die Umsetzung der Agrarreform in Eigenregie in

Indalecio Prieto wurde 1883 in Oviedo geboren. Er stammte aus einfachen familiären Verhältnissen und begann seine berufliche Laufbahn als Redakteur bei republikanischen Zeitungen. Er trat 1899 der sozialistischen Partei (PSOE) bei und beteiligte sich an der Gründung der sozialistischen Jugendorganisation. Als Folge seiner Teilnahme an dem Generalstreik von 1917 floh er nach Paris, wenngleich er im Jahr darauf als gewählter Parlamentsabgeordneter wieder zurückkehren konnte. Nach seiner Beteiligung an Konspirationen gegen die Diktatur des Generals Primo de Rivera sowie gegen die Monarchie war Prieto 1930 Mitunterzeichner des «Paktes von San Sebastián». Er wurde in der Zweiten Republik zunächst Minister für Finanzen und dann für öffentliche Baumaßnahmen. Wegen seiner Verwicklung in die asturische «Oktoberrevolution» von 1934 floh er ins Exil. Nach dem Sieg der Linksparteien bei den Wahlen vom Februar 1936 kehrte er nach Spanien zurück und trat für ein breites republikanisches Bündnis ein. Im Bürgerkrieg übernahm er unter seinem ideologischen Widersacher Francisco Largo Caballero zunächst die ministerielle Verantwortung für die Marine und die Luftfahrt. Nachdem er nach dessen Sturz aufgrund des Widerstandes der Kommunisten das Amt des Ministerpräsidenten wider Erwarten nicht übernehmen konnte, übertrug ihm Juan Negrín im Mai 1937 das Kriegsministerium. Resigniert und in Opposition zum wachsenden Einfluss der Kommunisten trat er im April 1938 in Gegnerschaft zu Negrín von seinem Amt zurück. Nach dem Ende des Bürgerkrieges reorganisierte er im Exil den PSOE und trat für ein Bündnis mit den Monarchisten zur Wiederherstellung der Demokratie ein. Er starb 1962 in Mexiko.

die Hände zu nehmen. In Salamanca, Toledo und vor allem in der Provinz Badajoz fanden Landbesetzungen statt.

Die Radikalität der Arbeiterschaft drängte das eingeschüchterte Establishment in die Defensive. Viele Großgrundbesitzer verließen in dieser vorrevolutionären Stimmung ihre Ländereien und brachten sich in Sevilla, Madrid oder im Ausland in Sicherheit. Die Rechte wiederum formierte sich neu. Ihre Anhängerschaft wandte sich vom Legalisten Gil Robles ab und sammelte sich um den radikaleren Monarchisten José Calvo

Sotelo. Die Zeiten von Gil Robles waren vorüber, die radikalisierten Jugendmassen sollten sich bald scharenweise der Falange anschließen. Unter der wenig entschlossenen Regierung unter Santiago Casares Quiroga eskalierte die falangistische und anarchistische Gewalt auf den Straßen. In dem vergifteten politischen Klima versuchte die Madrider Regierung der wachsenden Gefahr eines Putsches durch erneute Umbesetzungen innerhalb der militärischen Führung entgegenzuwirken. Franco wurde die Führung des Generalstabes der Streitkräfte entzogen und das Kommando über die von den Zentrale weit entfernt gelegenen Kanarischen Inseln übertragen. Dort unterstand er zudem besonderen Überwachungsmaßnahmen und bedurfte etwa für jede Reise außerhalb der Hauptinsel Tenerife einer Genehmigung durch den Kriegsminister. General Goded wurde ebenfalls versetzt und musste das Kommando auf den Balearen übernehmen. Die Regierung setzte auch große Anstrengungen daran, die Milizen der Falange zu entwaffnen, und reduzierte die Präsenz der Guardia Civil auf dem Land, um auf diese Weise die Gewalt auf den Straßen einzudämmen. Der Anführer der Falange, José Antonio Primo de Rivera, wurde im März 1936 verhaftet und in das Gefängnis von Alicante gebracht.

Unbeeindruckt davon schmiedeten eine Reihe von Militärs erneut Putschpläne. Der «separatistischen Zerstückelung der Nation» und der «revolutionären Zerstörung der althergebrachten Ordnung» müsse ein Riegel vorgeschoben werden. Eine «eiserne Hand» müsse dem Chaos ein Ende setzen. Die Armee fühlte sich nach wie vor legitimiert, in die Politik einzugreifen, um die soziale Ordnung und die Integrität der Nation wiederherzustellen. Entsprechend stellte General Sanjurjo fest: «Mit dem Staat verhält es sich wie mit einer Aktiengesellschaft: Wenn die Geschäftsführung gut ist, bleibt sie im Amt. Sollte sie schlecht sei, muss sie ausgewechselt werden» (Sainz Rodríguez, testimonio, 326). Das Militär fühlte sich als der im Grunde einzige gesunde Teil einer Gesellschaft, die durch Demokratie und

Parlamentarismus degeneriert sei. Wenngleich durch Versetzungen in den Ruhestand einer Reihe von Offizieren, die als gefährlich für die republikanische Ordnung eingestuft wurden, das Truppenkommando entzogen wurde, konnten sie nicht daran gehindert werden, hinter den Kulissen weiter gegen die republikanische Ordnung zu konspirieren. Die Verschwörung, die schließlich zum Putsch vom 18. Juli führen sollte, wurde deutlich besser vorbereitet als jene von 1932. Den Verschwörern war klar, dass ein Putsch keinen Erfolg haben konnte, wenn er auf eine organisierte Arbeiterschaft stieß, die vor allem durch die Ausrufung eines Generalstreiks das öffentliche Leben lahm legen konnte. Auch diesmal war Sanjurjo federführend beteiligt. Die organisatorische Vorbereitungsarbeit übernahm wiederum im Frühjahr 1936 Brigadegeneral Emilio Mola, der beim Sturz der Monarchie Chef der spanischen Sicherheitspolizei gewesen war. Nach der Regierungsübernahme der bürgerlich-republikanischen Koalition im Februar 1936 war Mola zwar umgehend das Truppenkommando über die marokkanischen Einheiten entzogen, dafür allerdings die Führung der Militärprovinz Navarra übertragen worden. Die Versetzung Molas nach Navarra sollte sich wenige Monate später als gravierender Fehler herausstellen, da dieser General dort, in der Hochburg des *Carlismus*, ein ideales Umfeld für das Voranbringen der Konspiration vorfand, wenngleich er persönlich aufgrund seiner antimonarchistischen und antiklerikalen Haltung kein besonders gutes Verhältnis zu den Traditionalisten hatte. General Sanjurjo erreichte, dass sich die *Carlisten* zu einem Aktionsbündnis mit den militärischen Verschwörern bereit erklärten. Auch Primo de Rivera, der sich in Haft befand, gab Anfang Juni 1936 seine Zustimmung, sich an einem Aufstand zu beteiligen, obwohl er damit letztlich seine Hoffnungen aufgab, aus eigener Kraft die «nationalsyndikalistische Revolution» zu realisieren.

Von Pamplona aus spann Mola nun die Fäden der Verschwörung. Er war der Überzeugung, dass ein Putsch nur dann zum Erfolg führen könne, wenn zeitgleich die Kontrolle über die Kommandos sämtlicher Militärprovinzen gewonnen und die gewerkschaftlichen Organisationen handstreichartig zerschlagen würden. Wenngleich zunächst die marokkanischen Einheiten als Reservetruppen vorgesehen waren, kam ihnen im Rahmen der Planungen schließlich doch noch eine zentrale Bedeutung zu, indem sie die Einnahme von Madrid unterstützen sollten. Mola vertrat das Konzept, angesichts der geografischen Zerstreuung der konspirierenden Offiziere Erhebungen in der Provinz herbeizuführen, um im Anschluss daran Madrid einzunehmen. Dem standen allerdings die Vorstellungen anderer Generäle wie José Varela oder Luis Orgaz entgegen, die sich von Anfang an auf die Hauptstadt konzentrieren wollten, auch wenn die putschbereiten Offiziere dort nicht besonders stark vertreten waren. Ebenso drohten persönliche Animositäten, etwa zwischen Gonzalo Queipo de Llano, Miguel Cabanellas und Varela, sich hinderlich auszuwirken. Nachdem der Tag des Putsches bereits mehrmals verschoben worden war, wurde er schließlich auf den 18. Juli festgelegt.

Rückblickend betrachtet, reagierte die Madrider Regierung auf eine Reihe von Hinweisen auf die sich zusammenbrauende Verschwörung nicht mit der nötigen Konsequenz. So verwies der Chef der spanischen Sicherheitspolizei direkt auf Mola als Mitglied einer Verschwörergruppe, ohne dass Gegenmaßnahmen ergriffen wurden. Auch Franco gab bestimmte Hinweise, als er noch im Juni 1936 an den Kriegsminister einen in gewisser Weise warnenden, aber vagen Brief richtete, in dem er die republikfeindliche Haltung innerhalb des Militärs hervorhob und zwischen den Zeilen zu erkennen gab, dass er sich auf die Seite der Regierung stellen würde, wenn er eine angemessene Behandlung erfahren sollte. Franco genoss ein gewaltiges Ansehen innerhalb des Offizierskorps und insbesondere innerhalb der Streitkräfte im marokkanischen Protektorat. Daher war er von den Verschwörern als derjenige vorgesehen, der das Kommando

Gonzalo Queipo de Llano wurde 1875 im altkastilischen Tordesillas geboren. Er schlug die militärische Laufbahn ein und beteiligte sich an den Feldzügen in Kuba und Marokko. 1928 wurde er wegen seiner wachsenden Opposition gegen die Diktatur des Generals Primo de Rivera vom aktiven Dienst suspendiert. 1930 nahm er am republikanischen Aufstandsversuch von *Cuatro Vientos* teil. Nach dem Scheitern der Erhebung floh er nach Portugal. Mit Ausrufung der Zweiten Republik übernahm er das Amt des Chefs des Militärkabinetts von Staatspräsident Niceto Alcalá Zamora, der sein Schwager war. Nach dem Rücktritt von Alcalá Zamora wurde Queipo de Llano ein zweitrangiges Kommando als Chef der Zollwache übertragen. Aus zunehmender Abneigung gegen die linksrepublikanische Regierung näherte er sich dem Kreis der Verschwörer um General Emilio Mola an. Entsprechend den Planungen übernahm er nach Beginn der Erhebung im Juli 1936 die Garnison in Sevilla und den Oberbefehl über die aufständischen Truppen in Andalusien. Er zerschlug mit grausamer Härte den sozialistischen und anarchistischen Widerstand und herrschte mit großer Unabhängigkeit im Süden Spaniens. Mit seinem Namen sind auch aggressive Propagandaansprachen im Rundfunk verbunden. Der exzentrische General starb 1951 in Sevilla.

über das Afrikaheer übernehmen sollte. Seit der blutigen Niederschlagung des Aufstandes in Asturien im Jahr 1934 hatte Franco auch außerhalb militärischer Kreise eine weite Bekanntheit erlangt und galt in reaktionären Kreisen als Säule antisozialistischer Gesinnung innerhalb der Streitkräfte. Dennoch war Franco nicht ein entschiedener Verfechter des Aufstandes. Er hielt sich vielmehr abwartend im Hintergrund. Wie der Brief an Casares Quiroga zeigt, schien er sich eine Hintertür offen halten zu wollen, sollte der Putsch nicht gelingen. Sanjurjo soll im Hinblick auf die noch wenige Tage vor dem angesetzten Datum zögerliche Haltung Francos sogar den Ausspruch getan haben, der Putsch würde durchgeführt, mit oder ohne «Franquito».

Franco hatte innerhalb der Planungen zum Putsch somit zwar eine wichtige, aber keineswegs eine zentrale Rolle. Als Staatschef einer Militärdiktatur war Sanjurjo vorgesehen. Auch Mola wäre als Koordinator des Putsches eine entscheidende Position zugefallen. Auch Generäle wie Joaquín Fanjul, der die Erhebung in Madrid durchführen sollte, oder Goded, der die Militärregion Katalonien übernehmen sollte, standen zumindest ebenbürtig neben Franco im Hinblick auf mögliche Anwartschaften auf angesehene Posten nach dem Erfolg. Zudem muss betont werden, dass charismatische Führer wie José Antonio Primo de Rivera als Chef der Falange oder José Calvo Sotelo als Führer der radikalen Monarchisten wohl zentrale Positionen in einer siegreichen reaktionären Koalition gespielt hätten. Hinzu kam, dass für viele der an der Verschwörung beteiligten Gruppierungen wie die *Carlisten* außer Frage stand, dass die Monarchie restauriert werden müsse.

In den Tagen unmittelbar vor dem geplanten Termin zur Durchführung des Putsches kam es in Madrid zu dramatischen Ereignissen. Am 12. Juli 1936 wurde ein Offizier der republikanischen Garden durch Falangisten erschossen. Tags darauf wiederum nahmen republikanische Gardemitglieder Rache und entführten und erschossen Calvo Sotelo. Die Rechte stand unter Schock. Nach der Bluttat war von einer weiteren Eskalation der Lage auszugehen. Aus dem sozialistischen Lager kamen Forderungen, die Arbeiterschaft zu bewaffnen, um auf diese Weise einem Militärputsch vorzubeugen. In der Tat bot die Entdeckung der Leiche von Calvo Sotelo den Putschisten ein schlagkräftiges Argument zur Legitimierung des Aufstandes und zur «Rettung der Nation vor Chaos und Anarchie». Das Attentat hatte auf die Verschwörergruppe eine tiefe psychologische Wirkung, indem die Reihen der Eingeweihten geschlossen wurden und zögernde Offiziere ihre letzten Bedenken aufgaben.

Der spätere Kardinal und Vorsitzende der spanischen Bischofskonferenz Vicente Enrique y Tarancón sollte im Hinblick auf die spannungsgeladene Atmosphäre unmittelbar vor Ausbruch des Bürgerkriegs rückblickend feststellen: «Ich glaube, wir waren in der Zwischenzeit alle zu der Überzeugung gelangt, dass die bestehenden Probleme ohne eine Auseinandersetzung auf den Straßen keine Lösung finden würden. Seit Monaten war eine Hälfte Spaniens gegen die andere in Stellung gegangen und wartete auf die sich ankündigenden Ereignisse. Eine Hälfte Spaniens verharrte gegen die andere Hälfte ohne die geringsten Möglichkeiten, zu einem Dialog zu finden. Es war klar, dass es die Waffen sein würden, die das letzte Wort haben sollten. Der Ehrlichkeit halber muss gesagt werden, dass wir damals alle an die Gewalt glaubten und davon überzeugt waren, dass Gewaltanwendung unerlässlich war. Die Schuld hierfür lasteten wir natürlich den anderen an» (Enrique y Tarancón, Recuerdos, 184 f.).

2. Ein Putsch wird zum Krieg

Der Funke, der den Putsch auslöste, kam überraschend. Am Nachmittag des 17. Juli 1936 saß in der zum spanischen Marokko-Protektorat gehörenden Küstenfestung Melilla eine Gruppe von Verschwörern zusammen, als sich von Hinweisen alarmierte Sicherheitskräfte, die von einem Regierungsvertreter begleitet wurden, unter Vorlage einer Durchsuchungsanordnung Zutritt zu verschaffen versuchten. Die Überraschten riefen eine Einheit der spanischen Fremdenlegion zu Hilfe. Der junge Offizier, der die Sicherheitskräfte anführte, wechselte daraufhin spontan die Seite. Die Putschisten übernahmen die Initiative und brachten die Festungsstadt unter ihre Kontrolle. Der kommandierende General, der die Durchsuchung angeordnet hatte, wurde verhaftet und später hingerichtet. Die Regierung in Madrid wurde völlig überrascht. Der Oberkommandeur der Afrikaarmee, Agustín Gómez Morato, der nach ersten Hinweisen von der Regierung nach Melilla entsandt worden war, kam zu spät und wurde nach seiner Ankunft verhaftet.

Dieser militärische Vorfall zwang die Verschwörer zum Handeln und zum Vorziehen ihrer Aufstandspläne, da andernfalls das gesamte Unternehmen zu scheitern drohte. In Tetuán wurden der Hohe Kommissar für Marokko abgesetzt, mit Waffengewalt der strategisch wichtige Flugplatz in Besitz genommen und nach und nach der Widerstand der Regierungstruppen gebrochen. Die Falange sowie andere zivile Einheiten, die mit Pistolen ausgestattet wurden, erhielten den Auftrag, politische und gewerkschaftliche Einrichtungen zu übernehmen und deren Führer festzunehmen. Oberstleutnant Juan Yagüe, Mitglied der Falange und von Mola, dem Organisator des Putsches, zum

Initiator des Aufstandes in Marokko designiert, sicherte sich zunächst die Kontrolle von Ceuta, wo er stationiert war. Binnen weniger Stunden hatten die Aufständischen die zivilen Regierungsvertreter und die der Regierung loyalen Offiziere ausgeschaltet. General Franco, dem das Kommando über das Afrikaheer übertragen werden sollte, richtete nach Bekanntwerden der Erhebung in Marokko einen flammenden Aufruf an alle Divisionskommandeure und Flottenchefs, sich der Erhebung anzuschließen. Franco bestieg ein britisches Flugzeug, das über monarchistische Mittelsmänner von London aus nach Gran Canaria entsandt worden war. Es brachte ihn zunächst nach Casablanca und nach Klärung der Lage im spanischen Protektorat am anderen Morgen nach Tetuán, dem Sitz des Hohen Kommissars. Dort übernahm er das Truppenkommando von Yagüe.

Dem Beginn des Aufstandes in Marokko folgte die Erhebung einer Vielzahl von Garnisonen auf dem spanischen Festland. Von Sevilla aus sollte General Gonzalo Queipo de Llano Andalusien unter Kontrolle bringen. Sevilla war in jenen Tagen ein sozialer Unruheherd, und in den Garnisonen bestand keine besondere Neigung, sich dem Putsch anzuschließen. Als die Nachricht der Erhebung innerhalb des Divisionsstabes die Runde machte und hitzig diskutiert wurde, trat der divisionsfremde General – ihm war aufgrund seiner zweifelhaften Loyalität der Regierung gegenüber die militärisch unbedeutende Leitung der Zollwache übertragen worden – am Nachmittag des 18. Juli in Erscheinung. Nach der Weigerung des Divisionskommandeurs und seines Stellvertreters, sich der «Bewegung zur Rettung Spaniens» anzuschließen, übernahm Queipo de Llano kraft seines Dienstranges handstreichartig die Stellung und ließ die militärische Führung verhaften. Wichtige Teile der Einheiten schlossen sich allerdings dem Putsch nicht an, sodass innerhalb der Stadt heftige Kämpfe ausbrachen. Insbesondere durch den Einsatz der Artillerie und der Guardia Civil, die sich ihm angeschlossen hatte, gelang es Queipo de Llano bis zum Abend, die Innenstadt zu kontrollieren. Die Wohnviertel wiederum lagen zunächst in den Händen schlecht bewaffneter republikanischer Arbeiter, die sich hinter Barrikaden verschanzten, aber lediglich wenige Tage Widerstand leisten konnten. Auf Befehl von Queipo de Llano erhoben sich die Garnisonen von Córdoba, Jerez de la Frontera und Cádiz, deren Kommandos teilweise in die Verschwörungspläne eingeweiht waren. General José Varela, der bereits am Staatsstreichversuch unter General Sanjurjo beteiligt gewesen war, wurde aus der Internierung in Cádiz befreit, und ihm gelang es von dort aus, nachdem zunächst scheinbar die organisierten Arbeiter durch einen Generalstreik die Macht über die Stadt erlangt hatten, die Städte Sevilla, Córdoba und Cádiz zu einem zusammenhängenden Herrschaftsgebiet zu vereinen. Der kommandierende General der Region Granada, Miguel Campins, zögerte allerdings zwei Tage lang, sich dem Kommando von Queipo del Llano zu unterstellen. Dann entlud sich aber auch hier die Gewalt der Aufständischen. Insbesondere das von Arbeitern bewohnte Stadtviertel Albaicín geriet unter das Feuer der Artillerie. Im Anschluss daran zogen falangistische Todesschwadronen durch die Straßen und holten der Opposition verdächtige Männer aus den Häusern. Eines der berühmtesten Opfer war der Dichter Federico García Lorca, der in den Morgenstunden des 19. August 1936 erschossen wurde. Das kurzzeitige Zögern sollte Campins später teuer zu stehen kommen. Er wurde verhaftet, vor ein Militärgericht gestellt und auf Betreiben Queipos trotz massiver Interventionsversuche Francos aufgrund enger kameradschaftlicher Bande hingerichtet.

Von allen Chefs einer Militärregion schloss sich lediglich General Miguel Cabanellas, der sein Truppenkommando in Zaragoza innehatte, den Aufständischen an. Hier, wie in anderen Landesteilen, war als Reaktion auf die Erhebung der Generalstreik ausgerufen worden, doch gelang es Cabanellas in der

Nacht vom 18. auf den 19. Juli mit Unterstützung der Polizeikräfte und der Guardia Civil, den Widerstand der in dieser Stadt besonders starken anarchistischen Kräfte zu zerschlagen und die Lage für die Aufständischen zu sichern. Um in dieser unübersichtlichen Anfangsphase die Lage zu stabilisieren, entsandte der spanische Ministerpräsident und Verteidigungsminister Casares Quiroga den General Miguel Núñez de Prado im Flugzeug nach Zaragoza. Diesem war es in Madrid gelungen, die Loyalität der Luftwaffeneinheiten zur Regierung zu sichern, und er sollte nun Cabanellas nach Madrid beordern. Núñez de Prado wurde unmittelbar nach der Landung in Zaragoza festgenommen und trotz der Freundschaft mit Cabanellas nach Pamplona überführt und dort standrechtlich erschossen. Cabanellas ließ große Mengen an Waffen und Munition nach Pamplona zu Mola bringen, um dort die Milizen der *Carlisten*, die sich den Putschisten angeschlossen hatten, auszurüsten. Die Kommandantur von Navarra gehörte wiederum zur Militärregion Burgos. An deren Spitze stand General Domingo Batet, der sich ebenfalls weigerte, sich dem Aufstand anzuschließen. Er wurde verhaftet und, obwohl sich Queipo de Llano vehement für ihn einzusetzen versucht hatte, wenige Monate später hingerichtet. General Andrés Saliquet, der aufgrund seiner Ablehnung der republikanischen Ordnung zu diesem Zeitpunkt kein Truppenkommando innehatte, wurde nach Valladolid entsandt, um den Kommandeur der dortigen Militärregion dazu zu bewegen, das Kriegsrecht auszurufen und sich dem Aufstand anzuschließen. Die Auseinandersetzungen zwischen beiden Generälen führten schließlich zu einem Schusswechsel, bei dem es zu Toten und Verletzten kam. Der Chef der Militärregion wurde am Knie verletzt, abgeführt und standrechtlich erschossen. Saliquet übernahm das Kommando. In der Stadt kam es tags darauf zu heftigen Auseinandersetzungen zwischen der organisierten Arbeiterschaft, insbesondere den Eisenbahnarbeitern, und militärischen Einheiten, die wie andernorts blutig niedergeschlagen wurden. Repressionen gegen die Arbeiterschaft wurden dabei überall konsequent umgesetzt, wie Mola es als Losung ausgegeben hatte: Der Gegner solle durch einen harten Schlag ausgeschaltet werden. Dabei sollten alle Partei- und Gewerkschaftsführer, die nicht Teil der Koalition der Aufständischen waren, inhaftiert und Rebellion und Streiks mittels drakonischer Strafen im Keim erstickt werden.

Der oberkommandierende General von San Sebastián zögerte ebenfalls, den Kriegszustand auszurufen, und beschränkte sich darauf, die Truppen zu kasernieren. Die Regierungstreuen waren somit hier in der Lage, rasch zu handeln, und isolierten die Aufständischen, die nach wenigen Tagen aufgeben mussten. In Katalonien scheiterte der Aufstand ebenfalls. Die aufständischen Militärs verließen zwar am Morgen des 19. Juli die Kasernen und suchten die Entscheidung auf der Straße, sie wurden aber durch Polizeikräfte und die Guardia Civil, die der Zivilgewalt treu geblieben waren, und mit Unterstützung der mächtigen und gut organisierten anarchosyndikalistischen Verbände zurückgeworfen, obwohl sich die *Generalitat* geweigert hatte, die organisierte Arbeiterschaft zu bewaffnen. Zu dem Erfolg trug entscheidend bei, dass der Regionalregierung die Vorgehenspläne der Aufständischen zur Übernahme der Machtzentren bekannt geworden waren. General Manuel Goded, der als Militärbefehlshaber die Erhebung auf der Insel Mallorca herbeigeführt hatte, traf am Nachmittag im Hauptquartier in Barcelona ein. Er sollte es als freier Mann nicht mehr verlassen. Am Folgetag wurde die Erhebung vollständig niedergeworfen. Die Anarchisten, die im Rahmen der Kämpfe große Mengen an Waffen erbeutet hatten, wurden zum zentralen Machtfaktor in Katalonien. Goded wurde wenige Wochen später hingerichtet.

Auch an einer Vielzahl anderer Orte ereigneten sich in den ersten Tagen bewaffnete Zusammenstöße. In Cuenca kam es zu Kämpfen, und in Guadalajara wurde die Erhebung durch ein Zusammenwirken von regierungstreuen Militäreinheiten,

Guardia Civil und Miliz unterdrückt. In der Extremadura hielt General Luis Castelló zunächst die Stellung. In Oviedo wiederum gelang es dem Kommandeur, Oberst Antonio Aranda, die Umzingelung durch bewaffnete Minenarbeiter zu lösen, indem er seine Regierungstreue vorgab. Nach Abzug der Milizen besetzte er die Stadt, und Oviedo wurde zu einer belagerten Festung. In der Militärregion Galicien ließ Oberst Martín Alonso den oberkommandierenden General absetzen und diesen und andere hochrangige Offiziere hinrichten. Die Verteidigungsmaßnahmen des Zivilgouverneurs mittels regierungstreuer Polizeikräfte wurden durch massiven Artilleriebeschuss erstickt. Galicien fiel an die Aufständischen. Kleinere Widerstandsnester wurden nach und nach beseitigt.

Ein Großteil der Generalität hatte an der Loyalität zur Republik festgehalten. So war die Ausgangssituation der Putschisten schwierig und ein Erfolg des Putsches ohne die rasche Einnahme Madrids und damit der zentralen Regierungsstellen kaum mehr wahrscheinlich. In der Militärregion Madrid konzentrierten sich beträchtliche Truppenteile, die über große Waffenbestände verfügten, und hier liefen vor allem die Kommandostrukturen für das gesamte Staatswesen zusammen. Die Ausgangsbedingungen der Verschwörer waren in der spanischen Hauptstadt ohnehin nicht günstig, da sie hier keinen Zugriff auf die Kommandozentralen fanden. Zwar war die Falange in der Hauptstadt stark vertreten, doch wurde sie seit den Volksfrontwahlen im Februar durch den Staatsapparat verfolgt; ihre Führer waren inhaftiert. Die Sicherheitskräfte und die Guardia Civil folgten den Anweisungen der Regierung, und die politisierten Arbeitermassen dominierten das Stadtbild. Noch am Abend des 18. Juli sprach die *Pasionaria* genannte Kommunistenführerin Dolores Ibárruri den berühmt gewordenen Satz «¡no pasarán!» (sie werden nicht durchkommen). Staatspräsident Azaña versuchte in der Nacht vom 18. auf den 19., eine Einigung mit den Aufständischen zu erzielen. Zum

Regierungschef wurde der moderate Linkspolitiker Diego Martínez Barrio ernannt, der in Telefongesprächen mit Mola und anderen Generälen die Bildung einer gemäßigten Regierung anbot. Mola selbst sollte zum Verteidigungsminister ernannt werden. Die Angebote wurden allerdings ohne Umschweife abgelehnt, und Martínez Barrio gab nach nur einem Tag sein Amt wieder ab. Es ist durchaus denkbar, dass der Aufstand dennoch niedergerungen worden wäre, wenn sich die Zentralregierung, gestützt auf die gewerkschaftlichen und politischen Organisationen der Linken, unverzüglich dazu entschlossen hätte, die Massen im gesamten Land zu bewaffnen. Freilich befürchtete die bürgerliche Madrider Regierung nicht zu Unrecht, damit einer Revolution mit nicht absehbarem Ausgang Tür und Tor zu öffnen. Eine spätere Entwaffnung und Entmachtung der Arbeiterorganisationen schien mehr als fraglich. Als einzige Garnison der Hauptstadt erhob sich das *Cuartel de la Montaña*, das sich in der Nähe des Königspalastes befand. Nachdem der Aufforderung zur Aufgabe der umringten Kaserne am Vormittag des 19. Juli nicht Folge geleistet worden war, folgte der Beschuss aus der Luft und von den umliegenden Häusern aus. Bei der Erstürmung wurden alle in der Kaserne befindlichen Aufständischen getötet. General Joaquín Fanjul, der die Erhebung der Garnison durchgeführt hatte, wurde verhaftet und wenige Wochen später hingerichtet. Die Hoffnungen der Belagerten auf eine Befreiung durch heranrückende Truppen von Norden her hatten sich nicht erfüllt. Die Einnahme der Kaserne wurde von den Erstürmern euphorisch mit dem Fall und der Zerstörung der Bastille verglichen.

Wenige Tage nach Beginn des Putschversuches war schließlich klar, dass weder die Regierung noch die Aufständischen die Kontrolle über Gesamtspanien innehatten. Je nach Erfolg oder Misserfolg der Erhebung in den verschiedenen Militärregionen dominierte eines der beiden Lager, und in der Folge entstand ein Frontverlauf, der die Ausgangssituation für den sich abzeichnenden Bürgerkrieg bildete. Die Aufständischen kontrollierten zunächst lediglich ein Drittel des Staatsgebietes. Dabei verfügten sie jedoch über große Teile der landwirtschaftlichen Nutzfläche und damit etwa zwei Drittel der Weizenproduktion, was die Versorgung der ohnehin eher schwach besiedelten Gebiete unter ihrer Kontrolle erleichterte. Die relevanten Industriezentren, insbesondere in Katalonien und im Baskenland, waren in den Händen der Republik geblieben. Allein in Barcelona waren am Vorabend des Bürgerkrieges etwa vierzig Prozent der spanischen Industriekapazität angesiedelt, und im Umfeld von Bilbao befanden sich wesentliche Teile der spanischen Schwerindustrie. Die Ausgangslage war im Grunde recht zufällig zustande gekommen und entsprang nicht, wie ein Vergleich mit dem Ergebnis der Wahlen von Februar 1936 belegt, einer bereits existierenden Kräfteverteilung innerhalb der jeweiligen Gebiete. In bestimmten Gegenden, wo Anarchisten oder Sozialisten eine starke Mehrheit hatten, wie Katalonien oder Asturien, hatte sich die Erhebung nicht durchsetzen können, in anderen Hochburgen wie Zaragoza oder Sevilla war der Widerstand dagegen an der militärischen Übermacht gescheitert. In Gegenden Zentralspaniens wie Cuenca oder Guadalajara hatte die rechtsgerichtete Koalition im Februar 1936 zwar einige ihrer besten Ergebnisse erzielt (Tusell, elecciones, II, 26 f.), doch war dort der Aufstand niedergeworfen worden.

Die Verschwörer hatten nicht mit einem langen Bürgerkrieg gerechnet. Ihre Planungen gingen vielmehr von einer raschen, siegreichen Durchführung der Erhebung aus. Eine schnelle Entscheidung schien aber nicht in Sicht. Die Truppen Molas waren unerwarteterweise in den Bergen nördlich von Madrid durch die Verteidigungsstellungen der Milizen aufgehalten worden. Zudem mangelte es an Waffen und Munition. Das Afrikaheer wiederum saß in Marokko fest und konnte nicht übersetzen, nachdem meuternde Mannschaften die Kriegsflotte zu großen Teilen unter ihre Kontrolle gebracht hatten und die

Mittelmeerpassage blockierten. Nur wenigen Einheiten gelang die Überfahrt. In den ersten Tagen des Aufstandes ereignete sich ein weiteres Unglück für die Aufständischen. General Sanjurjo, dem die militärische Führung der Erhebung zugedacht war, kam bei einem Flugzeugabsturz ums Leben, als er sich von seinem Exilort Estoril auf den Weg nach Spanien machen wollte. Allem Anschein nach streifte das überladene kleine Sportflugzeug beim Abflug eine Reihe von Baumwipfeln und stürzte ab. Wenngleich es fraglich erscheint, dass mit der Anwesenheit von Sanjurjo und seiner Autorität der Bürgerkrieg hätte vermieden und eine rasche Einigung mit der Zentralregierung erreicht werden können, war der Tod von Sanjurjo im Hinblick auf die Führung des aufständischen Lagers von gewaltiger Bedeutung. Die Erhebung stand nun ohne eine zentrale Kommandogewalt da, die Koordinationsaufgaben hätte übernehmen können. So war zwar am 24. Juli 1936 in Burgos eine Militärjunta geschaffen worden, doch war die Führung nur nominell an den ranghöchsten der aufständischen Generäle, Miguel Cabanellas, übertragen worden. Das Lager der Aufständischen bestand faktisch jedoch aus drei Machtblöcken. In Andalusien herrschte in Manier eines Vizekönigs Queipo de Llano. Während dieser aber nicht nach dem Oberkommando strebte, wuchs die Rivalität zwischen Franco an der Spitze des Afrikaheeres und Mola, der das Nordgebiet von Burgos aus kontrollierte. Die einzelnen Heerführer operierten daher zunächst weitgehend unabhängig voneinander.

Die Forschung ist sich einig, dass ohne die Unterstützung durch die Afrikaarmee der Aufstand unterdrückt worden wäre. Diese Unterstützung war möglich geworden, nachdem sich Hitler und Mussolini dazu entschlossen hatten, Transportflugzeuge zum raschen Übersetzen der Kämpfer bereitzustellen. Das Afrikaheer umfasste etwa 35 000 Mann, die sich aus unterschiedlichen, auch marokkanischen Truppen zusammensetzten und dessen bestens ausgebildete Einheiten schnell mobilisiert

Juli 1936

werden konnten. Hinzu kam, dass nach Beginn der Erhebung Tausende marokkanischer Söldner angeworben wurden. Bereits Ende 1936 nahmen bis zu 50000 Marokkaner an den Kampfhandlungen in Spanien teil. Obwohl diese zentrale Stellung des Afrikaheeres immer wieder hervorgehoben worden ist, haben erst jüngste Studien die Bedeutung der Erfahrungen der Kolonialkriege für die Mentalität der Putschisten herausgearbeitet, nachdem im Grunde alle an den Putschplänen beteiligten Offiziere wie Sanjurjo, Cabanellas, Mola, Franco eng mit dem Afrikaheer verbunden waren. Die *africanistas* fühlten sich als Einheit in Abgrenzung von dem Offizierskorps auf dem spanischen Festland. Afrika war eine Kaderschmiede kriegserprobter Kämpfer gewesen, die nicht nur eine spezifische Brutalität in den Bürgerkrieg hineintrugen, sondern auch ein ideologisches Element der Fanatisierung. Das Afrikaheer griff in den

Krieg ein, um wie im Krieg gegen die «gottlosen Rifkabylen» die Nation von «unspanischen» Elementen zu reinigen. Die Elite der Offiziere, die durch die «Schule» der Kolonialkriege gegangen war, empfand sich als der Katalysator für das neue Spanien (Balfour, embrace, 247). Das Afrikaheer setzte somit die Rifkriege auf dem spanischen Festland fort. Die gegenüber aufständischen Kabylenstämmen demonstrierten Verhaltensgrundsätze wurden auf die «Roten» übertragen. Der in Marokko praktizierte brutale und gnadenlose Terror gegenüber einer als barbarisch eingestuften Zivilbevölkerung wurde ohne Vorbehalte übernommen. Nach Balfour hatten diese Offiziere im Zuge der Kolonialkriege den Wert systematischer ethnischer «Säuberungsmaßnahmen» schätzen gelernt, um sich auf diese Weise dauerhaft durchzusetzen. Der Einsatz von Todesschwadronen im rückwärtigen Gebiet sei demnach nicht in erster Linie zu Sicherungszwecken für die kämpfenden Truppen, sondern mit dem Ziel erfolgt, Spaniens «innere Feinde» auszulöschen (Balfour, embrace, 291). Willkürliche Gefangennahmen und Erschießungen waren insbesondere ein Kennzeichen der ersten Monate des Krieges. Offiziere wie Yagüe oder Queipo de Llano riefen ausdrücklich zu dieser Art der «Säuberung» ohne Prozessführung auf. Aber auch Großgrundbesitzer und Industrielle beteiligten sich aktiv an der physischen Vernichtung der organisierten Arbeiterschaft. Die sozialen Spannungen der vergangenen Jahrzehnte entluden sich auf grausame Weise. Der willkürlichen und rachegeladenen Repression fielen mitunter wahllos Männer, Frauen und Kinder zum Opfer. Die massenhaften Liquidierungen in der Folgezeit sollten wiederum systematisch durch Kriegsgerichte durchgeführt werden.

Der Anblick maurischer Truppen verbreitete in Erinnerung an die Grausamkeit der Afrikakriege Angst und Schrecken. So soll sich aus schierer Angst der verbarrikadierte Zivilgouverneur von Cádiz ergeben haben, als er am Hafen das Eintreffen der Mauren feststellte. Die wohl aufgewühlteste Stadt Andalusiens, Sevilla, erlitt ein schweres Schicksal. Insbesondere die Bevölkerung in den Arbeitervierteln musste nach dem Ende der Kampfhandlungen, in deren Folge auf Befehl von Queipo de Llano sämtliche Gewerkschaftsführer und eine Vielzahl an Mitgliedern erschossen wurden, noch die Plünderungen und Gewaltexzesse marokkanischer Söldner erdulden. Besonders große Brutalität zeigte sich auch in der Extremadura. Der rasche Vormarsch durch oft nur mit Jagdgewehren und Mistgabeln verzweifelt verteidigte Dörfer hinterließ eine Spur der Gewalt, der Tausende zum Opfer fielen. Den Truppen ging ein Ruf voraus, der abschreckend und demoralisierend auf den Gegner wirkte. Traurige Berühmtheit haben die Ereignisse nach der Eroberung von Badajoz erlangt. Die Berichte des amerikanischen Korrespondenten des *Chicago Tribune*, der wenige Tage nach der Erstürmung der Stadt in Badajoz eintraf, über die Erschießung von 1800 Männern und Frauen in der Stierkampfarena, die willkürlichen Gewaltexzesse in der Stadt und die Leichen der Getöteten, die zur Abschreckung tagelang auf den Straßen lagen, gingen um die Welt und führten zu einem Sturm der Entrüstung. Eine Ausnahme von diesem Bild bietet wohl allein Navarra. Der in der Bevölkerung tief verwurzelte Katholizismus und Monarchismus hatte dazu geführt, dass die Aufständischen hier vom ersten Augenblick an Rückhalt und eine massive Unterstützung durch die Bevölkerung erfuhren. Allein hier fand so etwas wie eine «nationale Erhebung» statt, die sich gegen die republikanische Ordnung richtete. Der Terror und die Spur der Verwüstung, den vor allem die marokkanischen Truppen und die Fremdenlegion hinterließen, erwiesen sich als eine hervorragende Waffe für die Nationalisten auf ihrem Weg nach Madrid. Dies erklärt auch, weshalb die Truppen Francos zunächst viel größere Geländegewinne erzielen konnten als die Einheiten Molas im Norden. Ob nun Badajoz, Talavera de la Reina, Santa Olalla, die Berichte der ausländischen Journalisten, die die Truppen der Nationalisten begleiteten, glichen einander: Exekutionskomitees, nicht endende Erschießungen, der Geruch von Verwesung und Blut, die Deportation von zahllosen Menschen, Gräuel an Zivilisten, Plünderungen.

Franco wurde bei seinem Vormarsch auf Madrid vor eine wichtige Entscheidung gestellt: entweder so rasch wie möglich nach Madrid vorzustoßen, um der Madrider Regierung mit Hilfe der Afrikaarmee den Todesstoß zu versetzen, oder der eingeschlossenen Garnison in Toledo zu Hilfe zu eilen. Oberst José Moscardó hatte sich mit Einheiten der Guardia Civil, Offizieren, Unteroffizieren und einigen wenigen Mannschaftsdienstgraden und bewaffneten Zivilisten in den Alcázar von Toledo zurückgezogen und bereits zwei Monate unter heftigem Artilleriebeschuss ausgeharrt. Der Widerstand der im Alcázar Eingeschlossenen war zu einem Symbol für den Heroismus der Nationalisten geworden. Ein Telefonat zwischen Moscardó und den Milizionären, in dem diese dem Kommandeur die Erschießung seines Sohnes androhten, sollten sich die Belagerten nicht ergeben, fand einen prunkvollen Einzug in die spanischen Geschichtsbücher der Franco-Zeit. Demnach gab Moscardó seinem eigenen Sohn die Worte mit auf den Weg, tapfer für Spanien zu sterben und seine Seele dem Allmächtigen anzuvertrauen. Paul Preston ist allerdings der Überzeugung, dass diese Geschichte erfunden sein müsse, da sie allzu gut in die Bemühungen der Nationalisten passe, den Bürgerkrieg mit der mittelalterlichen *reconquista*, der Rückeroberung Spaniens aus den Klauen der muslimischen Eroberer, gleichzusetzen (Preston, Civil War, 66). Sie gleicht der Legende von Guzmán *el Bueno*, der das Leben seines Sohnes während der Belagerung von Tarifa an der Südspitze Andalusiens im 13. Jahrhundert opferte. Der Entschluss Francos, den symbolbeladenen Alcázar von Toledo schließlich zu befreien, wird in Zusammenhang mit der wachsenden Rivalität und dem Machtkampf zwischen den oberkommandierenden Generälen innerhalb des nationalistischen Lagers gesehen. Gerade die Bilder von Franco, wie er in Begleitung des geschwächten Moscardó den halb zerstörten Alcázar inspizierte, haben ihm einen gewaltigen Popularitätsschub innerhalb des nationalistischen Lagers gegeben und damit seine Anwartschaft auf die Führungsposition unterstrichen. Franco war nun selbst zu einer Personifizierung der Kriegsanstrengung der Nationalisten geworden. Als unmittelbar nach der Befreiung des Alcázar die Militärjunta an die Schaffung eines aus militärischen Gründen unerlässlichen Oberkommandos über die nationalistischen Streitkräfte als Ersatz für den verunglückten General Sanjurjo ging, setzte sich Franco durch. Am 28. September 1936 wurde er zum Oberkommandierenden sämtlicher Truppenteile gewählt. Die Schaffung eines Oberkommandos und vor allem das Fehlen einer übergeordneten zivilen Regierung sicherte den Aufständischen damit im Hinblick auf die Erfordernisse der Kriegführung einen gewaltigen Vorteil gegenüber der republikanischen Regierung, deren zivile und militärische Kräfte zu dem Zeitpunkt zersplittert und uneins waren.

Im Oktober 1936 wurde der Belagerungsring um Madrid enger zusammengezogen. Der Fall der Hauptstadt schien eine Sache von wenigen Tagen zu sein. Als General Mola Anfang November 1936 von ausländischen Journalisten gefragt wurde, welche der vier Kolonnen, die vor Madrid in Stellung gegangen waren, die Stadt erobern würde, verwies er auf die «fünfte Kolonne», die sich bereits in Madrid befinde und aus Sympathisanten der Nationalisten bestehe. Sie würde bei Herannahen der anderen vier von innen heraus die Eroberung der Stadt einleiten. Und in der Tat waren in Erwartung des bevorstehenden Angriffs in erhöhtem Maße Anschläge festzustellen. Alles deutete auf einen raschen Sieg. Mola ließ verkünden, dass er in die Puerta del Sol auf einem Schimmel reitend einziehen werde, und verabredete sich mit einem ausländischen Journalisten in einem Madrider Café. Das Bild war allerdings trügerisch.

Die Angriffe sollten nicht vorankommen. Balfour attestiert den republikanischen Einheiten zu dieser Zeit eine größere militärische Effizienz als den Truppen Francos. Die Divisionen der Nationalisten hätten sich in altmodischer Weise unverändert als territoriale Einheiten verhalten und sich damit als Ordnungsmacht und Verwaltungsorgane innerhalb ihrer Kommandogebiete verstanden. Die republikanischen Einheiten indes hätten zu diesem Zeitpunkt bereits erste taktische Einheiten gebildet, die zur Verstärkung von Frontabschnitten eingesetzt werden konnten. Die Nationalisten hätten wiederum erst im April 1937 ihre erste taktische Division gebildet. Zudem sei entgegen der traditionellen Militärgeschichtsschreibung die Moral der Truppen vor Madrid Ende 1936 dramatisch gesunken. Probleme bei der Rekrutierung neuer Truppen, ein mangelhafter Ausbildungsgrad und angesichts der ausbleibenden Erfolge auch Streitigkeiten zwischen den Generälen hätten zu einer prekären Lage geführt (Balfour, embrace, 291, 302 ff.). Ende Oktober waren die ersten Einheiten der Internationalen Brigaden in Madrid eingetroffen und die ersten sowjetischen Waffen in Stellung gebracht worden. Die Kräfteverhältnisse hatten sich grundlegend verschoben.

Die am 19. Juli 1936 gebildete Regierung unter dem Linksrepublikaner José Giral stand nicht nur in einem bewaffneten Konflikt mit den Putschisten; im Inneren des republikanischen Lagers fehlte jeglicher Zusammenhalt. So waren die Sozialisten auf Druck von Largo Caballero wieder einmal einer Regierungsbeteiligung ferngeblieben. Der PSOE tolerierte zwar die linksrepublikanische Regierung, Largo Caballero strebte aber in Erwartung grundlegender gesellschaftlicher Umbrüche nach einer Aktionseinheit mit den übrigen Arbeiterorganisationen, mit Anarchisten und Kommunisten. Vor allem aber war die Macht längst auf die Straße übergegangen. Dies war, allerdings nicht ohne Vorbehalte, auch mit Hilfe der Regierung geschehen, die nicht nur die aufständischen Militärs, sondern auch die bewaffneten Arbeitermassen als mindestens ebenso große Gefahr für die bestehende Ordnung empfand. Giral hatte dennoch die Anweisung gegeben, die Bevölkerung zu bewaffnen, um die loyal verbliebenen Truppen bei der Sicherung der Verteidigungslinien zu unterstützen. Daraufhin entstanden Milizen, deren Hauptaufgabe zunächst die Sicherung des Passes von Somosierra im Norden der Hauptstadt war, um die erwarteten Truppen Molas aufzuhalten. Andere Verbände zogen in den Süden, um die Kontrolle über Toledo zurückzuerlangen, nachdem dort die Erhebung unter Oberst Moscardó zunächst geglückt war. In dieser allgemeinen revolutionären Aufbruchsstimmung verlor die Zentralregierung schließlich aber jegliche Kontrolle über die Massen. Selbst die Koordination der Verteidigungsmaßnahmen glitt ihr aus den Händen, nachdem ad hoc improvisierte Einheiten von Milizionären selbständig an die Front gingen und die Abwehrmaßnahmen übernahmen. Die Regierung in Madrid blieb zwar im Amt, doch war die Macht faktisch an die UGT übergegangen.

Der Militärputsch und vor allem die gegen die sozioökonomischen Interessen der Arbeiterschaft gerichteten Ziele der Aufständischen lösten zudem einen gewaltigen offensiven Reflex aus. In Andalusien und in der Extremadura hatte die Auseinandersetzung um den Grundbesitz im Zentrum aller Konflikte gestanden, die die Zweite Republik erschüttert hatten. Als nach Beginn des Putsches und mit der Entfesselung von Gewalt sämtliche Hemmschwellen mit einem Schlag verschwanden, waren auch hier Gewaltausbrüche und Grausamkeiten an der Tagesordnung. Der aufgestaute gegenseitige Hass entlud sich in den Dörfern und Städten. In den ländlichen Gegenden gelang es den Tagelöhnern und Landarbeitern im Allgemeinen rasch, die örtlichen Posten der Guardia Civil auszuschalten. Oftmals nahmen sie auch grausame Rache an den Landeignern, die es nicht geschafft hatten, sich rechtzeitig in Sicherheit zu bringen. Ebenso entlud sich die Gewalt gegen die örtlichen Priester, die wie die Großgrundbesitzer all das verkörperten, was das verhasste Sozialgefüge und Abhängigkeitsverhältnis ausmachte. Wenige Tage nach Beginn der Auseinandersetzungen begannen die örtlichen Delegationen der sozialistischen Landarbeitergewerkschaft FNTT und der anarchosyndikalistischen CNT mit der Kollektivierung der Landwirtschaft. Lagerhallen und Silos der Großgrundbesitzer wurden überfallen und die Vorräte an Lebensmitteln und Saatgut unter die Landarbeiter verteilt. Der Putschversuch hatte damit jene Kräfte freigesetzt, die die unmittelbare Umsetzung der sozialen Revolution auf ihrem Banner trugen. Mit der Lähmung des Staatsapparates als Folge des fehlgeschlagenen Putsches bot sich für Sozialrevolutionäre und vor allem die Anarchisten die historisch einmalige Chance, die Grundlagen zur Durchsetzung ihres Gesellschaftsideales zu schaffen. Innerhalb weniger Wochen wurde in weiten Teilen des republikanischen Herrschaftsgebietes die bestehende politische, soziale und wirtschaftliche Ordnung umgestürzt. Das Ziel der anarchistischen «libertären Revolution» war ein herrschaftsfreies Gesellschaftssystem, das sich gegen den privaten Grundbesitz und das Eigentum an Produktionsmitteln richtete. In allen Produktionssektoren erfolgten Kollektivierungsmaßnahmen. Auf politischer Ebene entstanden lokale und später auch regionale Selbstverwaltungsorganisationen, die die verwaisten oder aufgelösten Verwaltungsbehörden ersetzten. Somit entwickelten sich unterhalb der Regierungsebene autonome Machtorgane, die in der Folge die zentralstaatliche Ordnung vollends zusammenbrechen ließen. Die Macht war an zahllose unkontrollierbare Gruppen übergegangen. Die organisierte Arbeiterschaft kämpfte nicht für die Wiederherstellung der bürgerlichen Ordnung, sie strebte vielmehr deren Überwindung an. Die Dynamik dieser Massenbewegung eilte allen politischen und wirtschaftlichen Plänen Madrids voraus und schuf Tatsachen, von denen jeder spätere Versuch einer organisierten Einflussnahme und Lenkung ausgehen musste. Angesichts der entstandenen Machtverhältnisse war eine Rückkehr zur bürgerlich-republikanischen Ordnung nicht mehr möglich. Die Gewaltexzesse sowohl mit dem Ziel der Wiederherstellung althergebrachter Herrschaftsstrukturen als auch beim Versuch der Durchsetzung der sozialen Revolution sollten zudem eine politische Lösung des Konfliktes von vornherein unmöglich machen. Der gegenseitige Hass sollte zum Kennzeichen des Krieges werden und eine Versöhnung ausschließen.

In Katalonien war zwar die *Generalitat* im Amt geblieben, doch verloren die regierenden Republikaner die lokale politische Kontrolle, und die Macht war faktisch an die Anarchosyndikalisten der CNT in Barcelona gefallen. Ein *Zentralkomitee der Antifaschistischen Milizen* trat als revolutionäres Organ in Konkurrenz zur autonomen Regionalregierung, wenngleich sein Einfluss wohl nicht über die Stadtgrenzen hinausreichte. Es arbeitete aber de facto mit der Regierung zusammen, indem es Arbeitermilizen für den Kampf an der Front in Aragonien aufstellte und versuchte, das öffentliche Leben und die Wirtschaftsproduktion unter Kontrolle zu bringen. Die Aufgabe der Lenkung und Koordination der Wirtschaft ging später sogar an einen von der *Generalitat* eingerichteten Wirtschaftsrat über. Diese paradox wirkende Allianz republikanisch-katalanischer und anarchistischer Kräfte ist dadurch erklärt worden, dass in Katalonien entgegen oder neben der üblichen Unterscheidung nach sozialen Klassen ein breiter identitätsstiftender katalanischer «Populismus» innerhalb einer durchaus kompakten Gesellschaft existiert und dies schichtenübergreifend gegen den Madrider Zentralismus gewirkt habe (Ucelay-Da Cal, Catalunya). Die Revolution in Katalonien sei demnach nicht allein durch die «Arbeiterklasse» vorangetrieben worden, sondern habe auch einen nationalistischen Hintergrund. *Generalitat* und Arbeiterorganisationen jedenfalls arbeiteten zunächst in völliger Autonomie gegenüber der Madrider Zentralregierung. Außerdem hatte sich innerhalb der Anarchisten die Überzeugung durchgesetzt, dass der Übergang vom Kapitalismus zur klassen- und herrschaftsfreien Gesellschaft nicht auf Anhieb durchzusetzen sei. Damit war der Weg nicht nur zur Akzeptierung staatlicher Macht beschritten, sondern letztlich auch zu einer aktiven Teilhabe an dieser Macht. Eine Fortführung der traditionell vertretenen Ablehnung jeglicher Herrschaftsausübung hätte sich lediglich als kontraproduktiv erwiesen.

Eine weitreichende Folge der spontanen sozialen Revolution war allerdings, dass Verwirrung, organisatorisches Durcheinander und Improvisation zu Determinanten im atomisierten republikanischen Herrschaftsgebiet wurden. Die Formen der Kollektivierungen der agrarisch nutzbaren Fläche und Industrieanlagen variierten zudem von Region zu Region beträchtlich, zumal in den Vorstellungen über die Umsetzung und Inhalt der sozialen Revolution große Differenzen existierten. Eine Vielzahl von Komitees agierte zudem parallel und unabhängig voneinander und wurde zuweilen von unterschiedlichen Gruppierungen getragen. Auch kam es vor, dass in einzelnen Ortschaften verschiedene Komitees gleichzeitig wirkten. So fanden insbesondere im durch Großgrundbesitz geprägten Andalusien groß angelegte und durch die CNT durchgeführte Kollektivierungen der landwirtschaftlichen Nutzfläche statt, während in anderen Gegenden wie in der Extremadura die FNTT die Führungsrolle bei der Durchführung der sozialen Revolution einnahm. In Asturien beispielsweise agierten zunächst ein sozialistisch geprägtes Provinzkomitee neben einem «Kriegskomitee» der Industriestadt Gijón, das wiederum anarchistisch dominiert war. Auch das Ausmaß der ergriffenen Maßnahmen fiel von Region zu Region sehr unterschiedlich aus. In der Provinz Jaen etwa wurden 65 Prozent der Nutzfläche enteignet und achtzig Prozent davon schließlich kollektiviert. In Valencia wiederum, wo die Maßnahmen auf den teilweise erbitterten Widerstand der Vertreter der traditionellen Individualbewirtschaftung stießen, wurden lediglich etwa vierzehn Prozent der Fläche enteignet und lediglich knapp ein Drittel hiervon den Kollektiven übergeben. Allgemein gesprochen, erfolgten groß angelegte Kollektivierungen insbesondere dort, wo Großgrundbesitzer und die rechtlose Landarbeiterschaft unmittelbar aufeinander trafen. Hier wurden die Kollektivierungen zudem begeistert begrüßt. In Barcelona fanden Enteignungen und Kollektivierungen aller Arten von Industrieanlagen und Handelshäusern statt, deren Eigentümer in der Regel geflohen oder kurzerhand abgesetzt worden waren. Selbst kleine Werkstätten und Dienstleistungsbetriebe wurden in das neue Bewirtschaftungssystem eingebunden. Barcelona war zweifellos die Stadt, in der der Eifer zur Umsetzung der sozialen Revolution am größten war. Nichtkollektivierte Betriebe, hierzu gehörten vor allem ausländische Industriebeteiligungen, wurden wiederum von Kontrollkomitees überwacht und durch Regulierungsmaßnahmen in den Produktions- und Wirtschaftsprozess eingepasst. Kleine Grundbesitzer, die von den Maßnahmen ausgenommen wurden, mussten allerdings nicht nur die Konkurrenz der großen Produktionsgenossenschaften fürchten, die auf eine Steigerung der Produktivität zielten, sondern auch die Benachteiligung durch übergeordnete sozialrevolutionäre Kontrollinstanzen. Diese Ungleichbehandlung sowie die Angst vor einer späteren, womöglich auch sanktionsbegleiteten Zwangsenteignung hat auch dazu beigetragen, dass Grundeigentümer oftmals «freiwillig» den Kollektiven beitraten. Ähnlich problematisch erwies sich in den Städten das Verhältnis zwischen den kleinen Betrieben und den großen Industrieunternehmen aufgrund einer nur partiellen Umsetzung des Kollektivierungsprojektes, nachdem die unterschiedlichen Interessen der verschiedenen politischen Kräfte die Durchsetzung eines einheitlichen Systems verhindert hatten. Nach Walther Bernecker existierten im Winter 1936/37 in der republikanischen Zone über 1500 landwirtschaftliche Kollektive, von denen sich 450 in Aragonien befanden und dort etwa siebzig Prozent der Bevölkerung umfassten. Bis August 1938 seien 2213 Kollektive legalisiert worden. Nach späteren anarchistischen Angaben habe es in Aragonien, Katalonien und der Region Valencia 2700, in Kastilien 340 Kollektive gegeben. Insgesamt seien drei Millionen Menschen in den Kollektiven eingebunden gewesen (Bernecker, Krieg, 163).

Am 23. Juli waren republikanische Milizen von Barcelona ausgezogen, um Zaragoza zu erobern, doch kamen sie nicht näher als zwanzig Kilometer an die Stadt heran. Hier sollte sich der Frontverlauf zunächst stabilisieren. Wie George Orwell in *Mein Katalonien* beschrieb, konnten die Milizionäre von hier aus nachts die Lichter der Stadt sehen, die nur wenige Tage zuvor eine Hochburg des Anarchismus gewesen war. Im Hinterland Aragoniens erfolgte nun ebenfalls eine breit angelegte Kollektivierung der Landwirtschaft und der Produktionsmittel, ohne dass hier ein hoher gewerkschaftlicher Organisationsgrad bestanden oder eine ausgeprägte vorrevolutionäre Stimmung existiert hatten, weshalb die Maßnahmen auch von den Milizen erzwungen wurden. Der *Consejo de Aragón* wurde durch die CNT wiederum zur Sicherung des Herrschaftsgebietes in Aragonien und zur Umsetzung der sozialen Revolution ins Leben gerufen. Nachdem aber die Kollektivierungen auf lokaler Ebene in der Regel dazu führten, dass die Vermarktungskanäle gerade zu einem Zeitpunkt unterbrochen wurden, in dem eine kriegsbedingte Planwirtschaft am dringendsten war, stand der *Consejo* allerdings vor dem Dilemma, aufgrund der kriegswirtschaftlichen Erfordernisse übergeordnete Lenkungsmaßnahmen einzuführen, die dem anarchistischen Prinzip widersprachen. Schließlich sollte kein Weg an Wirtschaftszentralisierung und Interventionismus vorbeiführen, insbesondere in jenen Industriezweigen, die von regionaler oder überregionaler Bedeutung waren. Dramatisch waren auch die Konsequenzen des Prinzips der lokalen Autonomie in der Region Valencia, nachdem die Versuche übergeordneter Organe, die lokalen Organisationen zu koordinieren, immer wieder gescheitert waren. Dies wiederum hatte zur Folge, dass gerade die Produktion der regionalen Exportwaren wie Reis und Orangen, die eine wichtige Deviseneinnahmequelle darstellten, drastisch zurückging. Damit erwies sich, dass die Durchsetzung der sozialen Revolution auf lokaler Ebene außerordentlich problematisch war, wenn gleichzeitig gewaltige Kriegslasten getragen werden mussten. Die Versorgung der Bevölkerung sollte somit zu einer der zentralen Herausforderungen für die republikanische Regierung werden, zumal sich in ihrem Herrschaftsgebiet die größten Städte des Landes befanden.

Repression und Gräuel wurden auch im republikanischen Herrschaftsgebiet in den ersten Kriegsmonaten zu einem kennzeichnenden Erscheinungsbild. Schnell gebildete revolutionäre Verteidigungskomitees «reinigten» ihren Herrschaftsbereich von all jenen Kräften, die sich gegen die Revolution richteten. So überrollte eine Welle von Gewalt Kleriker, Falangisten, Großgrundbesitzer, kurzum alle, die verdächtigt wurden, mit den Aufständischen zu sympathisieren. Kirchen und Klöster wurden niedergebrannt. In Málaga hatte die Arbeiterschaft plündernd Besitz von den Häusern wohlhabender Bürger ergriffen. Auf einem der Hauptplätze der Stadt wurde das Monument des Marquis von Larios als Symbol für die besitzende Oligarchie demontiert, ins Meer geworfen und durch ein Denkmal für die Arbeiterschaft ersetzt. Über 2500 Menschen fielen hier der revolutionären Gewalt zum Opfer. Der Anarchist Juan García Oliver, der im November 1936 zum Justizminister ernannt worden war, rechtfertigte diese Art von Gewalt: «Jeder Einzelne entwickelte und setzte sein eigenes Gerechtigkeitsempfinden um. Manche bezeichnen dies als rechtlose Entführung und Ermordung von Personen, doch ich stehe auf dem Standpunkt, dass es sich um Gerechtigkeit handelte, die im Angesicht des Fehlens jeglicher ordentlicher Rechtsorgane direkt durch das Volk ausgeübt wurde.» Die Entfesselung der Gewalt war vor allem als Folge des Machtvakuums nach dem Zusammenbruch jeglicher zentralstaatlicher Ordnung möglich geworden. Die Ordnungskräfte wie Guardia Civil waren unter diesen herrschaftsfreien Umständen nicht in der Lage einzugreifen, sofern sie nicht selbst durch die aufgebrachten Massen entwaffnet oder gar gelyncht worden waren. Die Gewaltausschreitungen waren in den Anfangsmonaten trotz aller Versuche der Zentralregierung, sie einzudämmen – vor allem im Angesicht der Internationalisierung des Konfliktes, des großen Medieninteresses an den Vorgängen und aus Sorge vor negativen Folgen im Ausland –, unkontrollierbar gewesen. Gleichwohl fand aber auch im republikanischen Herrschaftsbereich eine gezielte Repression des Gegners statt. So erfolgten im November 1936 in Madrid im Angesicht des Angriffes auf die Hauptstadt groß angelegte und koordinierte Massenerschießungen. Um zu verhindern, dass die in den ersten Tagen des Bürgerkrieges inhaftierten nationalistisch gesinnten Militärs bei der Erstürmung der Stadt die Reihen Francos weiter stärkten, wurden sie im Verantwortungsbereich des damals 21-jährigen späteren Führers der spanischen kommunistischen Partei (PCE), Santiago Carrillo, als Beauftragter für die öffentliche Ordnung und Sicherheit innerhalb der Verteidigungsjunta liquidiert. Schätzungsweise 2000 Gefangene wurden auf Lastwagen gebracht und außerhalb Madrids in Paracuellos del Jarama und Torrejón de Ardoz ermordet. In Madrid setzte damals zudem eine Welle der «Säuberungen» durch die entstehenden kommunistischen Tschekas ein. Aus Angst um ihr Leben flohen Tausende in ausländische diplomatische Vertretungen oder versteckten sich in den Wohnungen unverdächtiger Freunde. Nach Angaben von Antonio Montero wurden insgesamt 6832 Kleriker und Ordensmitglieder (jeder fünfte Weltgeistliche und jeder siebte Ordensgeistliche) umgebracht. Zudem wurden dreizehn Bischöfe ermordet. In bestimmten Regionen, insbesondere in Katalonien, war die gegen die Mitglieder des Klerus gerichtete

Gewalt besonders blutrünstig: In der nordaragonesischen Diözese Barbastro wurden knapp neunzig Prozent des Weltklerus umgebracht; in Lérida zwei Drittel, in Tortosa an die zweiundsechzig und im benachbarten Segorbe über fünfundfünfzig Prozent (Montero, persecución). Der Gewalt fielen in der republikanischen Zone jüngsten Schätzungen zufolge insgesamt etwa 50 000 Menschen zum Opfer (Santos Juliá, víctimas, 410). Diese Zahl ist zweifelsohne gewaltig, doch zeigt sich, dass die während der Franco-Diktatur angegebenen wesentlich höheren Zahlen deutlich nach unten korrigiert werden mussten.

Ein völlig anderes Bild präsentierte sich indes in den baskischen Provinzen. Diese waren zu Bürgerkriegsbeginn zweigeteilt. Während sich die Garnisonen in Alava, wo der *Carlismus* stark verwurzelt war, dem Aufstand angeschlossen hatten, waren die Provinzen Guipúzcoa und Vizcaya der Republik gegenüber loyal geblieben. Diese Loyalitätsbekundung war allerdings innerhalb der baskischen Nationalisten alles andere als unumstritten gewesen, einte doch den *Carlismus* und den baskischen Nationalismus eine katholisch-konservative Grundhaltung. Im Baskenland kam es in der Folge auch zu keinen Vorkommnissen, die mit jenen in allen anderen republikanischen Landesteilen vergleichbar waren. Kirchenschändungen im großen Stil blieben aus, und während Gottesdienste andernorts verboten worden waren, fand hier unverändert ein reger Kirchgang statt. Wenngleich linke Parteien auch in den baskischen Provinzen damit begannen, soziale Umgestaltungen vorzunehmen, und es auch im Baskenland zu Morden kam, gelangte die Revolution aufgrund des Widerstands der konservativen baskischen Volkspartei (PNV) jedoch nicht zur Entfaltung. Der Umfang der Gewaltakte blieb deutlich hinter den Erscheinungen im übrigen republikanischen Herrschaftsgebiet zurück. Die militärische Verteidigung wiederum oblag zunächst ausschließlich den schwachen linksgerichteten Milizen, da sich der PNV geweigert hatte, Truppen gegen die heranrückenden

Einheiten Molas in Stellung zu bringen. Dies allerdings hatte zur Folge, dass bereits Mitte September 1936 San Sebastián an die Aufständischen fiel und die Truppen rasch bis an Vizcaya heranrückten. Der PNV beabsichtigte nämlich, zunächst eine neutrale Haltung einzunehmen, was sich allerdings aufgrund der rasanten Gewalteskalation und Kompromisslosigkeit der Kriegsparteien als illusorisch erweisen sollte. Nach kontroversen Beratungen entschloss sich der PNV schließlich wegen des in Aussicht stehenden Autonomiestatuts zur Loyalität gegenüber der Zentralregierung, zumal klar war, dass bei einem Sieg der Nationalisten der Traum der Eigenständigkeit geplatzt wäre. Mit der Verabschiedung des Autonomiestatuts für das Baskenland Anfang Oktober 1936 erhob schließlich auch der PNV die Waffen zur Verteidigung der republikanischen Ordnung.

Mit der Bildung einer von baskischen Nationalisten geführten Regierung entstand allerdings eine paradoxe Situation. Der Präsident des Baskenlandes, José Antonio Aguirre, wäre in anderen republikanischen Gegenden aufgrund seiner konservativ-katholischen Einstellung ohne jeden Zweifel den Gewaltexzessen zum Opfer gefallen. Und gerade die Religionsfrage sollte von Anfang an auf dem Bündnis zwischen dem PNV und der Zentralregierung lasten. Der Justizminister Manuel de Irujo, Mitglied des PNV, scheiterte kläglich daran, die Religionsfreiheit und die Beziehungen zum Vatikan wiederherzustellen. Und entgegen der Situation an allen anderen Fronten standen sich hier auf beiden Seiten bekennende Katholiken gegenüber, ein Problem, nicht nur für die der Republik treu gebliebenen Basken, sondern vor allem für die aufständischen Nationalisten und die sie unterstützende nationale Kirchenführung, die den Waffengang als Kreuzzug gegen den Atheismus definierten. Angesichts dieser Situation kann es nicht erstaunen, dass sich sogar der Vatikan und Italien im Einklang mit Teilen des PNV für einen Sonderfrieden stark machen sollten, ohne allerdings auf Resonanz bei Franco zu stoßen. Die Verfolgung von baskisch-nationalistischen Priestern, von der bis zu ein Drittel des Klerus betroffen gewesen sein soll und die bereits in der Anfangsphase des Krieges zu 16 Erschießungen führte, machte diese spezifisch baskische Problematik auf besonders tragische Weise sichtbar. Der PNV begann nach der Schaffung einer baskischen Regierung auch eine De-facto-Unabhängigkeit in die Tat umzusetzen. Dies war umso leichter möglich, als keine Landverbindung zum zentralen republikanischen Herrschaftsgebiet in der Mitte und im Osten Spaniens bestand. Dieses Vorgehen führte aber insbesondere im Hinblick auf die militärischen Kommandofragen zu erheblichen Reibungen mit der Zentralregierung. Nicht zuletzt nachdem die baskischen Nationalisten für ein freies Baskenland und nicht für die Madrider Ordnung zu Felde zogen, forderte Aguirre ein unabhängiges Kommando über die baskischen Truppen. Diese Kompetenzstreitigkeiten werden auch dafür verantwortlich gemacht, dass das Baskenland schlecht mit Waffen versorgt war und über keinerlei erwähnenswerte Luftstreitkräfte verfügte.

Auch Anhänger der sozialen Revolution mussten anerkennen, dass das Fehlen einer koordinierten Führung der militärischen Aktionen und die mangelnde Militarisierung der Milizen ein gewaltiges Problem im Krieg gegen einen einheitlich befehligten Gegner darstellten. Die herrschenden basisdemokratischen Prinzipien, die bis zur täglichen Wahl der Vorgesetzten, zu Abstimmungen über die Befolgung von Befehlen oder zu gemeinsamen Beratungen über Angriffe führten, erwiesen sich für die Kämpfer als gefährliche Hindernisse. Militärische Operationen, die oft erfolgreich begannen, gerieten ins Stocken, weil eine strikte Einhaltung des Operationsplanes auf der unteren Befehlsebene blockiert wurde. Hinzu kamen die fehlenden militärischen Kenntnisse vieler Milizführer. Die in den ersten Monaten propagierte «heroische Disziplinlosigkeit» musste, so die Erkenntnis, wohl oder übel in militärische «Selbstdisziplin»

José Antonio Aguirre wurde 1904 in Bilbao als Sohn eines Schokoladenfabrikanten geboren. Er schlug zunächst die Laufbahn eines Juristen ein. Nach den Kommunalwahlen vom April 1931 wurde er zum Bürgermeister der baskischen Stadt Getxo gewählt. Als Führer der nationalistisch-konservativen baskischen Partei PNV trat er für ein Autonomiestatut für das Baskenland ein. Mit Beginn des Bürgerkrieges erwog er die Einnahme einer neutralen Haltung, doch nachdem feststand, dass mit einem Sieg der Aufständischen auch der baskische Regionalismus unterdrückt werden würde, sprach er sich trotz gravierender ideologischer Vorbehalte für ein Zusammengehen mit den republikanischen Kräften aus. Nach der Verabschiedung des Autonomiestatutes für das Baskenland durch das spanische Zentralparlament Anfang Oktober 1936 wurde Aguirre zum ersten Präsidenten des Baskenlandes (*lehendakari*) gewählt. Er legte seinen Amtseid an der Eiche von Guernica ab und führte eine breite republikanische Koalitionsregierung an. Aguirre schuf ein eigenständiges baskisches Heer, eine Maßnahme, die allerdings zu Kompetenzstreitigkeiten mit der republikanischen Militärführung führte. Nach dem Fall von Bilbao zog sich Aguirre mit seiner Regierung zunächst ins benachbarte Santander und dann nach Barcelona zurück. Während der Besetzung Kataloniens floh er nach Frankreich. Nach dem Ende des Zweiten Weltkriegs reorganisierte er die baskische Exilregierung und stand ihr zunächst in New York und dann in Paris vor. Er starb 1960.

umgewandelt werden. Dabei war allerdings unschwer vorauszuahnen, dass es zu Konflikten innerhalb der Milizen kommen würde. Ein weiteres Problem erwuchs daraus, dass auf republikanischer Seite ein latentes Misstrauen gegenüber den Berufsoffizieren und deren Loyalität bestand. Die unliebsamen Überraschungen durch Desertion und Geheimnisverrat zu Beginn des Krieges bestätigten die Befürchtungen über eine zähneknirschende Scheinloyalität, die bei erstbester Gelegenheit in Feindseligkeit umschlagen sollte. Die Entfesselung der sozialen Revolution hatte darüber hinaus zweifellos viele Militärs zu der Einsicht geführt, mit der anfänglichen Loyalität einen schweren

Fehler begangen zu haben. In der Tat kam es zu Sabotageakten und einer Vielzahl an Desertionen. Das Misstrauen von Seiten der Regierung führte auch dazu, dass viele Offiziere nicht ihrer Befähigung gemäß eingesetzt wurden, was die Kampfkraft der republikanischen Streitkräfte schwächte. Auch die Einsatzfähigkeit der Kriegsmarine, die nach Meutereien auf den Kriegsschiffen nahezu ohne Offiziere dastand, war gewaltig beeinträchtigt. Aus alledem ergab sich zunächst eine weitgehende Paralysierung der Befehlsstrukturen innerhalb der militärischen Einheiten. Die auf das Militär gegründete Selbstverteidigungsfähigkeit der Republik war beinahe gänzlich aufgehoben.

Angesichts des Zusammenbruchs jeglicher staatlicher Ordnung und einer überlebenswichtigen militärischen Zwangslage entstand die Notwendigkeit, das Staatswesen neu zu organisieren und vor allem wieder zu zentralisieren. Der Fortgang des Krieges sollte eng mit der Frage verknüpft sein, ob es dem Staat gelingen würde, das Gewaltmonopol wieder an sich zu bringen, dieses in eine schlagkräftige Armee zu überführen und die Wirtschaft des Landes mit den kriegswirtschaftlichen Erfordernissen in Einklang zu bringen.

3. Hitlers und Mussolinis Militärhilfe für Franco

Die unterentwickelte spanische Rüstungsindustrie, die sich zudem größtenteils im republikanischen Herrschaftsgebiet befand, machte die Hilfe für die Putschisten aus dem Ausland zu einem entscheidenden Faktor. Ohne diese Unterstützung wäre die Erhebung schon nach kurzer Zeit mangels Munition zu einem Ende gekommen. Hinzu kam, dass die Blockade der Meerenge von Gibraltar das Übersetzen der Afrikaarmee verhindert hatte. Umgehend ersuchte Franco daher über den italienischen Konsul in Tetuán die Regierung in Rom um die Entsendung von einem Dutzend Transportflugzeugen. Die Telegramme brachten allerdings zunächst keinen Erfolg, da Mussolini zu diesem Zeitpunkt nicht bereit war, sich auf der Iberischen Halbinsel kopfüber in ein politisches und militärisches Abenteuer zu stürzen. Franco setzte seine Hoffnungen aber nicht allein auf den «Duce». Parallel zu den Sondierungen in Rom nahm er über Oberstleutnant Juan Beigbeder, der zwischen 1926 und 1935 Militärattaché in Berlin gewesen war, telegraphisch Kontakt mit dem Militärattaché an der deutschen Vertretung in Paris auf, um die Überstellung von Transportflugzeugen aus Deutschland zu erreichen. Gleichzeitig kontaktierte Mola die deutsche Vertretung in Lissabon wegen einer Bereitstellung von Flugzeugen. Mola entsandte darüber hinaus einen Vertrauensmann nach Paris, der dort mit dem deutschen Botschafter Kontakt aufnehmen und dann weiter nach Berlin reisen sollte. Aber auch diese Mission gedieh nicht weit, nachdem das Auswärtige Amt die Position bezogen hatte, sich nicht in innerspanische Angelegenheiten einzumischen, zumal im vorliegenden Fall das Risiko bestand, die angestrebte Verbesserung der Beziehungen zu Großbritannien zu belasten. Mola wandte sich aber auch an die italienische Regierung. Am 19. Juli reiste der Monarchist Luis Bolín im Auftrag Molas nach Rom, um von Mussolini die Entsendung von Transportflugzeugen zu erwirken. Zwei Tage später wurde er zwar vom italienischen Außenminister Graf Galeazzo Ciano zuvorkommend empfangen, der das Hilfeersuchen jedoch erneut ablehnte. Auch das Ersuchen des spanischen Königs Alfons XIII., der im römischen Exil lebte, brachte noch nicht den gewünschten Erfolg.

Erfolgreich dagegen sollte ganz unerwarteterweise die im Auftrag Francos erfolgte Mission von Adolph Langenheim und Johannes Bernhardt sein, zwei unbedeutenden NSDAP-Mitgliedern, die in Tetuán lebten. Selbst Franco scheint dieser Mission nach Berlin keine großen Erfolgsaussichten beigemessen zu haben, obwohl zu vermuten ist, dass er angesichts der prekären Lage, in der er sich befand, keine Chance ungenutzt lassen wollte. So machten sich die Emissäre am 23. Juli 1936 in einem Transportflugzeug der Lufthansa auf den Weg. Die Mission wurde von einem spanischen Offizier begleitet, der lediglich den Rang eines Hauptmanns besaß. Für Franco war die Anwesenheit ranghöherer Offiziere in Marokko zweifellos von größerem Nutzen als auf einer Reise mit ungewissem Ausgang. So blieb auch Oberstleutnant Beigbeder in Tetuán. Franco wollte in diesem konkreten Fall sicherlich nicht auf die Anwesenheit eines Mannes verzichten, der hervorragende Kenntnisse über Nordmarokko besaß und Arabisch sprach. Als beide Emissäre zwei Tage später in Berlin in der Zentrale der Auslandsorganisation der NSDAP vorsprachen, erreichten sie indes wider Erwarten, dass höhere Parteistellen und schließlich sogar der Stellvertreter Hitlers, Rudolf Heß, zurate gezogen wurden. Schließlich gelangte die Angelegenheit binnen weniger Stunden am Auswärtigen Amt vorbei direkt zu Hitler, der sich zu dem Zeitpunkt anlässlich der Wagnerfestspiele in Bayreuth aufhielt. Hitler entschloss sich, dem Hilfeersuchen zu entsprechen und die Emissäre zu empfangen. Er entschied zudem, dass Franco allein zum Empfänger der Hilfslieferungen werden sollte, wahrscheinlich weil sich zum einen Mola weit entfernt von Marokko befand, zum anderen wollte er sicherlich einen direkten Ansprechpartner haben und Kompetenzgerangel um die Verfügungsgewalt über die heiß begehrten Hilfsgüter vermeiden. In die Entscheidung waren zunächst nur wenige Personen eingeweiht. So erwähnte Feldmarschall Werner von Blomberg, der in Bayreuth anwesend gewesen war, die Angelegenheit tags darauf bei einem Zusammentreffen mit Außenminister Konstantin von Neurath (bei einem Pferderennen) in München mit keiner Silbe. Neurath ging nach seiner Rückkehr nach Berlin weiter davon aus, dass Deutschland nicht intervenieren werde. Bereits am 26. Juli wurde unter der Führung von Hermann Göring ein Sonderstab eingerichtet, der die Hilfslieferungen koordinieren sollte, und drei Tage später landeten in Tetuán zwanzig Junkers-JU-52-Passagiermaschinen und sechs Heinkel-Jagdflugzeuge. Am nächsten Tag trafen auch die ersten zwölf italienischen Bomber in Spanisch-Marokko ein. Mit diesen Flugzeugen konnte eine Luftbrücke eingerichtet und Truppen in rascher Folge auf das spanische Festland gebracht werden. Binnen zehn Tagen waren auf diesem Weg an die 14 000 Kämpfer in Sevilla eingetroffen.

Zur Begründung des deutschen Engagements ist immer wieder auf die Aussage Görings vor dem Nürnberger Kriegsverbrechertribunal verwiesen worden. Demnach sei die Entsendung von Flugzeugen erfolgt, um der noch jungen Luftwaffe ein geeignetes Trainingsfeld zu ermöglichen. Dies mag für die Entsendung der *Legion Condor* ab Herbst 1936 zutreffend gewesen sein, nicht aber für die ursprüngliche Bitte um Transportflugzeuge, die lediglich zu Selbstverteidigungszwecken von Kampffliegern begleitet wurden. Auch die immer wieder ins Feld geführten Wirtschaftsinteressen des «Dritten Reichs» reichen nicht aus, um den Entschluss zum deutschen militärischen Engagement zu erklären. So war zwar die deutsche Rüstungswirtschaft an der Lieferung bestimmter Rohstoffe aus Spanien, insbesondere Eisenerz und Pyrit, interessiert (und zu deren Absicherung sollten während des Bürgerkrieges große Anstrengungen unternommen werden), doch hatte sich bis Kriegsbeginn der Handelsstrom rüstungsrelevanter Rohstoffe auch aus dem republikanischen Spanien für die deutsche Seite zufriedenstellend entwickelt (Viñas, estallido, 386). Damit sind ältere Thesen, wonach im Rahmen des ersten Vierjahresplanes unter der Leitung von Göring ein besonderes Augenmerk auf Spanien gerichtet worden sei, zumindest für diese Anfangsphase fraglich. Außer Frage steht allerdings, dass der Iberischen Halbinsel im Zuge der Ausdehnung der deutschen Präsenz im Verlauf des Bürgerkrieges diesbezüglich eine immer größere Bedeutung zukam. Die noch im Juli 1936 für die Abwicklung der Waffenlieferungen zu Tarnzwecken gegründete Transportfirma «Hisma» (*Compañía Hispano-Marroquí de Transportes*) entwickelte sich zu dem Hauptkanal, über den auch die rüstungsrelevanten Rohstoffe von Spanien nach Deutschland gebracht wurden. Nationalspanische Stellen sollten den expansiven Aktivitäten der *Hisma* unter der Leitung von Johannes Bernhardt aufgrund des bestehenden Abhängigkeitsverhältnisses kaum etwas entgegenstellen können, so dass diese Gesellschaft bald ein weit gespanntes Netz an Bergbauunternehmen und Gesellschaften aufbauen konnte, die im Handel mit landwirtschaftlichen Produkten tätig waren. Der ausgeübte Druck bis hin zur Drohung, die Waffenlieferungen zu beenden, eröffnete den deutschen Wirtschaftsinteressen ein weites Betätigungsfeld. Die Befriedigung dieser Interessen sollte schließlich zu einem zentralen Anliegen der Deutschen in diesem Land werden. Für Botschafter Wilhelm Faupel lautete daher der Auftrag, sich «um die Ausgestaltung der handelspolitischen Beziehungen Deutschlands zu Spanien zu kümmern und die augenblicklich für uns günstige Zeit auszunutzen, damit nicht in einem späteren Stadium das kapitalkräftige England uns den Markt wegnähme» (ADAP, D, III, 123). Dies gelang. 1939 war das Deutsche Reich zum wichtigsten Handelspartner Spaniens aufgerückt und verdrängte damit die traditionellen Handelspartner Frankreich und Großbritannien. Das nationalistische Spanien erklärte sich ausdrücklich bereit, den Deutschen das «größtmögliche Warenvolumen» zur Verfügung zu stellen. Der Handel mit Deutschland machte schließlich bis zu ein Drittel des spanischen Außenhandelsvolumens aus (García Pérez, franquismo, 69). Da dieser Warenaustausch auf der Grundlage von Kompensationsgeschäften stattfand, erhielt Franco auch keine Devisen, mit denen der Handel gegenüber anderen Staaten hätte gestärkt werden können. Dies zementierte die Abhängigkeit zu Deutschland weiter. Da die Waffenlieferungen an die Aufständischen aus Mangel an Devisen und Edelmetall wiederum auf Kreditbasis erfolgten, verfügte die Reichsregierung zudem stets über ausreichende Liquidität, um die Rohstoff- und Warenimporte zu finanzieren. So misslang den Deutschen beispielsweise zwar die Übernahme des Eigentums an verschiedenen britischen Bergbauunternehmen, gleichzeitig aber gelang es ihnen, die auch von den Briten benötigte Rohstoffproduktion dieser Unternehmen an sich zu reißen. Für das «Dritte Reich» hatte Spanien im Sinne der Neuordnung des europäischen Wirtschaftsraumes die Funktion eines Rohstofflieferanten in Abhängigkeit von den Bedürfnissen des Deutschen Reichs inne. Im Sinne der Interessen des Vierjahresplanes setzte sich Göring auch gegen Wirtschaftsminister Hjalmar Schacht und Kriegsminister Werner von Blomberg durch, die sich beide für eine Begrenzung des deutschen Engagements auf der Iberischen Halbinsel ausgesprochen hatten. Die Entsendung der *Legion Condor* hatte in diesem Sinne nicht nur militärische, sondern auch wirtschaftspolitische Hintergründe und stellte einen qualitativen Sprung im deutschen Engagement dar.

Göring jedenfalls und mit ihm der Apparat der NSDAP wurden damit sowohl in wirtschaftlicher wie in militärischer Hinsicht zu Hauptakteuren der deutschen Intervention in Spanien. Die letztlich gewaltige spanische Bürgerkriegsschuld sollte hierbei einen Aktivposten bedeuten, denn im Gegensatz zu den Italienern, die ihren Einsatz auch als politisch-ideologischen Freundschaftsdienst verstanden und schließlich nur die Erstattung eines Teils der Kosten einforderten, beharrte die Reichsregierung auf der Begleichung der gesamten Leistungen, die sogar die Personalkosten der *Legion Condor* umfassten. Der Gesamtwert dieser Schuld wurde bei Ende des Bürgerkrieges von den deutschen Stellen mit über 480 Millionen Reichsmark veranschlagt, ein gewaltiger Betrag, der die Abhängigkeit von Berlin festschreiben sollte.

Hitlers Weltbild war von einem starken Antimarxismus geprägt, so dass für die Entscheidung zur Intervention in Spanien auch ideologische Gesichtspunkte herangezogen werden müssen. Allerdings hat Hitler diese Aspekte im Rahmen seiner strategischen Überlegungen stets taktisch eingesetzt. So zögerte er nicht, die abessinische Regierung im Krieg gegen Mussolini mit Waffen zu unterstützen. Das «Dritte Reich» belieferte sogar, wie erst kürzlich bekannt geworden ist, über griechische Zwischenhändler die republikanische Armee mit Waffen (Heiberg/Pelt, negocios). Die Entscheidungen Hitlers konnten daher trotz starrer ideologischer Vorstellungen in einem hohen Grade flexibel sein, wie etwa der Freundschaftsvertrag mit der Sowjetunion Ende September 1939 belegt. Eine rein ideologische Erklärung reicht nicht aus, um das militärische Engagement in Spanien zu begründen, zumal die ideologische Ausrichtung der Nationalisten zunächst alles andere als eindeutig oder gar als faschistisch bezeichnet werden kann und darüber hinaus weder eine kommunistische Machtübernahme in Madrid bevorstand noch Moskau in dieser frühen Phase in Erwägung gezogen hatte, auf der Iberischen Halbinsel einzugreifen.

Hitler hatte zudem bis dahin an Spanien keinerlei Interesse gezeigt. Weder in *Mein Kampf* noch in frühen Aufzeichnungen lassen sich bemerkenswerte Hinweise auf Spanien erkennen. Vielmehr liegt der Schluss nahe, dass seine Einstellung gegenüber dem «Erbfeind» Frankreich im Kalkül Hitlers eine Rolle gespielt hat. Der Sieg einer Volksfrontregierung über die Aufständischen hätte unmittelbare Auswirkungen auf den nördlichen Nachbarstaat Spaniens gehabt, der zu diesem Zeitpunkt ebenfalls von einer Volksfrontregierung geführt wurde. Wenn man die nordafrikanischen Besitzungen Frankreichs und Spaniens mit einbezieht, entsteht ein territorialer Block, der in einem Bündnisfall das gesamte westliche Mittelmeer umfasst hätte. Zudem wäre möglicherweise die seit 1935 bestehende sowjetisch-französische Allianz nach Süden hin gestärkt worden. Dies wiederum hätte dazu geführt, dass die Sowjetunion weiter aus der außenpolitischen Isolierung gelöst und damit die nach Osten gerichteten expansiven Pläne Hitlers beeinträchtigt worden wären. Der Sieg einer dem nationalsozialistischen Deutschland dankbar verbundenen Fraktion hätte indes genau die gegenteilige Wirkung entfaltet und wiederum Frankreich unter Druck gesetzt. In diese Richtung verweist auch die persönliche Anweisung Hitlers an Botschafter Faupel im November 1936: Die deutsche Intervention habe das Ziel, dass nach Beendigung des Krieges die spanische Außenpolitik weder von Paris oder London noch von Moskau beeinflusst würde und sich Spanien daher in der bevorstehenden Auseinandersetzung über die Neuordnung Europas nicht im Lager der Feinde, sondern möglichst der Freunde Deutschlands befinde (Abendroth, Arena, 36). Die Unterstützung der Nationalisten mittels einer verdeckten Operation bot die Aussicht auf einen raschen Sieg und auf die Verschiebung der regionalstrategischen Kräfteverteilung bei geringen Kosten. Möglicherweise trifft aber letztlich der Tagebucheintrag von Goebbels den Kern am besten: «Wir beteiligen uns so ein bisschen in Spanien. Nicht sichtbar. Wer weiß, wozu es gut ist» (Eintrag vom 27. Juli 1936).

Es ist in der Vergangenheit viel spekuliert worden, ob deutsche Dienststellen, vorab über die Putschabsichten informiert, in die Vorgänge sogar involviert waren und die Republik damit einer «faschistischen Verschwörung» zum Opfer gefallen ist. Derartige Mutmaßungen gehören genauso in das Reich der Legende wie die Behauptung der Existenz einer kommunistischen Verschwörung, der die Putschisten gerade noch zuvorkommen konnten. So bestanden zwar vielfältige Kontakte von Mitgliedern der Verschwörergruppen nach Deutschland. General Sanjurjo etwa hatte sich in Begleitung des ehemaligen Militärattachés Beigbeder im März und April 1936 in Berlin aufgehalten, um die Möglichkeit der Lieferung von Waffen zu sondieren, doch bestand dort keine Kenntnis über die Planungen. Angel Viñas hat eine Vielzahl von Hinweisen zusammengetragen, die allein den Schluss zulassen, dass die Reichsregierung, die nationalsozialistische Partei und alle ihre untergeordneten Dienststellen wie die Abwehr, der Sicherheitsdienst, die Auslandsorganisation der NSDAP oder das Auswärtige Amt durch die Ereignisse in Spanien völlig überrascht worden waren.

Die italienische Regierung war dank der bestehenden engeren Kontakte zu den Umstürzlern über die Putschvorbereitungen besser auf dem Laufenden als die Deutschen. Auch der italienische Militärattaché am Konsulat in Tánger hatte seit Anfang Juni 1936 recht genaue Kenntnis des Vorhabens. Dennoch war Rom nicht direkt verwickelt, nachdem eine durch den Monarchistenführer Antonio Goicoechea erbetene finanzielle Unterstützung im Vorfeld abgelehnt worden war. Ebenso hielt sich die italienische Regierung nach Beginn des Aufstandes bei allen Sympathiebekundungen gegenüber den Putschisten zurück. Mussolini war auch keinesfalls gewillt, sich durch das mit den umstürzlerischen Monarchisten geschlossene obskure Abkommen von 1934 in seiner Entscheidungsfreiheit einschränken zu lassen. Für den offenbar am 27. Juli 1936 gefallenen Entschluss zur Unterstützung spielten verschiedene Faktoren eine Rolle. Möglicherweise hatte Mussolini zuvor von der Entscheidung in Bayreuth erfahren und wollte den Deutschen nicht das Feld allein überlassen. Aber auch ohne sein mögliches Wissen von den deutschen Interventionsabsichten zu diesem Zeitpunkt steht außer Frage, dass die Vorgänge in Spanien die Interessensphäre Italiens im Mittelmeerraum berührten. Ein Schulterschluss einer siegreichen spanischen Republik mit der französischen Volksfrontregierung hätte zu einer Kräfteverschiebung in dieser Region geführt und damit die italienischen Interessen beeinträchtigt. Ein Sieg der Nationalisten in Spanien dank italienischer Hilfe eröffnete vielmehr die Aussicht, hier den Einfluss Italiens zu Lasten Frankreichs und Großbritanniens zu vergrößern. Besondere Ambitionen Mussolinis richteten sich dabei explizit auf den Balearenarchipel. Ein italienischer Stützpunkt auf einer der Inseln hätte eine große strategische Bedeutung gehabt, da damit nicht nur das westliche Mittelmeer ein Stück weit unter italienischen Einfluss geraten wäre, sondern vor allem, weil auf diese Weise die Verbindung zwischen Südfrankreich und den französischen Kolonien in Nordafrika und die für London vitale Mittelmeerroute direkt bedroht worden wären. Italien sollte auch später wenig Anstalten machen, durch ein mit Großbritannien Anfang 1937 geschlossenes Abkommen über die Erhaltung des Status quo im Mittelmeerraum, die Berücksichtigung der jeweiligen Sicherheitsinteressen sowie die Unterlassung von Maßnahmen in dieser Region, die vom jeweiligen Vertragspartner als feindlich wahrgenommen werden könnten, vom Engagement in Spanien und damit im westlichen Mittelmeer abzulassen. Letztlich kamen wohl auch ideologische Faktoren zum Tragen. Mussolini nahm seine Rolle als Begründer des Faschismus ernst, und so empfand er sich, nicht zuletzt aufgrund der mannigfachen Kontakte, die mit führenden spanischen Faschisten und reaktionären Kreisen bestanden, als Pate der faschistisch-nationalistischen Bewegung in Spanien. So konnte er wohl, zumal die Gewaltbereitschaft einen integralen Bestandteil der faschistischen Weltanschauung bildete, der Versuchung nicht widerstehen, die drohende Niederlage nach dem Scheitern des Putsches abzuwenden und zu versuchen, an der Entstehung eines weiteren faschistischen Staates mitzuwirken. Mussolinis imperiale Geltungssucht hatte in den vorangegangenen Jahren wiederholt zu mehr oder minder wahllosen militärischen Abenteuern auf Korfu und in Abessinien geführt, und die Entscheidung, in Spanien zu intervenieren, fiel noch unter dem unmittelbaren Eindruck des Sieges in Äthiopien Anfang Mai 1936 und der Ausrufung des italienischen Imperiums. Das Engagement in Spanien hatte aber darüber hinaus auch eine innenpolitische Zielrichtung. Die dadurch hervorgerufene nationale Mobilisierung hat auch eine systemstabilisierende Wirkung entfaltet. Die Unterstützung für Franco wurde (im Gegensatz zu dem Verhalten Deutschlands) propagandistisch in Szene gesetzt, und der Spanienfeldzug sollte (im Gegensatz zum klassischen Kolonialkrieg in Abessinien) zum Siegeszug des Faschismus werden. Entsprechend schrieb Graf Ciano Ende März 1939 angesichts des Sieges Francos in sein Tagebuch: «Das ist ein großartiger Sieg für den Faschismus, möglicherweise der bislang größte» (Eintrag vom 28.03.1939). Schließlich nahm Mussolini aber das mit Waffenlieferungen verbundene Risiko erst dann auf sich, als klar zu sein schien, dass sich die französische Volksfrontregierung unter Léon Blum dazu entschlossen hatte, die Madrider Regierung zunächst nicht durch Waffenlieferungen zu unterstützen, und sich abzeichnete, dass die konservative britische Regierung, die der linksgerichteten Regierung in Spanien ablehnend gegenüberstand, sich ebenfalls aus dem Konflikt heraushalten würde. Mussolini setzte wie Hitler darauf, die entscheidende Hilfestellung für einen raschen Erfolg der Aufständischen zu geben, ohne damit große internationale Verwicklungen zu provozieren.

Nachdem nun sowohl Italien als auch Deutschland in Spanien in Aktion traten, strebten beide Staaten eine Koordinierung der Unterstützung für die spanischen Aufständischen an. Die erste offizielle Kontaktaufnahme fand im Rahmen einer Unterredung zwischen den Chefs der jeweiligen militärischen Geheimdienste, Admiral Wilhelm Canaris und General Mario Roatta, am 4. August 1936 am Brenner statt. Diese und folgende Konsultationen machten deutlich, dass beide Staaten einen Sieg der Aufständischen gewährleisten wollten. Auch wurde bekräftigt, dass Franco der alleinige Empfänger der Waffen sein sollte, was in dieser frühen Phase seine Position innerhalb der Militärjunta zusätzlich gestärkt und auch mit dazu beigetragen hat, dass ihm wenig später das Oberkommando tatsächlich übertragen wurde. In diesen ersten Monaten verstanden sich Deutschland und Italien bei aller Ähnlichkeit der Regime jedoch noch als Konkurrenten. Insbesondere die Österreich-Frage und die beiderseitigen Ambitionen in Südosteuropa bedeuteten starke Belastungen für das bilaterale Verhältnis. So hatte Mussolini bei der Bildung der im April 1935 nach dem norditalienischen Konferenzort benannten «Stresa-Front» Pate gestanden: Italien, Großbritannien und Frankreich wandten sich gegen die deutsche Praxis der einseitigen Aufkündigung multilateraler Abkommen und gegen die durch Berlin angestrebte Revision bestehender Grenzen. Mussolini fühlte sich aber vor allem als Schutzherr Österreichs. Entsprechend schloss Rom 1934 einen Dreierpakt mit Wien und Budapest und unterstützte die autoritäre Regierung von Engelbert Dollfuß in Wien, die eine eigenständige und vom Deutschen Reich unabhängige österreichische Politik betrieb. Mussolini ließ im Juli 1934 sogar zur Unterstützung Österreichs Truppen am Brenner als eine gegen Deutschland gerichtete Abschreckungsmaßnahme aufmarschieren, nachdem in Folge eines nationalsozialistischen Putschversuches in Wien und der Ermordung von Dollfuß der «Anschluss» an Deutschland herbeigeführt werden sollte. Erst die deutsche propagandistische Unterstützung Italiens während des Abessinienkonfliktes ab Herbst 1935 führte zu einer Annäherung zwischen beiden Mächten, nachdem die durch den Völkerbund verhängten Sanktionen gegen Italien zu einer Frontstellung Roms gegenüber Paris und London geführt hatten. Dieser Annäherungsprozess wurde im Rahmen der Koordination der Hilfe für Franco vertieft und mündete schließlich Ende Oktober 1936 in die Ausrufung der «Achse Berlin-Rom». Der antifaschistische Charakter, den der Abwehrkampf der spanischen Republik rasch erhalten sollte, unterstützte eine ideologische Blockbildung. Machtpolitisches Kalkül prägte jedoch auch weiterhin die Spanienpolitik Hitlers und Mussolinis. Beide waren an der Intervention des jeweils anderen interessiert, um auf diese Weise die eigenen außenpolitischen Risiken zu minimieren, und beide verfolgten in Spanien ureigene strategische Interessen.

Ab August 1936, gerade als sich Frankreich immer stärker für eine länderübergreifende Haltung der Nichteinmischung in den Konflikt stark machte, begannen Berlin und Rom mit der Ausweitung ihrer Lieferungen von Ausrüstungsmaterial und Waffen. Am 7. August erhielt Franco von Italien weitere 27 Kampfflugzeuge, fünf Panzerfahrzeuge, vierzig Maschinengewehre sowie zwölf Flugabwehrkanonen. Die Aufrüstung Francos hatte begonnen, und obwohl die deutsche Intervention durch den späteren Einsatz der *Legion Condor* im öffentlichen Bewusstsein stärker präsent ist als die italienische, sollte diese letztlich weitaus umfangreicher ausfallen. Bereits die ersten Unterstützungsleistungen erlaubten es den Aufständischen, Operationen durchzuführen, die ihre Situation grundlegend verbesserten. General Mola eröffnete eine Offensive gegen die baskische Provinz Guipúzcoa, um auf diese Weise dem republikanischen Gebiet im Norden eine direkte Landverbindung zu

Frankreich zu nehmen: Mit der Unterstützung italienischer Bomberstaffeln wurde Anfang September 1936 die Grenzstadt Irún eingenommen. Zu diesem Zeitpunkt war es den Truppen Francos auch gelungen, westlich von Madrid eine dauerhafte Verbindung zu dem Machtbereich Molas herzustellen. Inzwischen gut gerüstet mit italienischen und deutschen Waffen umlagerten nationalistische Truppen ab September 1936 nun vom Norden und Westen her die spanische Hauptstadt. Das Bekanntwerden der sowjetischen Waffenlieferungen ab Oktober 1936 führte wiederum zu einem qualitativen Sprung im militärischen, aber auch politischen Engagement. Mitte November entsandten Rom und Berlin Abordnungen zu Franco, was die offizielle Anerkennung der provisorischen nationalistischen Regierung bedeutete. Diese Anerkennung wertete die nationalistische Seite nicht nur international prestigereich auf, der Sieg Francos wurde damit vielmehr für Hitler und Mussolini zu einer zwingenden Aufgabe. Anfang November 1936 hatte entsprechend auch die Verlegung der *Legion Condor* unter der Führung von General Hugo Sperrle nach Spanien begonnen. Diese Einheit sollte insgesamt an die 19 000 Mann umfassen, von denen etwa 6500 kontinuierlich in Spanien präsent waren. Die Entsendung von Luftwaffeneinheiten hatte aber auch praktische militärische Hintergründe. Die Erfahrungen der Luftwaffe mit neuartigem technischen Material und die Erprobung neuer taktischer Einsatzpläne sollten der im Aufbau befindlichen Wehrmacht bei ihren Vorbereitungen für den erwarteten großen Krieg nutzen. Daher wurden auch möglichst viele einander ablösende Luftwaffenpiloten nach Spanien entsandt, um ihnen die Möglichkeit zu geben, Erfahrungen unter Gefechtsbedingungen zu sammeln.

Nachdem Franco mit der Einnahme Madrids gescheitert war, beschloss seinerseits Mussolini, mit einem Großaufgebot an regulären Truppen Präsenz zu zeigen. Entsprechende Pläne hatten schon seit längerem bestanden. Im Dezember 1936 traf

November 1936

das erste italienische Expeditionsheer unter dem Kommando von General Mario Roatta ein. Die «Freiwilligenverbände» des *Corpo di Truppe Volontarie* (CTV) erreichten bis April 1937 eine Truppenstärke von 80 000 Mann. An die 6000 hiervon gehörten zu Luftwaffeneinheiten, 45 000 zum Heer und 29 000 zu den faschistischen Milizen. Hinzu kamen im Verlauf des Krieges insgesamt an die tausend Flugzeuge, zweitausend Artilleriegeschütze, tausend Gefechtswagen sowie gewaltige Mengen an Maschinengewehren und Gewehren. Mussolini wollte mit diesem breit angelegten Engagement die eminente Bedeutung der italienischen Unterstützung für den Sieg Francos deutlich zum Ausdruck bringen und damit ein Abhängigkeitsverhältnis begründen. Italien war aber nicht zuletzt aufgrund dieser massiven Präsenz, der damit verbundenen Risiken sowie der daraus resultierenden Einschränkung der Handlungsfreiheit an einem schnellen Ende des Krieges interessiert. Die strategischen Interessengegensätze zwischen Italien und Großbritannien sowie Frankreich im westlichen Mittelmeerraum banden die italienische Regierung an Deutschland. Das Reich arbeitete zwar ebenfalls auf einen Sieg Francos hin, doch bot sich ihm die Möglichkeit, aus der Lage zusätzliches Kapital zu schlagen. So lag es im Interesse Berlins, die Kräfte Italiens politisch und militärisch in Spanien gebunden zu halten, um wiederum in Mitteleuropa und zunächst insbesondere im Hinblick auf Österreich freie Hand zu bekommen. Die Reichsregierung nahm daher davon Abstand, mit den Italienern auf der Iberischen Halbinsel kräftemäßig gleichzuziehen.

Die *Legion Condor* wurde an sämtlichen Frontabschnitten zum Einsatz gebracht und war für die Nationalisten ein wichtiges Element zur wirkungsvollen Vorbereitung, Absicherung und Unterstützung von Bodenangriffen. Die dadurch entstandene militärische Überlegenheit war an der Nordfront besonders eklatant, da die republikanischen Einheiten hier auf keinerlei Luftunterstützung zurückgreifen konnten. Die Bombardierung der kleinen baskischen Stadt Guernica ist dabei zum Symbol geworden. Pablo Picasso nahm diesen Angriff zum Anlass, eine monumentale Anklage gegen Krieg und Zerstörung für den spanischen Pavillon auf der Weltausstellung von 1937 in Paris zu gestalten. Die besondere Bedeutung dieses Ortes bestand vor allem darin, dass an der «Eiche von Guernica» die spanischen Herrscher traditionell schworen, die Sonderrechte der baskischen Gemeinden zu wahren. Auch der Präsident der baskischen Regierung José Antonio Aguirre legte hier im Oktober 1936 seinen Amtseid ab. Die Bombardierung führte damit nicht nur zu heftigen Reaktionen innerhalb der mit der Republik sympathisierenden Öffentlichkeit, sondern erregte aufgrund der Verwurzelung des katholischen Glaubens innerhalb der baskischen Bevölkerung auch eine international heftige Reaktion katholischer Kreise. Der Angriff auf Guernica wurde auch als Angriff auf das gesamte baskische Volk und dessen angestammte Freiheiten gedeutet.

Gerade um die Hintergründe der Bombardierung sind eine Vielzahl von Legenden entstanden. So verbreitete die franquistische Propaganda zunächst Meldungen, wonach die schrecklichen Zerstörungen durch republikanische Einheiten im Rückzug herbeigeführt worden seien. Offenbar war wohl selbst die nationalistische Militärführung überrascht von der gewaltigen Wirkung der Flächenbombardierung, und sie fürchtete verheerende Auswirkungen insbesondere auf die katholische Weltöffentlichkeit. Demgegenüber steht heute fest, dass Einheiten der *Legion Condor* sowie ein italienischer Fliegerverband über Stunden hinweg Angriffswellen gegen die Wohngebiete der Ortschaft flogen, was zu einer völligen Zerstörung des Stadtbereichs führte. Mögliche weitere strategische Ziele wie die Sprengung einer Brücke als Knotenpunkt in den Verbindungen zur Front blieben wiederum unberührt. Die *Legion Condor* hatte bereits bei vorangegangenen Angriffen keinerlei Skrupel gezeigt, auch Wohngebiete zu bombardieren und auf diese Weise die Bevölkerung zu terrorisieren und zu demoralisieren. In diesem Fall scheint aber, bei Berücksichtigung des Typs und der Zahl der eingesetzten Flugzeuge, der verwendeten Bombentypen, der Bombenmengen, der Flugformation, der Flughöhe und vor allem des Ausmaßes und der Lokalisierung der Schäden, die zerstörerische Wirkung eines gleichzeitigen Einsatzes von Brand- und Sprengbomben erprobt worden zu sein. Wenngleich damit die Urheberschaft sowie die Absichten der Bombardierung als geklärt gelten können, ist die militärische Verantwortlichkeit für die Bombardierung aus Mangel an eindeutigen Beweisen umstritten. Insbesondere haben dem Franquismus nahe stehende Autoren immer wieder behauptet, der spanischen Militärführung sei von den deutschen Bombardierungsplänen vorab nichts bekannt gewesen. Sie lenken die Verantwortung auf ein eigenmächtiges Handeln deutscher Offiziere (Moa, mitos, 387). Demgegenüber vertreten Autoren wie Herbert Southworth die These, dass das Vorhaben den Spaniern und insbesondere General Mola bekannt gewesen sei und dieser das geplante Vorgehen nicht nur gutgeheißen, sondern auch explizit gefordert habe, um die Verteidigungsmoral der Basken durch die Zerstörung ihres kulturellen Zentrums zu schwächen. Angel Viñas wiederum schließt aus den Kommunikationssträngen zwischen deutschen und spanischen Kommandostellen auf eine klare Abstimmung im Vorfeld der Bombardierung, wenngleich der *Legion Condor* auf der operativen Ebene ein großer Gestaltungsspielraum eingeräumt worden sei. Eine Anordnung aus Berlin oder eine Rücksprache bei militärischen Stellen in der Reichshauptstadt im Vorfeld der Operation erscheint indes im Licht der Einsatzabläufe unwahrscheinlich. Schließlich kann aber nicht ausgeschlossen werden, dass den Deutschen und insbesondere dem Kommandeur der *Legion Condor* die symbolische Bedeutung Guernicas nicht bekannt war. Sosehr die Entrüstung über die flächendeckende Zerstörung von Guernica auch gerechtfertigt ist, war diese weder die einzige noch die erste, die die *Legion Condor* verursacht hatte. Wenige Wochen zuvor war das benachbarte Durango das Ziel von groß angelegten Luftangriffen gewesen – nach Hugh Thomas die erste wehrlose Ortschaft Europas, die im erbarmungslosen Bombenhagel unterging (Thomas, civil war, 599), doch dieser Angriff hat deutlich weniger Beachtung durch die Weltöffentlichkeit erfahren.

Die italienischen Einheiten kamen erstmals bei der Eroberung von Málaga Anfang Februar 1937 zum Einsatz. Der fulminante Sieg wird allerdings weniger auf die Taktik und Schlagkraft der Italiener, sondern vor allem auf die militärische Schwäche der verteidigenden Milizen zurückgeführt. Eine wirkliche Bewährungsprobe sollte erst der ausschlaggebende Einsatz von Italienern bei der Schlacht von Guadalajara im März 1937 bedeuten. Die Italiener stellten dabei 30 000 Mann und ein gewaltiges Aufgebot an Panzerfahrzeugen, Artilleriegeschützen und Kampfflugzeugen. Sie planten im Sinne ihrer Taktik der «guerra di rapido corso» einen raschen Durchbruch durch die feindlichen Linien und ein schnelles Vordringen nach Südwesten, um damit den Belagerungsring um Madrid zu schließen. Die als Entscheidungsschlacht gedachte Offensive entpuppte sich aber als Debakel und ließ die militärische Schwäche der Italiener zutage treten. Zwar konnte die Streitmacht die Verteidigungslinien durchbrechen, doch blieb der Vormarsch insbesondere aufgrund widriger Wetterumstände stecken. Die Luftunterstützung war zudem nicht zum Tragen gekommen, nachdem die Start- und Landepisten unbenutzbar waren. Dem republikanischen Gegenangriff, der durch Flugzeuge unterstützt wurde, die von Landepisten gestartet waren, die dem schlechten Wetter nicht derart ausgesetzt waren, hielten die italienischen Linien nicht stand. Sie traten panikartig die Flucht an. Die damit gelungene Abwehr durch die Republikaner war aus militärischer Sicht nicht von großer Bedeutung, doch umso größer waren die psychologischen und propagandistischen Auswirkungen. Insbesondere die italienische Militärführung, die in dieser Schlacht ihre überlegene Kampfkraft unter Beweis stellen wollte, war angesichts der mangelhaften Disziplin der Truppen desavouiert. Die Republikaner wiederum hatten ihre erste Schlacht im offenen Feld gewonnen. Auf diese Niederlage wird auch die von dieser Zeit an stärkere Unabhängigkeit Francos gegenüber den Italienern zurückgeführt, die mit ihrer Strategie gescheitert waren. Die italienischen Verbände gaben ihre weitgehende Autonomie auf und wurden fortan dem Oberkommando Francos unterstellt und an verschiedenen Frontabschnitten eingesetzt. Der von kurzer Dauer gedachte Krieg sollte sich noch lange hinziehen, zu einem hohen Preis für die italienischen Einheiten. Die deutschen und italienischen Einheiten sollten bis zum Schluss der Kämpfe in Spanien bleiben. Ihr Einsatz wurde immer wieder verlängert, zumal Franco letztlich auf ihre Hilfe angewiesen blieb.

Auch die portugiesische Regierung unter Antonio Salazar unterstützte die Aufständischen. Nicht nur wurden große Mengen von Hilfsgütern und Waffen, vor allem deutscher Provenienz, über die Grenze geschafft: Portugal beteiligte sich auch an den Kämpfen, indem einige Tausend Soldaten in die Reihen der Nationalisten eingegliedert wurden. Während im Fall der Mitglieder der *Legion Condor*, der italienischen Kämpfer des CTV und der portugiesischen Einheiten aber nicht von Freiwilligen gesprochen werden kann, unterstützten auch irische, britische, französische, rumänische und russische Kämpfer freiwillig die Nationalisten. Vor allem die russischen Einheiten, die durch den zaristischen Offizier Vassily Orekov rekrutiert worden waren, hatten die Folgen der Revolution am eigenen Leibe erlebt und wollten in Spanien ihren Kampf gegen den Bolschewismus fortsetzen. Die Zahl der ausländischen Freiwilligen war mit bis zu 1500 allerdings nicht sonderlich groß, und ihre militärische Bedeutung hielt sich ebenfalls in Grenzen. Bekannt geworden ist insbesondere eine irische Brigade von etwa 700 Mann unter dem General und Führer der faschistischen irischen Blauhemden Eoin O'Duffy, die allerdings nach starken Verlusten im Sommer 1937 Spanien wieder verließ. Die franquistische Propaganda tendierte allerdings dazu, die Anwesenheit von ausländischen Freiwilligen in den eigenen Reihen herunterzuspielen, um den nationalspanischen Charakter des Krieges gegen den als international aufgefassten Kommunismus herauszustreichen. Wie die Studie von Judith Keene betont, stießen der Enthusiasmus, die Abenteuerlust und der Idealismus dieser Kämpfer, die den Krieg in Spanien oftmals als Fortsetzung der militärischen und politischen Auseinandersetzungen in ihren Heimatländern erlebten, auf nationalistischer Seite auf keine große Gegenliebe.

General Franco ist häufig der Vorwurf gemacht worden, als Militärführer außerordentlich schwerfällig agiert zu haben. Als Infanterist sei er nicht in der Lage oder willens gewesen, die Vorteile neuer Waffengattungen wie der Luftwaffe oder gepanzerter Einheiten innovativ zu nutzen. So sei diesen wie der Artillerie lediglich eine unterstützende Bedeutung in den Operationen der Infanterie zugekommen. Francos Truppen rückten vor allem mit einer bedächtigen Langsamkeit vor, rasche Vorstöße lehnte der oberkommandierende General aufgrund der damit verbundenen Risiken ab. Diese «kriechende Taktik» ist wiederholt als Ausdruck der Begrenztheit der militärischen Fähigkeiten Francos bezeichnet worden. Nachdem der rasche Sieg mit der Einnahme Madrids nicht möglich gewesen sei, habe Franco auf einen langsamen, aber vernichtenden Feldzug gegen seine Feinde gesetzt, die nach Möglichkeit «ausgerottet» werden sollten. Auch hier scheint wieder vor allem die Erfahrung der Afrikakriege im Hintergrund gestanden zu haben. Franco und seine «afrikanischen» Waffenbrüder setzten darauf, jegliche guerillaähnliche Bedrohung der Flanken zu vermeiden. Die Truppen sollten nicht vorwärts marschieren und sich gleichzeitig nach hinten umsehen müssen. Entsprechend ließe sich das Verhalten Francos erklären, im August 1936 zunächst Badajoz einzunehmen. Beharrlichkeit und Geduld waren zweifellos zwei herausragende Wesensmerkmale Francos, der auf die psychische Demoralisierung des Gegners setzte. In diesem Sinne stellte Franco im April 1937 gegenüber dem italienischen Botschafter Roberto Cantalupo fest: «Ich beschränke mich auf Operationen kleineren Umfangs, die aber einen Sieg garantieren. Ich werde Spanien Stadt für Stadt, Dorf für Dorf, Bahnhof für Bahnhof besetzen. [...] Nichts wird mich von diesem schrittweisen Vorgehen abbringen. Es wird mir wenig Ruhm, dafür aber umso größere Ruhe im Land einbringen. Dieser Krieg könnte dadurch sogar noch weitere zwei oder drei Jahre andauern. [...] Ich werde die Hauptstadt nicht eine Stunde zu früh einnehmen. Zunächst muss ich Gewissheit haben, die Grundlagen für ein neues Regime geschaffen zu haben» (Cantalupo, Spagna, 231 ff.). Geländeverluste waren für Franco ebenfalls nicht tolerabel und ein Zeichen von Schwäche. Er war förmlich davon besessen, keine Handbreit an Gelände abzugeben und verlorenes Terrain, koste es, was es wolle, zurückzugewinnen, auch wenn dessen strategische Bedeutung, wie Anfang 1938 im Fall von Teruel, unwichtig war. Franco weigerte sich zugleich, sich gegebenenfalls auf strategisch vorteilhafte Positionen zurückzuziehen, auch wenn dieses Vorgehen dazu führte, große Truppenverbände an Nebenschauplätze zu binden (Nerín, Africa, 239). Franco blieb ohne jeden Zweifel ein Soldat des Kolonialkrieges. Er war kein Stratege, der große Heere und große strategische Visionen umzusetzen in der Lage war. Dieses Vorgehen hatte einigen seiner Waffenbrüder und vor allem den deutschen und italienischen Offizieren immer wieder schwer zu schaffen gemacht. Als sich etwa im Rahmen der groß angelegten Offensive in Aragonien im März 1938 Oberstleutnant Wilhelm von Thoma, der an der Spitze eines der *Legion Condor* angegliederten Panzerverbandes stand, für einen schnellen Vorstoß entlang des Ebrobeckens aussprach, wurde er von Franco, der bei seiner Taktik des langsamen Voranrückens durch die Infanterie blieb, in seine Schranken gewiesen. Den Italienern erschienen die Grausamkeiten allzu exzessiv, die die Nationalisten in den eingenommenen Territorien verübten, und sie mahnten – allerdings erfolglos – die militärische Führung mit Blick auf die internationale Empfindlichkeit, weniger brutal vorzugehen.

Bei allen politischen, ökonomischen oder militärischen Differenzen muss aber hervorgehoben werden, dass die Bewunderung der Nationalisten für die Achsenmächte groß war und blieb. Zum einen zeigten sich die spanischen Militärs von der modernen deutschen und italienischen Militärtechnik tief beeindruckt, die wesentlich zu ihrem Sieg beitrug. Die rasante Ausbreitung der Falange führte darüber hinaus dazu, dass diese Bewunderung und Dankbarkeit auch in einen ideologischen Schulterschluss mündeten. Franco verschrieb sich der entstehenden «Neuen Ordnung» in Europa. Im März 1937 vereinbarten die nationalistische spanische Regierung und die deutsche Reichsregierung eine Zusammenarbeit im Kampf gegen den Kommunismus, und beide Seiten sicherten sich dabei eine enge politische Abstimmung zu. Spanien trat Ende März 1939 dann dem Antikominternpakt bei, und mit dem zeitgleich geschlossenen Freundschaftsvertrag mit Deutschland band sich Franco unmissverständlich an die Achsenmächte. Der neue Beherrscher Spaniens machte deutlich, wem er sich verbunden fühlte, und bezog damit Position in Hinblick auf den sich anbahnenden Krieg in Europa.

4. Sowjetische Waffen für den Abwehrkampf der Republik

Es wurde bereits erwähnt, dass durch die Entscheidung Francos, nicht direkt nach Madrid vorzustoßen, sondern zunächst in einem symbolträchtigen Akt den Alcázar von Toledo zu befreien, entscheidende Zeit verstrichen war, die den Madrider Milizen ausgereicht hatte, ihre Verteidigungsstellungen aufzubauen und die Offensive der Nationalisten abzuwehren. Dennoch blieben erhebliche Zweifel, ob es der republikanischen Seite gelingen würde, Madrid dauerhaft zu verteidigen. Die Madrider Regierung verließ sogar Anfang November 1936 die Hauptstadt und verlegte ihren Sitz nach Valencia. Die Sicherung der Stadt wurde einem Verteidigungsstab unter General José Miaja übertragen. Diesem Umzug waren heftige Diskussionen innerhalb des Kabinetts vorangegangen, und die Entscheidung hatte in Anbetracht des unmittelbar bevorstehenden Angriffs der Nationalisten fatale Auswirkungen. Verunsicherung, Ratlosigkeit und Angst machten sich breit (Barea, Hammer, 593 ff., Kolzow, Tagebuch, 230 ff.). Das Eintreffen der ersten sowjetischen Waffen in Madrid sowie der ersten Einheiten der Internationalen Brigaden sollte dann allerdings die Pessimisten widerlegen. Die ersten Artillerieeinheiten und Panzerfahrzeuge waren in der spanischen Hauptstadt Ende Oktober in Stellung gebracht worden, und zwei Wochen später waren die ersten Kampfflugzeuge einsatzfähig, die wie die Panzerfahrzeuge durch ausgebildetes russisches Personal bedient wurden. Im Verlauf des Krieges sollten in Spanien etwa zweitausend Spezialisten der Roten Armee tätig werden, die entweder Waffensysteme bedienten oder als Militärberater oder Ausbilder tätig waren. Diese Gesamtzahl scheint zwar vergleichsweise niedrig, doch war der Einsatz qualifizierter Kämpfer von höchster Bedeutung für die republikanische Abwehr. Damit zeigte nun nach Hitler und Mussolini auch Stalin Präsenz in Spanien.

Stalin hatte allerdings gezögert. Obwohl als unmittelbare Reaktion auf den Putschversuch in Moskau und in anderen Ländern Solidaritätskundgebungen für die spanische Republik stattfanden und die Kommunistenführerin Dolores Ibárruri alle Länder zur Rettung der Demokratie in Spanien aufrief, erfolgte zunächst keine offizielle Reaktion aus dem Kreml. Zwar beinhaltete die von historisch-deterministischem Denken geprägte Zielsetzung der kommunistischen Ideologie unverändert die revolutionäre Umwälzung der bürgerlichen Gesellschaftsordnung und die Schaffung von Sowjetrepubliken in allen Teilen der Erde. Aber Mitte der 1930er Jahre, zum Zeitpunkt des Ausbruchs der Revolution in Spanien in Folge des gescheiterten Putsches, der die ideale Plattform zur Verfolgung dieses Zieles gewesen wäre, befand sich die Sowjetunion in einer schwierigen innen- wie außenpolitischen Phase, die zur Vorsicht mahnte. Mit dem Aufkommen des Faschismus und insbesondere mit der Machtübernahme Hitlers in Deutschland fühlte sich das Regime Stalins direkt und ernsthaft bedroht. Vor diesem Hintergrund strebte Moskau danach, die internationale politische Isolation, in der sich die Sowjetunion befand, zu überwinden. So trat diese im Jahr 1934 dem Völkerbund bei und schloss 1935 mit Frankreich einen Beistandspakt. Der Kreml setzte zudem große Anstrengungen daran, unter Einbindung Frankreichs und Großbritanniens ein System der kollektiven Sicherheit gegenüber der Bedrohung durch Nazideutschland und Mussolinis Italien zu schaffen. Zudem forcierte Stalin ein gewaltiges Aufrüstungsprogramm. Im Sinne dieses Sicherheitsbedürfnisses brachte Stalin auch die unter seiner Ägide stehende Kommunistische Internationale im Sommer 1935 zu dem Beschluss, die bisherige Taktik im Umgang mit sozialistischen Parteien zu ändern. Fortan sollten diese Parteien, die sich von dem Mittel der Revolution zur Durchsetzung eines neuen Gesellschaftsmodells verabschiedet hatten, nicht mehr als «Sozialfaschisten» bekämpft werden. Vielmehr sollte ein Schulterschluss mit ihnen gesucht werden, um die Kräfte innerhalb des linken Lagers gegenüber einer wachsenden Bedrohung zu bündeln. Auch wurde nun die Verteidigung der «Errungenschaften der Revolution» in der Sowjetunion zur Losung der Komintern. Hinzu kam, dass Stalins Regime eine Phase der Schwäche aufgrund der gigantischen «Säuberungsaktionen» innerhalb der Sowjetunion durchlebte. Sie dezimierten das Offizierskorps der Roten Armee und hatten negative Folgen für die Verteidigungsbereitschaft. Stalin wollte eine folgenreiche internationale Krise unter allen Umständen vermeiden.

Vor diesem Hintergrund steht auch die sowjetische Spanienpolitik, denn genauso wie für die Komintern die Sicherung der Sowjetunion zur obersten Maxime wurde, galt dies auch für die kommunistische Partei Spaniens (PCE) im Spanischen Bürgerkrieg, nachdem für Stalin die eigenen Sicherheitsbedürfnisse deutlich vor der Solidarität mit einer Volksfrontregierung in Spanien rangierten. Die Aufgabe des PCE sollte demnach nicht die Unterstützung revolutionärer Aufstände, sondern die Vertretung der Sicherheitsinteressen Stalins sein. Eine siegreiche Revolution hätte zu negativen Reaktionen vor allem in Großbritannien geführt und hätte sich damit unwillkürlich zu Lasten der Sowjetunion ausgewirkt. Vielmehr wäre bei einem Erfolg der Revolution ein Bündnis der westlichen Demokratien mit den «faschistischen Staaten» denkbar geworden, um einer weiteren, als ernstzunehmende Bedrohung wahrgenommenen Sowjetisierung Europas einen Riegel vorzuschieben (Preston, Civil War, 79). Gleichzeitig lag es natürlich nicht im Interesse Moskaus, dass in Spanien, im Rücken des französischen Bündnispartners, ein weiterer «faschistischer Staat» entstand, der das

Kräfteverhältnis zugunsten der antisowjetischen Regime verschoben hätte. Zudem war Stalin auch bewusst, dass, nachdem er den Führungsanspruch innerhalb der Komintern erhob und kaum ein Jahr zuvor die Bildung von «Volksfronten» zur Kräftebündelung im Kampf gegen den Faschismus als Losung ausgegeben hatte, auch er ein Zeichen in Spanien setzen musste, um mögliche Frontstellungen innerhalb der Komintern zu vermeiden. So stellte der Ausbruch des Spanischen Bürgerkrieges für Stalin jedenfalls zunächst ein Dilemma dar. Nach Frank Schauff war die Grundsatzentscheidung zur Unterstützung der Republik wohl zwar bereits Anfang August 1936 gefallen, nachdem die Regierung Giral eine Woche nach Beginn des Aufstandes über die spanische Botschaft in Paris beim Kreml um Waffenlieferungen gebeten hatte. Dennoch zögerte Stalin weiter, denn obwohl in Moskau bekannt war, dass Italien und Deutschland damit begonnen hatten, die Aufständischen zu unterstützen, war die Sorge vor einer Eskalation groß. Zudem bestand vor allem die Gefahr, damit innerhalb der britischen Regierung die antisowjetische Stimmung wieder anzuheizen. Moskau sah auch das Risiko, das ein geheim zu haltender Transport großer Mengen an Waffen über weite Strecken in sich barg, zumal die Schiffe am Bosporus leicht identifizierbar waren. Ein gewisser Spielraum entstand schließlich, als zwei italienische Bomber auf dem Weg nach Spanisch-Marokko in den französischen Nordafrikabesitzungen zerschellten, wodurch die italienische Hilfe für die Aufständischen öffentlich bekannt wurde. Als zudem feststand, dass Italien und Deutschland trotz eines inzwischen geschlossenen internationalen Übereinkommens zur Nichteinmischung weiter Waffen und Material nach Spanien sandten, lief schließlich auch das sowjetische Waffenprogramm für Spanien an. Mit diesem Entschluss wagte die Sowjetunion ihre erste groß angelegte politische Intervention auf der internationalen Bühne. Damit war aber keinesfalls die Schaffung einer Sowjetrepublik in Spanien verbunden. Die Spanienpolitik Stalins zielte darauf ab, in diesem Land ein an Moskau orientiertes Regime zu unterstützen, das zugleich für Frankreich und Großbritannien erträglich sein sollte. In dieses Bild passt auch, dass die Spanienpropaganda der Komintern allein auf die Verteidigung der Demokratie zielte und nicht auf die Wahrung möglicher Errungenschaften des Sozialismus. Moskau wollte zunächst lediglich verhindern, dass sich der «Faschismus» nach Spanien ausbreitete, und konnte dabei gleichzeitig die deutsche und italienische Intervention als Aggressionsmaßnahme gegen eine demokratisch legitimierte Regierung brandmarken. Ende September 1936 machte sich von der Krim aus das erste Schiff mit Waffen auf den Weg nach Spanien.

Die spanische Republik bezahlte die Waffenlieferungen durch Liquidationserlöse aus dem Verkauf von Gold aus den großen Beständen der spanischen Staatsbank. Erste umfangreiche Goldverkäufe zur Finanzierung von Waffenimporten waren bereits durch die bürgerlich-republikanische Regierung unter José Giral unmittelbar nach Beginn des Krieges in die Wege geleitet worden. Die französische Staatsbank kaufte beträchtliche Mengen des Edelmetalls auf. Nach der Zusage Stalins beschlossen Premierminister Largo Caballero und Finanzminister Juan Negrín wiederum, den Transport eines Großteils der verbliebenen Goldreserven nach Moskau zu veranlassen. Dieses Gold sollte damit dem möglichen Zugriff der Nationalisten entzogen werden und als Sicherheitsleistung für die Waffenkäufe in der Sowjetunion dienen. Neuesten Forschungsergebnissen von Angel Viñas zufolge rief die Entscheidung im Kreml zunächst sogar Verunsicherung hervor, bevor sich der Diktator schließlich zur Unterstützung der spanischen Republik und zur Annahme des Goldes bereit erklärte. In der zweiten Oktoberhälfte 1936 wurden am Mittelmeerhafen Cartagena etwa 510 Tonnen Gold im Wert von etwa eineinhalb Milliarden Goldpeseten den Sowjets übergeben. Diese Verschiffung des Goldes erregt bis heute die Gemüter. So ist immer wieder betont worden, dass die Übergabe der Goldreserven keinesfalls zwingend notwendig gewesen sei, nachdem Deutschland und Italien Waffen und Material gegen Kredit geliefert hätten. Andererseits lässt sich bezweifeln, ob Rom und Berlin auch dann Kredit gewährt hätten, wenn Franco über ausreichende liquide Mittel verfügt hätte. Eine Transferierung des Goldes nach London und Paris zu Sicherungszwecken wäre möglicherweise zweckdienlicher gewesen, auch wenn wiederum im Lichte ihrer Nichteinmischungspolitik sowohl London als auch Paris nicht unbedingt sichere Häfen für das Gold der Republik waren, von dem aus diese frei darüber verfügen oder über Finanzinstitute dieser Länder die Waffenkäufe hätten abwickeln können. Die Goldreserven hätten einfach eingefroren werden können und wären damit dem Zugriff der republikanischen Regierung entzogen worden. Angesichts der isolierten außenpolitischen Lage, in der sich die Republik befand, war die Überführung des Goldes in die Sowjetunion aufgrund der Bereitschaft Stalins, als Einziger Waffen in einem großen Umfang zu liefern, eine nahe liegende Lösung. So konnte die notwendige Liquidität zur Finanzierung von Waffenkäufen erreicht und zudem die Sowjetunion in die Pflicht zur Fortsetzung der Hilfe genommen werden. Insbesondere ist aber auch hervorgehoben worden, dass der Wert der gelieferten Waffen keinesfalls an den des Goldes herangereicht und, wie neuere Forschungsergebnisse zu belegen scheinen, die Sowjetunion vor allem deutlich überhöhte Preise verrechnet habe (Howson, arms, 151). Ab Mitte Februar 1937 jedenfalls und innerhalb von nur 14 Monaten wurden Schritt für Schritt die gesamten in Moskau lagernden Goldreserven in Devisen konvertiert. Das Geld wiederum blieb nur zum Teil in Moskau. Es wurde ebenso für Waffen- und Warenkäufe auf den internationalen Märkten auf Konten der spanischen Republik bei der sowjetisch kontrollierten Banque Commerciale pour l'Europe du Nord in Paris überwiesen, denn auch aus anderen Ländern wie Polen und Mexiko trafen Waffen ein, wenngleich in einem weitaus geringeren Umfang. Schließlich musste sich die republikanische Regierung nach Aufbrauchen der Goldreserven bei der sowjetischen Führung noch um die Gewährung von Krediten bemühen, um weiterhin Waffenkäufe tätigen zu können. Das letzte Darlehen wurde Mitte Januar 1939 nur wenige Wochen vor Kriegsende gewährt.

Juan Negrín wurde 1892 in Las Palmas de Gran Canaria geboren. Er stammte aus gut situierten bürgerlichen Verhältnissen und studierte in Leipzig Medizin und Chemie. Auf Betreiben des international renommierten Arztes Santiago Ramón y Cajal übernahm er eine Forschungseinrichtung in Madrid und 1922 einen Lehrstuhl an der Madrider Universität. Einer seiner Schüler war der spätere Nobelpreisträger Severo Ochoa. 1929 trat er der sozialistischen Partei PSOE bei. Mit der Errichtung der Zweiten Republik gab der weltgewandte und international anerkannte Wissenschaftler seine berufliche Laufbahn auf und widmete sich fortan der Politik. Ab 1931 war er Parlamentsabgeordneter und trat vor allem durch eine pragmatische Haltung hervor. Er gehörte ab September 1936 als Finanzminister der Regierung unter Largo Caballero an und war maßgeblich für die Auslagerung der spanischen Goldreserven nach Moskau verantwortlich. Nach dem Sturz von Largo Caballero übernahm er im Mai 1937 überraschenderweise das Amt des Ministerpräsidenten und im April 1938 auch noch das Verteidigungsressort. Er trat für einen engen Schulterschluss mit den Kommunisten zur Rettung der republikanischen Ordnung ein. Nach seiner Flucht nach Paris im Jahr 1939 erhielt er nach der deutschen Besetzung Frankreichs Zuflucht in London. Im August 1945 trat er vor dem republikanischen Exilparlament in Mexiko vom Amt des Ministerpräsidenten zurück. Er starb 1956 in Paris.

Zeitgleich mit den ersten sowjetischen Waffen trafen Mitte Oktober 1936 die ersten Verbände der Internationalen Brigaden im Hafen von Alicante ein. Eine weitere Gruppe hatte den Weg über die katalanische Grenze genommen. Die Freiwilligen strömten in Scharen spontan und mit Begeisterung aus Europa und Amerika zusammen, um der Republik im «Kampf gegen den Faschismus» zu Hilfe zu eilen. Obwohl die Anwerbung insbesondere durch die kommunistischen Parteien der verschiedenen Länder erfolgte, die Komintern von Paris aus den Transport der Freiwilligen nach Spanien organisierte und vor Ort die Kontrolle der Brigaden ausübte, waren nicht alle *Interbrigadisten* auch Mitglieder der kommunistischen Partei. Nach Angaben von Patrik von zur Mühlen stellten die Franzosen mit etwa 10 000 Kämpfern die größte Gruppe der schätzungsweise insgesamt 59 000 *Interbrigadisten* (Mühlen, Hoffnung). Dahinter rangierten Deutsche, Italiener, Polen, Belgier und Österreicher. Bei vielen Kämpfern handelte es sich um Exilierte, die aus ihren diktatorisch regierten Heimatländern geflohen waren. Eine Besonderheit dieser kämpfenden Einheit war zudem der hohe Anteil an Intellektuellen und Schriftstellern, die in zahllosen Zeugnissen dem Kampf der *Interbrigaden* ein literarisches Denkmal gesetzt haben. Der damit einhergehende niedrige Professionalisierungsgrad dieser Einheiten sollte allerdings bei allem Idealismus der Freiwilligen zu militärischen Problemen und hohen Verlusten führen. Durch den Einsatz der Internationalen Brigaden verfestigte sich auch der Eindruck, dass in Spanien ein Krieg zwischen «Faschismus» und «Antifaschismus» ausgetragen wurde. Für die Freiwilligen, gerade im Fall der Deutschen und Italiener, stand fest, dass der Feind nicht nur Franco, sondern auch Hitler und Mussolini hieß. Nach der Zusammenstellung und Ausbildung der ersten Einheiten im zentralspanischen Albacete unter der Anleitung des französischen kommunistischen Abgeordneten und Mitglied des Exekutivkomitees der Komintern, André Marty, trafen in der zweiten Novemberwoche 1936 die ersten Verbände in Madrid ein, gerade noch rechtzeitig, um sich dem Ansturm der Truppen Francos auf die Hauptstadt entgegenzustellen. Der militärische Wert dieser ersten Einheiten im Kampf um Madrid ist wohl durch die republikanische Propaganda überhöht worden. Dennoch, die psychologische Wirkung des Eintreffens der Internationalen Brigaden in Madrid auf die Kampfmoral der Verteidiger war nach dem fluchtartigen Verlassen der Hauptstadt durch die Regierung gewaltig.

Hinter dem heroisch-idealisierenden Bild der Internationalen Brigaden stand aber, wie etwa Ernest Hemingway in seinem Roman *Wem die Stunde schlägt* eindringlich beschreibt, ein politisch-ideologisches Kontroll- und Überwachungssystem unter André Marty, das immer wieder als Terrorregime bezeichnet worden ist. Wenngleich viele der Repressionsmaßnahmen innerhalb der Brigaden auf Marty als «Schlächter von Albacete» projiziert gewesen und ihr Ausmaß wohl übertrieben sein mögen (Uhl, Mythos), fielen der Verfolgung als «faschistische Provokateure und Saboteure» viele *Interbrigadisten* zum Opfer. Unter ihnen befand sich der als Emilio Kléber berühmt gewordene sagenumwobene Führer der Verteidigung Madrids. Nach einem Führungsstreit innerhalb der Internationalen Brigaden wurde Kléber im Herbst 1937 nach Moskau zurückbeordert. Im Jahr darauf musste er nach Anschuldigungen, ein deutscher Agent und Trotzkist zu sein, eine langjährige Haftstrafe antreten und starb 1954 in einem sibirischen Lager. Viele der Kämpfer hatten ein romantisches Bild von einem Revolutionskrieg und von der Freiwilligkeit ihres Einsatzes, das nicht so recht zu der Realität der mit eiserner Disziplin und ideologischer Starre geführten Brigaden Martys passen wollte. Als Folge der Desillusionierung und auch der gesetzlichen Bestimmungen in Paris, die die Ausreise von Freiwilligen nach Spanien unterbinden sollten, nahm die Zahl der ausländischen Kämpfer innerhalb der Einheiten stetig ab, und die Desertionsrate war hoch. In der Folge mussten die Reihen dann vor allem mit spanischen Soldaten gefüllt werden. Die Internationalen Brigaden bildeten den größten und bekanntesten Teil der internationalen Freiwilligen im Kampf gegen die Truppen Francos.

Vor allem in den ersten Monaten des Krieges waren aber viele Freiwillige auch unorganisiert nach Spanien gekommen, um sich revolutionären Milizen anzuschließen.

Mit Hilfe der Internationalen Brigaden und der sowjetischen Waffen gelang es jedenfalls, den Vormarsch der Nationalisten auf Madrid aufzuhalten, was unmittelbar zu einer Steigerung des Ansehens der kommunistischen Partei führte. Der Präsident der Verteidigungsjunta, General Miaja, wurde zum Volkshelden in Madrid, was allerdings vor allem auf eine entsprechende propagandistische Inszenierung durch die kommunistische Partei zurückgeführt wird, die auf die psychologische Wirkung von Führerfiguren setzte. Hiermit zeigt sich aber auch bereits, dass die sowjetische Hilfe einen wachsenden Einfluss der Kommunisten mit sich brachte. Der Höhepunkt des Einsatzes der Internationalen Brigaden lag in den ersten Monaten des Jahres 1937, als schätzungsweise 25 000 Mann in fünf Brigaden zusammengefasst waren. Ihre Aktionen gelten als entscheidend für den Ausgang der Schlachten am Fluss Jarama und bei Guadalajara, als die Nationalisten die Hauptstadt wiederholt einzukesseln versuchten. Abgesehen von einem kommunistischen Regiment in Madrid und den Einheiten der Internationalen Brigaden setzten sich in dieser frühen Phase des Krieges die militärischen Einheiten jedoch im Wesentlichen aus Milizen zusammen, die ihre Aufgabe vor allem in der Verteidigung kleinerer Räume unter ihrer Kontrolle erblickten. Dieser Umstand sollte sich im Krieg gegen die Armeen Francos als außerordentlich problematisch erweisen. Den Milizionären war nämlich in der Regel eine mangelnde Kriegs- und Waffenerfahrung gemeinsam. Hinzu kamen Probleme, die aus der Verschiedenartigkeit der Einheiten, vor allem im Hinblick auf Bewaffnung und Führung, herrührten. Die Milizen verstanden sich darüber hinaus keineswegs nur als kämpfende Einheiten. Sie fühlten sich zugleich verantwortlich für den wirtschaftlichen, sozialen und politisch-administrativen Neuaufbau in den von ihnen kontrollierten Gebieten. Damit waren sie auch örtlich gebunden. Außerdem waren sie basisdemokratisch organisiert, da die Offiziere in der Regel durch die Mannschaften gewählt wurden. Erfahrenen Berufsoffizieren kam indes oft nur eine Aufgabe als technische Berater zu. Dieser unprofessionelle und dezentrale Aufbau der Verteidigung sollte sich als gravierender Nachteil in einem «klassischen», auf Räume hin ausgerichteten Krieg auswirken. Zudem wuchs das Rebellenheer unaufhaltsam. Mitte August 1936 soll es Schätzungen Molas zufolge bereits aus 160 000 Soldaten bestanden haben. Ende 1937 belief sich die Stärke der Nationalisten auf nahezu 600 000 Mann. Diesem rapide wachsenden und vor allem straff organisierten Heer musste die Republik zwangsläufig eine schlagkräftige Streitmacht entgegenzusetzen versuchen. Bereits im Oktober 1936 hatte die republikanische Regierung damit begonnen, die unstrukturierten Milizeinheiten in einer militärischen Organisation zusammenzufassen. Hierzu wurde auch ein Kriegskommissariat geschaffen, das für die Gewährleistung der politischen Verlässlichkeit der militärischen Führung und die Truppenausbildung zuständig war. Im Rahmen dieser ersten Maßnahmen wurde das kommunistische «Fünfte Regiment» aufgelöst und auf die verschiedenen neuen Einheiten aufgeteilt. Dies bedeutete allerdings gleichzeitig auch den Anfang der kommunistischen Kontrolle über das gesamte *Volksheer* (Bernecker, Krieg, 41 ff.). Die Reformen blieben jedoch Stückwerk, und spätestens mit dem schnellen Fall von Málaga im Februar 1937 war schließlich unweigerlich deutlich geworden, dass das Milizmodell in keinem Fall geeignet war, um den Kampf gegen die regulären Armeen Francos bestehen zu können. Unter Federführung des Sozialisten Juan Negrín wurde nun eine grundlegende Umstrukturierung der Streitkräfte zu einer professionellen und straff geführten Armee angegangen. Im Herbst 1937 verfügte das *Volksheer* über etwa 500 000 Mann und war damit zahlenmäßig in etwa so stark wie die franquistischen Einheiten.

März 1937

Die qualitativen Unterschiede waren aber nach wie vor vorhanden. Insbesondere die Probleme, die aus unzureichender Bewaffnung und mangelhafter Ausrüstung resultierten, kamen jetzt zum Tragen. Die Republikaner litten unter einem nahezu permanenten Materialmangel.

Gerade die Abhängigkeit der Republik von den sowjetischen Waffen ermöglichte dem Kreml und in seinem Gefolge der kommunistischen Partei Spaniens, ihren Einfluss nicht nur militärisch, sondern auch politisch zu vergrößern. Die bis Kriegsbeginn weitgehend unbedeutende kommunistische Partei PCE sollte dank der Militärhilfe zur Schaltstelle innerhalb des republikanischen Lagers avancieren. Bis 1937 wuchs die Partei auf etwa 250 000 Mitglieder an und wurde damit auch zur zentralen politischen Kraft im republikanischen Lager (Bolloten, Civil War, 124), nachdem der PSOE durch die innere Spaltung in einen reformorientierten und einen sozialrevolutionären Flügel chronisch geschwächt war. Die Kommunisten hatten indes trotz allem nicht die unumstrittene Macht im Lande inne. Moskau hat stets eine «Gratwanderung» zwischen Beratung und politischem Druck unternehmen müssen, nachdem gerade die Taktik der Einbindung der Sozialisten und der bürgerlichen Parteien in die Regierung eine vollständige Kontrolle nicht zuließ. Zudem arbeiteten, wie Schauff und Kowalsky nachweisen, die verschiedenen sowjetischen Abteilungen in Spanien unkoordiniert nebeneinander. Ihre Wahrnehmungen und Analysen widersprachen sich häufig. Die sowjetische Spanienpolitik sei durch Unerfahrenheit der Beteiligten gekennzeichnet gewesen, was auch darauf zurückzuführen sei, dass es sich um das erste groß angelegte außenpolitische Engagement der Sowjetunion gehandelt habe. Ein Übriges hätten die Auswirkungen der «Säuberungsmaßnahmen» in Moskau bewirkt, die auch direkt das sowjetische militärische und diplomatische Personal in Spanien betrafen. Viele hochrangige Funktionsträger, wie Botschafter Marcel Rosenberg, sein Nachfolger Leon Gaiskis, der Außenhandelsbeauftragte Arthur Stashevsky, der Generalkonsul in Barcelona Vladimir Antonov-Ovseenko, der Militärattaché Vladimir Gorev, eine Reihe von Generälen und auch der Korrespondent der Pravda und Agent Stalins, Michail Kolzow, fielen dem Staatsterror im Heimatland zum Opfer. Alle diese Faktoren führten zu einer beträchtlichen Desorganisation der Arbeit in Spanien.

Trotz der flächendeckenden Ausbreitung der sozialen Revolution und des Autoritätsverlustes der Zentralregierung waren die staatlichen Strukturen als solche erhalten geblieben. Parallel zu den kriegsbedingten Zentralisierungsbestrebungen innerhalb der Streitkräfte sollte die republikanische Regierung nun auch alles daransetzen, wieder die politische Kontrolle über das Land zu erlangen. Anfang September 1936 löste Largo Caballero Giral im Amt des Ministerpräsidenten ab, dem es

Oktober 1937

nicht gelungen war, internationale Hilfe zu mobilisieren, und dessen Regierung dem Druck der Straße hatte nachgeben müssen. Im Sinne seiner sozialrevolutionären Vorstellungen vertrat Largo Caballero dabei zunächst die Forderung, dass eine Regierung allein aus Arbeitervertretern unter Ausschluss von bürgerlichen Parteien geschaffen werden müsse. Schließlich gab er aber dem Drängen moderater Sozialisten um Indalecio Prieto nach, die für die Schaffung einer möglichst breiten Front plädierten. So wurde schließlich eine Regierung gebildet, die aus Sozialisten, republikanischen Linksparteien und Kommunisten bestand. Sie setzte sich aber nicht nur aus den «klassischen» Volksfrontparteien zusammen, in ihr waren auch die konservativ-katholische nationalistische Partei des Baskenlandes (PNV) und zwei Monate später sogar die anarchosyndikalistische CNT vertreten. Hinter diesem Einlenken Largo Caballeros stand auch der Druck des sowjetischen Botschafters Marcel Rosenberg, der vor einer reinen Volksfrontregierung warnte und auf die negativen Auswirkungen im Ausland und die damit verbundenen Gefahren hinwies. Aber auch die oberste Sowjetführung selbst versuchte in diesem Fall, direkt politischen Einfluss zu nehmen. So erhielt der spanische Ministerpräsident zu seiner Bestürzung im Dezember 1936 den unverblümten Ratschlag Stalins, nicht nur die städtischen Kleinbürger, die Führung der bürgerlichen Parteien und die Bauern in die Regierungsarbeit mit einzubinden, sondern auch öffentlich bekannt zu geben, dass sich die Regierung Spaniens vehement gegen die Verletzung der legitimen Interessen und der Eigentumsrechte von Ausländern einsetzen werde. Vor allem sollte jeder Versuch einer Neuordnung der Gesellschaft unterbunden werden und vielmehr das bürgerlich-parlamentarische System erhalten bleiben. Die Entgegnung von Largo Caballero, dass er nicht bereit sei, sich bei der Umsetzung der Revolution von internationalen Rücksichten leiten zu lassen, sowie sein Hinweis, dass das parlamentarische System in Spanien keine ausgeprägten Befürworter habe, nicht einmal unter den Republikanern, sollten den Grundstein für gewaltige Spannungen bilden. Während also fortan sozialrevolutionäre Tendenzen innerhalb der sozialistischen Partei mittels intensiver sowjetischer Beratung klein gehalten werden sollten, wurden andererseits dezidiert sozialrevolutionäre Gruppierungen wie die Anarchisten und die im *Partido Obrero de Unificación Marxista* (POUM) zusammengeschlossenen revolutionären Kommunisten immer stärker zum offenen Angriffsziel des PCE. Im Kern ging es um die Frage, ob Revolution und Kriegführung parallel zueinander verfolgt werden könnten. Für die Kommunisten war klar, dass zunächst der Krieg gewonnen werden müsse, bevor über eine neue Gesellschaftsordnung nachgedacht werden könne. Allerdings deuten bestimmte Bestrebungen, wie die mit Nachdruck, aber erfolglos betriebenen Versuche zur Schaffung einer sozialistischen Einheitspartei unter der dogmatischen Führung der Kommunisten, darauf hin, dass Stalin in Spanien die Etablierung einer sowjetisch dominierten «Volksrepublik» anstrebte. Im Hinblick auf den unbedingten Vorrang der Verteidigungsleistung pflichteten moderate Sozialisten und bürgerlich-republikanische Parteien den Kommunisten bei. Für die Anarchisten, die von Moskau unabhängigen Kommunisten des POUM sowie für die radikale Linke innerhalb des PSOE war wiederum der Sieg der Revolution eine Vorbedingung für den Sieg über den «Faschismus». Anders ausgedrückt, lediglich der Erfolg der Revolution könne die notwendigen Kräfte freisetzen, um den Kampf erfolgreich zu führen. Während die Verfechter der Revolution auf den Enthusiasmus der Massen setzten, fürchteten sich die bürgerlich-republikanischen Kräfte nicht nur vor der Revolution, sie glaubten zudem wie die Kommunisten ausschließlich an den Erfolg einer disziplinierten Organisation des Kampfes. Verstaatlichungs- und zentrale Lenkungsvorhaben seien angesichts der Erfordernisse einer Kriegswirtschaft imperativ. Aus innen- wie außenpolitischen Erwägungen heraus solle die kapitalistische Wirtschaft beibehalten, allerdings einer Planwirtschaft und einer starken gewerkschaftlichen Kontrolle unterworfen werden.

Allein die Tatsache, dass sich die Anarchosyndikalisten an der Zentralregierung beteiligten und damit ureigene Überzeugungen verrieten, zeigt, wie brisant die politische Lage war. Gerade die Anarchisten waren angesichts der stetig an Macht gewinnenden Kommunisten in eine immer defensivere Lage geraten. Wollte die CNT die Macht nicht gänzlich aus den Händen geben, musste sie sich bei allen ideologischen Vorbehalten an der Regierung beteiligen und von ihrer prinzipiellen Ablehnung des Staates abrücken. Die Anarchisten sahen sich sogar gezwungen, der Beibehaltung des Privateigentums in einigen Bereichen zuzustimmen. Die Erfordernisse in der Lenkung komplexer Wirtschaftsabläufe führte auch zwangsläufig zu bürokratischen, zentralisierten und hierarchisierten Leitungs- und Planungsprinzipien und damit zu einer Abkehr von dem Grundsatz der Eigenverantwortlichkeit der Kollektivmitglieder und der basisdemokratischen Entscheidungsprozesse. Die Regierungsbeteiligung der Anarchisten im Rahmen einer Konzentration aller zur Verfügung stehenden Kräfte für den Kampf gegen die Nationalisten ging allem Anschein nach ebenfalls auf die Initiative Moskaus zurück. Die Anarchisten sollten zum einen auf die vorrangige Aufgabe der Erreichung des Kriegszieles eingeschworen werden, um so die innere Front weiter zu stabilisieren. Da die CNT und die FAI aber eine breite Unterstützung der Massen genossen, sollte ihnen zum anderen die undankbare Rolle zufallen, die entfachte soziale Umgestaltung zu beenden und die Kompetenzen der im Rahmen der Revolution geschaffenen Organe zugunsten der Zentralgewalt zurückzudrängen. Nach Bernecker führte der Regierungseintritt von CNT und FAI nicht nur zu einer Identitätskrise der libertären Bewegung, sondern trug zugleich zur Domestizierung der Revolution und indirekt zur Machterweiterung der Kommunisten bei (Bernecker, Anarchismus, 214 ff.), denn die Bündelung der politischen, sozialen und ökonomischen Kräfte sollte nicht nur mit dem Ziel einer möglichst effektiven Kriegsführung, sondern auch zur Durchsetzung der Ordnungsvorstellungen der Kommunisten erfolgen. Die lagerübergreifende Regierungsbildung konnte aber die grundsätzlichen Differenzen kaum überdecken. Konflikte zwischen Kommunisten und sozialrevolutionären Gruppierungen sollten daher das Erscheinungsbild der Republik den gesamten Krieg hindurch prägen. Als etwa der legendäre anarchistische Führer Buenaventura Durruti Mitte November 1936 unter nicht geklärten Umständen in Madrid durch einen Schuss getötet wurde (eine nahe liegende Erklärung lautete, dass ihn ein nationalistischer Heckenschütze getroffen hatte), zeigten sich die Anarchisten davon überzeugt, Durruti sei durch Kommunisten erschossen worden, um einen charismatischen Konkurrenten aus dem Weg zu räumen. Die Kommunisten wiederum beschuldigten die Anarchisten, ihren Führer selbst getötet zu haben, da er innerhalb der eigenen Reihen aufgrund der von ihm geforderten Disziplin verhasst gewesen sei. Auch sollten die Auseinandersetzungen über die richtige Strategie in der Kriegs- und Kriegswirtschaftsführung fortbestehen. Die Anarchisten wehrten sich weiter gegen die durch die Kommunisten propagierte zentralistische Befehlsstruktur und hielten zunächst an ihren sozialrevolutionären Milizen und Komitees fest.

Letztlich sollten die Verfechter der sozialen Revolution ihre Positionen nicht halten können. Zunächst begann die Zentralregierung damit, bürokratische Hemmnisse gegen die kollektivierten Produktionsstätten zu schaffen. Unternehmen, die sich nicht den planwirtschaftlichen Erfordernissen der Kriegswirtschaft unterwarfen, erfuhren Nachteile, etwa durch eine restriktive Kreditvergabe. Zudem begannen die Kommunisten damit, die besitzenden bürgerlichen Schichten zu umwerben, und machten mit diesen gemeinsame Front, etwa in Hinblick auf die im Rahmen der sozialen Revolution durchgeführten Enteignungen kleinerer Grundbesitzer. An Schärfe gewannen aber auch die Konflikte zwischen den Kommunisten und Ministerpräsident Largo Caballero. Dieser versuchte vergeblich, eine von Moskau unabhängige Politik zu betreiben. Im Zusammenhang mit der Schaffung des *Volksheeres* war es bereits zu einem offenen Schlagabtausch zwischen Largo Caballero und dem sowjetischen Botschafter gekommen, als sich der spanische Ministerpräsident geweigert hatte, bestimmte von den Kommunisten geforderte Umbesetzungen an der Spitze der militärischen Befehlshierarchie vorzunehmen. Dass aus dieser Konfrontation letztlich die Kommunisten als Sieger hervorgingen und die geforderten Umstrukturierungen in der Befehlsspitze schließlich doch umgesetzt wurden, zeigt deutlich, wer inzwischen die Macht im Staate ausübte. Largo Caballero war es aber auch nicht gelungen, die Staatsgewalt schlagkräftig zu zentralisieren. So hatte er teilweise sogar dieser Zentralisierung selbst entgegengewirkt, indem unter seiner Führung das Autonomiestatut für das Baskenland durch die Madrider *Cortes* verabschiedet wurde. Zudem entglitt der Zentralregierung die Kontrolle über die politischen und militärischen Vorgänge in dieser Region und in Katalonien. Anfang Mai 1937 musste Largo Caballero mangels Rückhalts innerhalb der Regierung von seinem Amt zurücktreten. Die neue Regierung unter führender Beteiligung moderater Sozialisten, der überraschenderweise nicht Prieto vorstand und der bezeichnenderweise wie unter Largo Caballero lediglich zwei Kommunisten angehörten, sollte sich den faktischen Machtverhältnissen beugen. Für den neuen Ministerpräsidenten Juan Negrín stand außer Frage, dass ohne Hilfe aus der Sowjetunion der Krieg und damit die republikanische Ordnung unwiederbringlich verloren waren. Unter den gegebenen Umständen war Franco für Negrín eine weitaus größere Gefahr als Stalin. Negrín war wiederum für Moskau der ideale Partner zur Verfolgung der eigenen Interessen. Er galt als Pragmatiker, der ideologisch moderate Positionen vertrat, was zu der Hoffnung berechtigte, auf London und Paris beruhigend zu wirken. Von Negrín war zudem zu erwarten, dass er die revolutionären Experimente zu einem Ende bringen und so eine stabile, straff geführte Zentralregierung etablieren würde.

In Katalonien, wo die Anarchisten nach dem Scheitern des Putsches im Juli 1936 faktisch die Macht übernommen hatten, steigerten sich die Auseinandersetzungen mit den Kommunisten schließlich bis zum Ausbruch von Gewalttaten. Hier machte der Präsident der *Generalitat*, Lluis Companys, zusammen mit der kommunistisch dominierten sozialistischen Einheitspartei Kataloniens (PSUC) gemeinsam Front gegen die Anarchisten und den POUM, die nicht weiter bereit waren, die von den Kommunisten geforderten Opfer zugunsten einer bürgerlichen Republik mitzutragen. So wurde zunächst der POUM durch die *Generalitat* nicht mehr mit Waffen versorgt, und es begann die politische Verfolgung der Führer der unabhängigen Marxisten. Nach einer Reihe von Zwischenfällen brach Anfang Mai 1937 in den Straßen Barcelonas schließlich die Gewalt offen aus. Damit begann ein erster «Bürgerkrieg im Bürgerkrieg». Den Anfang bildete der Überfall bewaffneter Einheiten des PSUC auf die Telefonzentrale Barcelonas, die sich unter der Kontrolle der CNT befand. Über Tage lieferten sich Anarchisten und Anhänger des POUM Straßenkämpfe mit den Einheiten der Kommunisten. Schließlich gab die Führung des CNT den Kampf auf und forderte ihre Anhänger dazu auf, die Waffen niederzulegen, um auf diese Weise ein Blutbad zu vermeiden, das lediglich den Nationalisten in die Hände gespielt hätte. Die Kommunisten, unterstützt durch den PSOE, ergriffen die Gelegenheit, nicht nur die Macht der CNT zu brechen, sondern auch den Einfluss der *Generalitat* zugunsten der Zentralregierung in Valencia zu beschneiden. Die *Generalitat* verlor vor allem die Verfügungsgewalt über die bislang autonomen katalanischen Militäreinheiten und Sicherheitskräfte. Die Verlierer des Machtkampfes waren die sozialrevolutionären Kräfte innerhalb des PSOE um Largo Caballero, die Anarchisten sowie der POUM. Die Anarchisten schieden aus der Regierung aus. Letztlich hatte wohl die anfängliche Nichtbeteiligung der Anarchisten an den staatlichen Machtstrukturen bei gleichzeitiger Nichtabschaffung der Exekutivorgane dazu geführt, dass diese in den Händen der althergebrachten politischen Kräfte geblieben waren oder von anderen besetzt wurden, was den Prozess der Restauration der zentralen Entscheidungszentren und deren Macht vereinfacht und schließlich zum Niedergang der Revolution geführt hatte. Largo Caballero wiederum musste im Herbst 1937 auch die Leitung der UGT an eine den Kommunisten gegenüber kooperativ eingestellte neue Führungsriege abgeben. Die Mitglieder des POUM traf es als antistalinistische Kommunisten besonders hart. Die Partei wurde kaltgestellt und die Führungsriege, der Ende 1938 ein Prozess wegen Hochverrats gemacht wurde, zu hohen Haftstrafen verurteilt. Die herausragende Führungspersönlichkeit, Andreu Nin, wurde durch den russischen Geheimdienst NKWD ermordet. Der kommunistisch dominierte militärische spanische Geheimdienst SIM weitete wiederum sein Kontroll- und Überwachungsnetz aus. Die Kommunisten setzten in dem nun mit aller Schärfe geführten Machtkampf auf unterer Ebene alle Kräfte daran, die Sozialrevolutionäre als Saboteure und Feinde des Volkes zu verleumden, und gingen schließlich aus den Kämpfen als Sieger hervor. Die Revolution wurde letztlich erstickt, und die revolutionären Organisationen wurden unbarmherzig zerschlagen. Damit fand aber auch der ursprüngliche Enthusiasmus und Elan der Massen, der in George Orwells *Mein Katalonien* eindrucksvoll geschildert wird, ein jähes Ende. Nach dem Wegfall einer «positiven» sozialrevolutionären Zielsetzung blieb allein der Sieg über den Faschismus als «negatives» Argument übrig. Weitere Zentralisierungsmaßnahmen folgten. Insbesondere mit der brutalen Zerschlagung des *Consejo de Aragón* durch die Einheiten des kommunistischen Generals Enrique Líster war ein wichtiger Schritt auf dem Weg der Restauration der zentralstaatlichen Gewalt getan. Die kollektivierten Betriebe wurden in das Korsett der zentral gelenkten Wirtschaftsordnung eingezwängt und als Instrumente des staatlichen Verteilungsapparates eingesetzt. Spontane Kollektivierungsmaßnahmen oder unabgestimmtes Handeln wurden fortan repressiv unterbunden.

Die durch die Regierung unter Negrín begonnenen Maßnahmen sollten in Hinblick auf die Verteidigungsleistung Wirkung zeigen. Die neuen Heereseinheiten waren nun in der Lage, groß angelegte Offensiven durchzuführen. Nach der verlorenen Schlacht bei Guadalajara hatten sich die Nationalisten zunächst auf den Norden Spaniens konzentriert. Nach der erfolgreichen

Erstürmung des Verteidigungsrings von Bilbao Mitte Juni 1937 und dem raschen Vorrücken der franquistischen Einheiten entlang der Küsten übernahm die Republik Anfang Juli ihrerseits die Initiative. Unter der Planung des Generalstabschefs des Heeres, General Vicente Rojo, brach ein Großaufgebot an Truppen des neu organisierten *Volksheeres* bei Brunete durch die Linien der Nationalisten, um die Belagerung Madrids von Süden her aufzubrechen. Der Vormarsch kam allerdings bald zum Stehen. Nach dem Gegenangriff unter einem Großeinsatz an Artillerie und Kampfflugzeugen, zu denen ein neues deutsches Jagdflugzeug, die Messerschmitt Me 109, gehörte, versuchten die republikanischen Einheiten zwar verzweifelt, die Stellung zu halten, mussten sich allerdings nach zehn Tagen auf ihre Ausgangspositionen zurückziehen. Auch der im August 1937 begonnene Angriff bei Belchite an der aragonesischen Front, der zum Ziel hatte, Zaragoza zu umzingeln, kam trotz anfänglicher Erfolge rasch ins Stocken. In diesem Fall war erschwerend hinzugekommen, dass angesichts des Führungsanspruches der kommunistischen Einheiten die an dieser Front eingesetzten anarchistischen Verbände, die zwangsweise in das *Volksheer* integriert worden waren, bei der Zuteilung von Waffen und Munition offenbar gezielt benachteiligt worden waren. Die politischen Rivalitäten waren damit wieder einmal verhängnisvoll zum Tragen gekommen. Der Verlust der Nordregion war nach diesen fehlgeschlagenen Offensiven jedenfalls nicht aufzuhalten. Die eingesetzten starken nationalistischen Verbände, die durch italienische Truppen verstärkt worden waren, stießen hier nur noch auf geringen Widerstand. Nach der Eroberung von Santander und der Kapitulation baskischer Einheiten bei Santoña fielen in Asturien Mitte Oktober 1937 die letzten Bastionen der Republik im Norden Spaniens. Der Wegfall der Nordfront brachte den Nationalisten eine spürbare Entlastung, da die bislang hier eingesetzten Truppen nun für den Kampf in Zentralspanien zur Verfügung standen. Hinzu kam, dass die Nationalisten auf die industrielle Produktion des Nordens, insbesondere die Eisen- und Stahlindustrie sowie die asturischen Kohlevorkommen, zurückgreifen konnten. Ein Befehl des republikanischen Verteidigungsministers Prieto, die Anlagen der Rüstungsindustrie vor dem Rückzug zu zerstören, war vom Präsidenten des Baskenlandes, José Antonio Aguirre, ignoriert worden.

Vicente Rojo wurde 1894 in Enguera bei Valencia geboren. Als Waisenkind trat er in eine Infanterieakademie ein und beteiligte sich als Offizier an den Kämpfen in Marokko. Im Dienstgrad eines Majors blieb er nach der Erhebung von Juli 1936 dem republikanischen Kommando treu. Nach Einsätzen an den Fronten rund um Madrid wurde er als Oberstleutnant zum Chef des Generalstabes der Verteidigungsjunta zur Sicherung Madrids ernannt. Unter seinem Kommando erfolgte die Abwehr der Angriffe am Jarama und bei Guadalajara. Im Mai 1937 übernahm er auf Anweisung der Regierung Negrín die Leitung des Generalstabes der Streitkräfte. Von dieser Stellung aus führte er die Neuorganisation der republikanischen Streitkräfte durch und plante die militärischen Operationen bei Belchite, Teruel und am Ebro. Im Oktober 1937 wurde er zum General befördert. Nach der Besetzung Kataloniens durch die Nationalisten ging er ins Exil nach Paris, später nach Argentinien und schließlich nach Bolivien, wo er eine militärakademische Lehrtätigkeit aufnahm. 1957 kehrte er nach Madrid zurück. Dort wurde er vor ein Militärtribunal gestellt und zu lebenslänglicher Haft verurteilt, obwohl das Urteil später aufgehoben wurde. Er starb 1966 nach langer Krankheit.

Nach dem Ende der Kämpfe im Norden ging Franco nach drei am Widerstand der Verteidiger gescheiterten Versuchen erneut an einen groß angelegten Angriff auf Madrid. Er wollte die Linien wieder bei Guadalajara durchbrechen. Der Republik wurden diese Pläne allerdings bekannt, und um dem Angriff zuvorzukommen, ging sie wieder in die Offensive. Mitte Dezember 1937 richtete sich der Angriff der *Volksarmee* gegen die im unwirtlichen Südaragonien gelegene Stadt Teruel. Den Republikanern gelang auf der Grundlage der Planungen von General Rojo wie zuvor bereits bei Brunete und Belchite ein Überraschungscoup. Teruel konnte sogar erobert werden, nachdem die Nationalisten aufgrund schlechter Wetterbedingungen sowie der Auswirkungen des kältesten Winters seit langem auf den Einsatz ihrer Luftwaffe hatten verzichten müssen und Nachschub und Verstärkung in Eis und Schnee stecken geblieben waren. Franco sah sich gezwungen, seinen Angriffsplan auf Madrid aufzugeben. Er entschloss sich, das verlorene Terrain zurückzuerobern. Die militärische Übermacht der Nationalisten führte schließlich dazu, dass sich nach zwei Monaten intensiver Kämpfe die republikanischen Einheiten aus der Stadt zurückziehen mussten. Die Ergebnisse der Schlachten bei Brunete, Belchite und nun um Teruel hatten nur allzu deutlich gezeigt, dass die nationalistischen Truppen der *Volksarmee* überlegen waren. Spätestens mit dem Sieg in Teruel schien klar, dass der Sieg Francos nur noch eine Frage der Zeit war. Die Erfolglosigkeit der *Volksarmee* führte nun auch wieder zu verstärkten Auseinandersetzungen innerhalb der politischen Führung. Der sozialistische Verteidigungsminister Prieto machte vor allem die kommunistische Kommandoführung für die ausbleibenden Erfolge verantwortlich. Die Kommunisten wiederum machten Front gegen Prieto. Gleichzeitig wurde Prieto von den Anarchisten angegriffen, weil er der Zerschlagung des *Consejo de Aragón* zugestimmt habe.

Tatsächlich sind die unzureichende Versorgung mit sowjetischen Waffen und damit die Haltung des Kreml immer wieder als zentrale Ursache für die militärischen Misserfolge genannt worden. Wenngleich das «antifaschistische Bündnis» im Sinne Stalins nicht zustande kam, nachdem vor allem London eine Annäherung an Moskau ablehnte und stattdessen einen Ausgleich mit Deutschland und Italien suchte, hatte Stalin, möglicherweise um Hitler an einen von der Sowjetunion weit entfernten Krisenherd zu binden und aus Rücksicht auf die Komintern und kommunistische Bewegungen in Europa, die Waffenlieferungen fortgesetzt. Die Schätzungen über Qualität und Quantität der Waffen gehen zwar gewaltig auseinander, die Forschung geht jedoch davon aus, dass die sowjetischen Waffen in keinem Fall ausreichten, um die konstanten, hochwertigen Lieferungen aus Italien und Deutschland zu kompensieren und damit die Waagschale in der Kriegsentwicklung zu Gunsten der Republik zu verschieben (Howson, arms, 250 f.). So seien anfänglich insbesondere die leichten Waffen hoffnungslos veraltet gewesen, und es hätten keine ausreichenden Mengen an Munition zur Verfügung gestanden. Das unterschiedliche Kaliber der Waffen habe darüber hinaus erhebliche Organisationsprobleme bereitet. Auch die Artillerie sei anfangs nur zum Teil einsatzfähig gewesen. Allein bei den Flugzeugen und gepanzerten Fahrzeugen habe es sich um modernes Kriegsgerät gehandelt. Nach Angaben von britischen Militärbeobachtern war aber das Ungleichgewicht gerade hinsichtlich der operierenden Flugzeuge gegen Ende des Krieges erdrückend: Während die Republik im November 1938 über 250 Maschinen verfügt habe, seien auf nationalistischer Seite 662 im Einsatz gewesen. Als besonderes Erschwernis für die Verteidigungsfähigkeit der Republik sollte sich zudem erweisen, dass die Versorgung mit Waffen im Vergleich zu den Lieferungen der Deutschen und Italiener an die Gegenseite nicht kontinuierlich war. Entgegen der weit verbreiteten These, dass die sowjetische Führung mit Bedacht zu wenig und unregelmäßig Kriegsmaterial zur Verfügung gestellt habe, verweist Schauff jedoch insbesondere auf die Desorganisation innerhalb des Apparates der Sowjetunion (vor allem aufgrund der innenpolitischen «Säuberungsmaßnahmen» dieser Jahre) sowie darauf, dass ein Zielkonflikt zwischen der eigenen Sicherheit und der Unterstützung der Republik bestanden habe (Schauff, verspielte, 273). Zudem fielen Probleme aufgrund der langen Transportwege und beim Transport von

Waffen über die Pyrenäengrenze erschwerend ins Gewicht. Die Sowjetunion sah sich aber wohl vor allem außer Stande, den an Volumen kontinuierlich zunehmenden Lieferungen der Achsenmächte etwas Adäquates entgegenzusetzen. Britischen wie deutschen Beobachtern war klar, dass der Sieg Francos im Wesentlichen auf die erdrückende Luftüberlegenheit und eine deutlich leistungsfähigere Artillerie zurückzuführen war (Moradiellos, albión, 257; ADAP, D, doc. 740, 19.02.1939).

Unmittelbar im Anschluss an den Sieg in Teruel begann Franco Anfang März 1938 eine Großoffensive durch Aragonien. Aufgrund von Materialmangel auf republikanischer Seite und der Demoralisierung der republikanischen Truppen gelang ihm auch ein rasches Vordringen. Anfang April 1938 wurde Lérida eingenommen, und Mitte des Monats standen die Truppen am Mittelmeerstrand bei Vinaroz. Das republikanische Gebiet war damit in zwei Teile gerissen. Prieto wurde zum Rücktritt vom Amt des Verteidigungsministers gedrängt und reichte ihn zwei Tage nach dem Fall von Lérida ein. Sein Pessimismus, aber vor allem seine gleichzeitige Bereitschaft, einen Frieden auf dem Verhandlungswege zu suchen, hatten sein Verhältnis zu Negrín zerrüttet und ihm die Feindschaft der Kommunisten eingebracht. Der Regierungschef setzte weiter auf eiserne Disziplin innerhalb des eigenen Herrschaftsbereiches und auf die sowjetischen Waffenlieferungen. Im Frühjahr und Sommer 1938 schien sich für die Republik in der Tat ein Hoffnungsschimmer aufzutun. Nachdem ab März 1938 über die spanisch-französische Grenze noch einmal große Mengen an Waffen in das republikanische Gebiet gelangten, die eine Reorganisierung der Verteidigung ermöglichten und den Vormarsch der nationalistischen Einheiten ins Stocken brachten, schien für kurze Zeit ein militärisches Gleichgewicht entstanden zu sein. Negrín hoffte nun, den Krieg unter Mobilisierung sämtlicher zur Verfügung stehenden Ressourcen noch so lange hinauszögern zu können, bis der angesichts der wachsenden

Spannungen zwischen den europäischen Großmächten erwartete Ausbruch eines Krieges in Mitteleuropa eine Umkehr der Kräfteverhältnisse möglich machen würde. Er setzte darauf, dass mit dem Ausbruch einer durch Hitler und Mussolini ausgelösten militärischen Konfrontation auf europäischer Ebene die westlichen Demokratien in den «antifaschistischen Kampf» eingreifen und die spanische Republik schließlich unterstützen würden. Seine Losung lautete: «Widerstehen können, bedeutet siegen». Negríns kompromisslose Politik führte im Laufe des Jahres 1938 zu einem auf die Kommunisten gestützten, immer autoritäreren Führungsstil, der sich schließlich auch gegen die Mehrheit der Sozialisten sowie die kleineren republikanischen Parteien richten sollte. Das historische Urteil über Negrín löst dabei bis in die Gegenwart starke emotional geführte Kontroversen aus. Die zentrale Frage kreist darum, inwieweit der Ministerpräsident ein Instrument der Kommunisten war. Während Negrín dabei für umstrittene Autoren wie Pío Moa oder Ricardo de la Cierva, die sich die Argumente der franquistischen Propaganda zu Eigen machen, eine verantwortungslose und unheilvolle Gestalt war, wird er von Historikern wie Angel Viñas oder Enrique Moradiellos als klarsichtiger Realist wahrgenommen, der alles unternommen habe, die Demokratie in Spanien zu retten. Zweifellos war er maßgeblich dafür verantwortlich, dass die Kommunisten den Zugang zu den Schalthebeln der Macht erhielten, allerdings war sein Handeln, wie die Historiker Bahamonde und Cervera hervorheben, gleichzeitig stets durch einen Blick auf London und Paris bestimmt, denn ohne die Hilfe dieser Mächte sei das republikanische Staatswesen ohnehin nicht zu retten gewesen.

Die Offensive der Nationalisten gegen Valencia ab Mitte April 1938 kam nur langsam voran, und als Ende Juli 1938 die Truppen Francos keine vierzig Kilometer mehr von der Stadt entfernt waren, versuchte die Republik noch einmal einen Befreiungsschlag. Auf der Grundlage der Planungen von General

Rojo, der als das militärstrategische Gehirn der republikanischen Streitkräfte gilt, lancierte die neu ausgerüstete *Volksarmee* von Katalonien aus einen Angriff nach Süden entlang der Mittelmeerküste, um die Verbindung zwischen beiden Machtbereichen wiederherzustellen. Die Republikaner kamen in einem der Frontabschnitte bis zu vierzig Kilometer voran, doch die Zusammenziehung großer Gegenkräfte bei massiver deutscher und italienischer Hilfe hielt den Vormarsch auf. Und wieder einmal entschloss sich Franco dazu, das verlorene Gebiet zurückzuerobern. Diesmal sollten seine Einheiten allerdings über drei Monate benötigen, um im Rahmen der aufwändigsten Schlacht des Krieges Mitte November schließlich den ursprünglichen Zustand wieder herzustellen. Das für die Republikaner demoralisierende Ergebnis des Münchner Abkommens Ende September, das den erwarteten europäischen Krieg vorerst aufzuhalten schien, trug nun auch entscheidend dazu bei, dass die Verteidigungsbereitschaft der *Volksarmee* einbrach. Mitte November 1938 schrieb der deutsche Botschafter Eberhard von Stohrer an das Auswärtige Amt, dass nur noch Misstrauen, Angst und Hass die Republik in Verteidigungsbereitschaft hielten.

Mitte Dezember 1938 begann Franco mit der abschließenden Offensive. Während er über eine gewaltige Truppenstärke und neues Kriegsmaterial verfügte, war die *Volksarmee* in einem desolaten Zustand. Als nach einer monatelangen Unterbrechung die sowjetischen Lieferungen Ende Dezember 1938 wieder aufgenommen wurden, war die Schlacht um Katalonien schon im Gange. Im Januar 1939 öffnete sich die Grenze zu Frankreich noch ein letztes Mal für den Warenverkehr, und auf diesem Weg traf noch einmal sowjetisches Kriegsmaterial in Katalonien ein, aber es war längst zu spät. Es konnte zum Großteil nicht einmal mehr in Stellung gebracht werden. Ende Januar 1939 fiel Barcelona in die Hände der Nationalisten. Die im Oktober 1937 von Valencia nach Barcelona verlegte Regierung wich nach Norden

Juli 1938

aus. Nur wenige Tage später überschritten die Regierungsmitglieder genauso wie hunderttausende republikanische Kämpfer und Flüchtlinge die Grenze nach Frankreich. Am 11. Februar war ganz Katalonien an die Nationalisten gefallen. Am Ende versank die Republik im Chaos. Während sich Staatspräsident Manuel Azaña weigerte, nach Spanien zurückzukehren, und Ende Februar von seinem Amt zurücktrat und sein durch die Verfassung vorgesehener Nachfolger, der Präsident der *Cortes*, Diego Martínez Barrio, es ebenfalls ablehnte, nach Spanien zu gehen, waren Regierungschef Negrín und sein Außenminister Julio Alvarez del Vayo bereits wenige Tage nach ihrer Flucht mit dem Flugzeug in Alicante eingetroffen. Sie wollten den Widerstand fortsetzen. Der Regierungschef hoffte noch immer verzweifelt darauf, dass ein militärischer Konflikt in Europa ausbrechen würde und so die Niederlage in letzter Minute aufgehalten werden könnte. Auch die Kommunisten traten dafür ein, den Kampf fortzuführen. Gemäßigtere republikanische Kräfte forderten allerdings angesichts der ausweglosen Lage einen sofortigen Waffenstillstand und die Aufnahme von Friedensverhandlungen um jeden Preis. Gerade das republikanische Bürgertum sah keinen Sinn in der Fortsetzung der Zerstörung der materiellen Grundlagen der bürgerlichen Gesellschaft. Gleichwohl konnte das Dekret Francos vom 13. Februar 1939 über politische Verantwortlichkeiten, das alle Anhänger der Republik zu Straftätern machte, im Grunde keinerlei Hoffnungen wecken. Die Zerfallserscheinungen im republikanischen Lager waren unübersehbar und erhielten weiteren Auftrieb, als Frankreich und Großbritannien Ende Februar 1939 die Franco-Regierung offiziell als die Regierung Spaniens anerkannten. Anfang März fand eine Erhebung in der Hafenstadt Cartagena statt, und noch bevor sie niedergerungen werden konnte, folgte ein Aufstand in Madrid. Oberst Segismundo Casado, der die Militärregion um Madrid befehligte, weigerte sich, dem aus militärischen Gesichtspunkten sinnlosen Durchhaltebefehl weiter Folge zu leisten. Zusammen mit seit langem ohnehin ernüchterten Anarchisten und dem Sozialisten Julián Besteiro bildete Casado eine gegen Negrín gerichtete Verteidigungsjunta in der vergeblichen Hoffnung, Verhandlungen mit Franco aufnehmen zu können. Dem Putsch Casados, in dessen Folge Negrín und seine Gefolgschaft Spanien wieder verließen, folgten tagelange Kämpfe mit kommunistischen Einheiten, deren Spuren noch heute an einzelnen Orten wie der *Puerta de Alcalá* im Zentrum Madrids zu finden sind. Der Sieg der Verteidigungsjunta und die Erschießung von kommunistischen Militärführern übten allerdings keinerlei Wirkung auf Franco aus. Die letzten Hoffnungen, eine Evakuierung der Stadt unter internationaler Vermittlung zu erreichen, waren dahin. Am 26. März setzte Franco seine Truppen auf breiter Front in Marsch, ohne auf nennenswerten

Widerstand zu treffen. Tags darauf rückten die Einheiten kampflos in Madrid ein. Am 31. März befand sich das gesamte Staatsgebiet in den Händen der Nationalisten. Der Krieg war zu Ende.

5. Die europäische Diplomatie und die Begrenzung eines Brandherdes

Der Spanische Bürgerkrieg begann in einer für die europäische Politik besonders sensiblen Phase. Das nationalsozialistische Deutschland und das faschistische Italien hatten durch eine aggressive Außenpolitik das bestehende Mächtesystem in Bewegung gebracht. Hitler betrieb nach seiner Machtergreifung offensiv Maßnahmen zur Überwindung des Friedensvertrages von Versailles und forderte unablässig das Recht Deutschlands auf Wiederaufrüstung. Noch im Jahr 1933 zeigte beispielsweise der Austritt Deutschlands aus der internationalen Abrüstungskonferenz oder dem Völkerbund, dass die neue deutsche Führung eine gefährliche und aggressive Europapolitik vertrat. Deutschland hatte im Jahr 1935 entgegen den Bestimmungen des Friedensvertrages von 1919 und vor allem zur Beunruhigung Frankreichs die allgemeine Wehrpflicht wieder eingeführt. Regelrecht alarmiert war jedoch die französische Regierung, als Hitler im März 1936 den auf einen französisch-deutschen Ausgleich gerichteten Vertrag von Locarno kündigte und Truppen in das zu dieser Zeit entmilitarisierte Rheinland einmarschieren ließ. Hitlers erklärte Absicht war zudem eine Verschiebung der Grenzen zur Vergrößerung des Reichsgebietes. Die deutschen territorialen Ambitionen richteten sich, gepaart mit der radikal antimarxistischen Grundhaltung Hitlers, vor allem gegen die Sowjetunion. Obwohl der Diktator öffentlich seine Absicht beteuerte, Grenzkorrekturen nur auf friedlichem Wege herbeiführen zu wollen, deutete alles darauf hin, dass er zur Gewaltanwendung bereit war. In Italien wiederum hatte Mussolini eine imperialistische Außenpolitik begonnen, die auf die Herrschaft über die Adriaregion, eine hegemoniale Stellung im Mittelmeerraum sowie auf koloniale Eroberungen in Afrika abzielte. Während Italien die Inseln des Dodekanes in der Ägäis noch mit friedlichen Mitteln im Frieden von Lausanne (1923) gewann, erfolgte die Annexion Korfus und Fiumes bei Triest durch Akte der Aggression. Italienische Ansprüche auf Albanien folgten. Wenngleich durch diese Expansionsmaßnahmen im östlichen Mittelmeerraum weder französische noch britische Interessen zunächst besonders berührt waren, löste im Oktober 1935 der Einfall Italiens in Abessinien eine internationale Krise aus, da damit, zumal es sich bei Abessinien um ein Mitglied des Völkerbundes handelte, die Prinzipien der internationalen Ordnung eklatant verletzt wurden. Für Deutschland und Italien dagegen waren Krieg und Gewalt Mittel zur Durchsetzung politischer Ansprüche.

Bestärkt durch die Erfolge in Abessinien und im Rheinland, erfuhren beide Diktatoren politischen Auftrieb, während Frankreich und Großbritannien durch eine auf Deeskalation ausgerichtete Politik in die Defensive gerieten. Gerade für Frankreich, das als unmittelbarer Nachbar die Rache des im Ersten Weltkrieg besiegten und durch den Versailler Vertrag gedemütigten Deutschlands fürchtete, schien die Lage bedrohlich. Die Sorge, im Ernstfall auf sich allein gestellt zu sein, zwang Paris, einen Schulterschluss mit London zu suchen, was in der Praxis darauf hinauslief, sich immer wieder dessen Haltung anzuschließen. Als etwa anlässlich der Rheinlandbesetzung die französische Regierung zunächst eine militärische Antwort ins Kalkül zog, sah sie sich gezwungen, hiervon Abstand zu nehmen, nachdem London keinerlei Bereitschaft zeigte, gegen Deutschland vorzugehen. Aus dem Sicherheitsbedürfnis gegenüber Deutschland und dem eigenen Gefühl der Schwäche heraus suchte Paris aber auch nach anderen Partnern. So entstand 1935 der Beistandspakt mit der Sowjetunion. Die westlichen Demokratien Frankreich und Großbritannien verwandten ihre Energien darauf, die internationale Ordnung, die mit dem Vertrag von Versailles entstanden war, zu erhalten. Vor allem London setzte darüber hinaus allerdings alles daran, politische Krisen zu entschärfen, um eine Eskalation bis hin zu einer militärischen Konfrontation in Europa zu vermeiden. Nicht zuletzt wünschte auch die Öffentlichkeit in diesen Ländern nach den Erfahrungen des Ersten Weltkrieges keinen neuerlichen Krieg in Europa. Hinter der Politik des Ausgleichs gegenüber den aggressiv auftretenden Diktatoren Hitler und Mussolini stand der erklärte Wille, Krisen auf internationaler Ebene in jedem Fall auf dem Verhandlungswege zu lösen und damit eine Politik der Ultimaten zu vermeiden, wie sie in die Katastrophe des Ersten Weltkriegs geführt hatte. Dass diese Politik gerade im Umgang mit Hitler und Mussolini in eine Sackgasse führen sollte, war den Beteiligten zunächst nicht klar, zumal Großbritannien und Deutschland in dem 1935 geschlossenen Flottenabkommen zu einem vertraglich fixierten Interessenausgleich kamen. Deutschland überließ darin zur Genugtuung Londons die Seeherrschaft den Briten und unterstrich dafür die eigenen Ansprüche in Osteuropa. Eine antisowjetische Spitze der deutschen Außenpolitik lag dabei durchaus im Interesse der konservativen Londoner Regierung. Führende konservative Politiker wie Sir Samuel Hoare erblickten im Bolschewismus den eigentlichen Feind der Zivilisation und betrachteten daher den Nationalsozialismus durchaus als Bollwerk zur Wahrung eigener Interessen. Vor diesem Hintergrund ist erklärlich, dass das konservative London lange bereit war, die aggressive deutsche Politik zu tolerieren. London, aber auch Paris verfolgten gegenüber Italien ebenfalls eine Politik des Ausgleichs. Beide Mächte hatten jeweils eigene Interessen im Mittelmeerraum, die sie zu einem Arrangement mit Mussolini zwangen. Aus diesem Geist des Interessenausgleichs heraus entstand auch der 1935 von Hoare und dem französischen Außenminister Pierre Laval entwickelte Plan, den italienischen

Ansprüchen in Abessinien zumindest teilweise entgegenzukommen, indem sie einen Teilungsplan für das afrikanische Land vorschlugen. Wenngleich dieser Vorschlag schließlich doch abgelehnt wurde und Hoare nach einem Sturm der Entrüstung das Amt des Außenministers abgeben musste, blieb die britische und französische Außenpolitik grundsätzlich bei dem Kurs der Beschwichtigung gegenüber Italien.

Am 19. Juli 1936 bat der Ministerpräsident der spanischen Republik, José Giral, seinen französischen Amtskollegen Léon Blum, der wenige Wochen zuvor an die Spitze einer Volksfrontregierung gewählt worden war, um Unterstützung gegen die Militärerhebung durch die Lieferung von Waffen und Flugzeugen. Da es keinesfalls im Interesse der französischen Regierung lag, dass sich jenseits der Pyrenäen ein reaktionäres Regime etablierte, dessen Repräsentanten offene Sympathien für Italien und Deutschland zeigten, entschlossen sich Blum und sein Luftwaffenminister Pierre Cot zunächst, dem Hilfeersuchen nachzukommen. Aber auch ohne ideologisch bedingte Motivationen oder parteipolitische Verbundenheit beider Regierungen hätte es den normalen Gepflogenheiten entsprochen, dass die Madrider Regierung ihre Souveränitätsrechte wahrnahm und zur Unterdrückung einer Rebellion im Rahmen bestehender Handelsverträge Waffen im Ausland erwarb. Die gewaltige Ideologisierung der europäischen Politik stellte allerdings einen Faktor dar, der aus dem Hilfsersuchen eine politisch höchst brisante Angelegenheit machte. Die Entscheidung Blums stieß daher erst einmal auf Widerstand innerhalb seiner ohnehin krisengeschüttelten Regierung. In einer polarisierten französischen Gesellschaft lief zudem die Rechte, die mit den spanischen Nationalisten sympathisierte, Sturm gegen eine mögliche Unterstützung der linken Regierung in Spanien. Entscheidend sollte aber vor allem die ablehnende Haltung Londons gegenüber Waffenlieferungen an Spanien werden. Blum war am 23. Juli zu (schon seit längerem anberaumten) Konsultationen über Strategien zur Sicherung der europäischen Grenzen und zur Schaffung eines Interessenausgleichs mit Italien und Deutschland nach London gereist. Bei dieser Gelegenheit kam natürlich auch der soeben ausgebrochene Konflikt in Spanien zur Sprache. Die Londoner Regierung, die eine Ausweitung des Konfliktes für den Fall befürchtete, dass Frankreich Partei ergreifen sollte, riet dringend von einem überstürzten Handeln ab. Zudem bestanden innerhalb der Regierung unter Stanley Baldwin und beim traditionellen Establishment durchaus Sympathien für das Lager der Aufständischen, nachdem vor allem den britischen Wirtschaftsinteressen, insbesondere den britischen Investitionen in Industrie und Bergbau, durch eine wie auch immer geartete reaktionäre Koalitionsregierung in Madrid besser gedient zu sein schien als durch das instabile politische System der Zweiten Republik oder gar durch ein revolutionäres Spanien. London jedenfalls war keinesfalls bereit, Partei für die amtierende republikanische Regierung zu ergreifen. Da einige französische Regierungsmitglieder wegen des heftigen öffentlichen Widerhalls und einer massiven Reaktion der rechtsgerichteten Parteien ihre Zustimmung zu den Waffenexporten von einer Unterstützung durch die britische Regierung abhängig gemacht hatten, sah sich Blum gezwungen einzulenken. Die innergesellschaftlichen politischen Spannungen zwischen Rechts und Links hätten eine gewaltige Steigerung erfahren, wenn die Regierung Waffenlieferungen beschlossen hätte. Hinzu kam die Sorge vor einer Stärkung rechtsextremer Bewegungen in Frankreich, sollte sich Paris aktiv an dem Geschehen in Spanien beteiligen. Blum wollte, zumal ohne Rückendeckung aus London, keine innenpolitischen Unruhen riskieren. Bei aller Sympathie rangierte die Stabilität seiner eigenen Regierung vor einer Hilfestellung für Madrid. Im Rahmen eines Besuchs des britischen Außenministers Anthony Eden in Paris Anfang August, noch bevor die französische Regierung eine endgültige Entscheidung getroffen hatte, unterstrich dieser nochmals die zurückhaltende Haltung Londons, nachdem alle aus der republikanischen Zone eintreffenden Berichte über sozialrevolutionäre Zustände die Befürchtungen der britischen Regierung bestätigt hatten. Diese machte unmissverständlich klar, dass sich eine Parteinahme Frankreichs negativ auf das britisch-französische Verhältnis auswirken würde. Die Angst also, am Ende auf internationaler Ebene auf sich allein gestellt zu sein, möglicherweise sogar in einem Konflikt mit Italien oder Deutschland, band der Regierung Blum vollends die Hände. Am 8. August wurde nach hitzigen Diskussionen innerhalb des französischen Kabinetts das Exportembargo für Rüstungsgüter offiziell beschlossen.

Madrid war über die Entscheidung Frankreichs überrascht und enttäuscht. In einem Schreiben an den französischen Außenminister Yvon Delbos beklagte der spanische Botschafter Alvaro de Albornoz, dass gerade das Exportembargo eine schwerwiegende Einmischung in die innerspanischen Verhältnisse darstelle, da die Regierung damit massiv behindert werde, ihr legitimes Recht zur Aufrechterhaltung der verfassungsmäßigen Ordnung wahrzunehmen. Dies war auch der Exekutive in Paris bewusst, und da sich Teile der französischen Volksfrontregierung unverändert mit der Madrider Regierung verbunden fühlten, sollte zuletzt doch noch verdeckte Hilfestellung geleistet werden. So überstellte Paris noch im August 1936 angesichts der öffentlich gewordenen italienischen Waffenlieferungen zwanzig Flugzeuge, allerdings ohne Besatzungen und Bewaffnung. Ihnen folgten im Kriegsverlauf etwa noch einmal so viele Maschinen. Abgesehen von dieser bescheidenen materiellen Unterstützung sollte indes von viel größerer Bedeutung werden, dass die Regierung Blum zeitweilig eine nachlässige Kontrolle des Grenzraumes zu Spanien und somit den Waffenschmuggel zuließ. Vor diesem Hintergrund entwickelte sich vor allem die spanische Botschaft in Paris, die über Teile des Liquidationserlöses aus dem Verkauf der spanischen Goldreserven verfügte, zu einer verdeckten Koordinationszentrale für den Kauf und Transport von Rüstungsgütern aus ganz Europa. Diese Arbeit gestaltete sich allerdings aufgrund des offiziell dekretierten Embargos sowie der argwöhnischen Beobachtung durch die Rechte in Frankreich außerordentlich schwierig und war daher auch nur bedingt erfolgreich.

Der Vorschlag zu einer internationalen Verpflichtung zur Nichteinmischung in den spanischen Konflikt ging schließlich sogar vom französischen Ministerpräsidenten Léon Blum aus. Durch diesen Vorschlag hoffte er, auch andere Staaten davon abhalten zu können, ihrerseits die Aufständischen zu unterstützen. Auf diese Weise sollte auch der Republik gedient sein. Der Putschversuch in Spanien, so das Kalkül, würde dann schon allein aus Mangel an Waffen und Munition ein rasches Ende finden. Mitte August 1936 tauschten London und Paris Erklärungen zur Nichteinmischung in den innerspanischen Konflikt aus, und bis Monatsende schlossen sich siebenundzwanzig europäische Nationen der Übereinkunft an. Wenngleich Staaten wie Jugoslawien und die Türkei, auf deren Staatsgebiet gravierende ethnische Konflikte schwelten, besonderen Wert auf die Übereinkunft legten, da sie im Kampf gegen Rebellionen eine ausländische Unterstützung ihrer inneren Feinde vermeiden wollten, war sie allerdings kein völkerrechtlich bindender Vertrag, da die einzelnen Staaten lediglich einseitige Absichtserklärungen abgaben. Verstöße gegen die Übereinkunft stellten auf diese Weise keinen Bruch des Völkerrechts dar. Allerdings war noch nie in der Geschichte eine derart große Zahl an Absichtserklärungen zur Neutralität gegenüber einem innerstaatlichen Konflikt abgegeben worden. Gerade aber jene Staaten, derentwegen die Übereinkunft überhaupt ins Leben gerufen worden war, hatten zunächst gezögert, sich anzuschließen. Die italienische Regierung erklärte sich mit dem Prinzip der Nichteinmischung erst nach starkem diplomatischen Druck Frankreichs und Großbritanniens einverstanden.

Italien und kurz darauf Deutschland traten schließlich dem Pakt vor allem mit dem Kalkül bei, dass sich andernfalls die französische Regierung gezwungen fühlen könnte, ihre Zurückhaltung aufzugeben. Eine massive Unterstützung durch Frankreich hätte wiederum angesichts der gemeinsamen spanisch-französischen Grenze den Republikanern einen deutlichen Vorteil gegeben und damit die Wirkung der italienisch-deutschen Hilfe konterkariert. Zudem bestand bei einer Nichtbeteiligung an der Übereinkunft die Gefahr einer internationalen Eskalation der Lage; weder Italien noch Deutschland sahen sich zu diesem Zeitpunkt aber in der Lage, das damit verbundene Risiko auf sich zu nehmen. Durch die Erklärungen zur Nichteinmischung zollten beide Staaten allerdings lediglich auf dem Papier den internationalen Forderungen Tribut. Eine tatsächliche Nichteinmischung kam für Berlin und Rom nicht in Frage. Beide Staaten setzten völlig unbeeindruckt die gerade erst begonnene Unterstützung der Aufständischen fort. Auch die portugiesische Regierung, die stark mit den Aufständischen sympathisierte und diese ebenfalls unterstützen wollte, brachte Vorbehalte gegen die Abgabe einer Nichteinmischungserklärung vor. In Portugal war nach einem Militärputsch im Jahr 1926 eine Diktatur errichtet worden, die seit der Verabschiedung einer Verfassung im Jahr 1933 unter der Führung von Antonio Salazar als autoritärer Ständestaat organisiert war. Daher empfand man die volksfrontähnliche Regierung und die sozialrevolutionären Ausbrüche im Nachbarland als Bedrohung, die auf das eigene Land hätte übergreifen können. Schließlich sah sich allerdings auch Salazar gezwungen zuzustimmen, doch bezeichnenderweise traf an dem Tag, an dem die portugiesische Regierung unter Vorbehalt ihre Nichteinmischungserklärung abgab, im Hafen von Lissabon ein deutsches Frachtschiff ein, das mit Waffen beladen war, die auf dem Landweg quer durch Portugal zu den Aufständischen gebracht werden sollten. Der Sowjetunion wiederum kam eine internationale Nichteinmischungspolitik entgegen. Moskau scheute internationale Verwicklungen und insbesondere eine Konfrontation mit Deutschland und Italien. Eine effektive Neutralitätshaltung aller europäischer Mächte hätte seinen Interessen entsprochen. Allerdings sollte sich auch der Kreml nicht davon abhalten lassen, trotz der in der zweiten Augusthälfte 1936 abgegebenen Erklärung die Waffenlieferungen im großen Stil aufzunehmen.

Die Übereinkunft zur Nichteinmischung wurde ausschließlich durch europäische Staaten getragen. Allerdings sollte auch Washington nach dem gleichen Prinzip handeln. Die Vereinigten Staaten befanden sich Mitte der 1930er Jahre inmitten der innergesellschaftlichen Umwälzungen des *New Deal* und waren weit davon entfernt, sich in internationale Krisen verwickeln zu lassen, die ihre Interessen nicht direkt betrafen. Die Vereinigten Staaten verfolgten in Spanien zu dieser Zeit keinerlei militärstrategische, aber auch nur geringe Wirtschaftsinteressen. Wenngleich auch in den Vereinigten Staaten die katholische Öffentlichkeit und Teile des konservativen Sektors mit den Nationalisten sympathisierten, neigte die überwiegende Mehrheit der Bevölkerung, zumal antikatholisch eingestellt, emotional dem Verteidigungskampf der Republik zu. Mitte August 1936 beschloss Washington das «moralische Embargo» gegenüber dem iberischen Staat. Das bedeutete, dass die Regierung die Wirtschaft dazu aufrief, keine Rüstungsgüter nach Spanien zu liefern. Die Freiwilligkeit wurde allerdings Anfang 1937 abgeschafft, als der amerikanische Kongress den *Spanish Embargo Act* verabschiedete, mit dem Rüstungsexporte nun unter Strafe gestellt wurden. Dies sollte wieder einmal insbesondere die republikanische Regierung treffen, da sie berechtigte Hoffnungen darauf gesetzt hatte, über Mittelsmänner in Mexiko an dringend benötigte Ausrüstung und vor allem Flugzeuge zu gelangen. Mexiko war ohnehin der einzige Staat, der öffentlich und auch vor dem Völkerbund die Politik der Nichteinmischung geißelte und für eine Unterstützung der demokratisch gewählten republikanischen Regierung eintrat. Allerdings war die eigene Rüstungsindustrie zu schwach entwickelt, um Waffen in einem bedeutenden Umfang zu liefern. Dagegen belieferten amerikanische Unternehmen die Aufständischen mit Lastwagen und vor allem mit Treibstoff, beides Waren, die nicht unter die Bestimmungen des Embargos fielen, aber eine große militärische Bedeutung hatten. In der Tat bestand darüber hinaus eine ausgeprägte Antipathie innerhalb der Washingtoner Regierung gegenüber der spanischen Republik. Sie rührte vor allem daher, dass das republikanische Regime in Spanien den Eindruck erweckte, letztlich nicht viel mehr als ein Zwischenstadium auf dem Weg zur Machtübernahme durch den Bolschewismus zu sein, was, abgesehen von ideologischen Vorbehalten, die Wahrnehmung von Wirtschaftsinteressen zwangsläufig erschwert hätte. Die amerikanische Regierung sollte allerdings diese Haltung gegenüber dem als faschistisch eingestuften Franco-Regime bitter bereuen. Der amerikanische Vizeaußenminister Sumner Welles stellte nur wenige Jahre nach Ende des Bürgerkrieges fest: «Von allen blind umgesetzten Maßnahmen im Rahmen unseres Isolationismus hatte unsere Haltung gegenüber dem Spanischen Bürgerkrieg die verheerendsten Auswirkungen» (Welles, Decision, 57).

In der zweiten Septemberwoche 1936 trafen die Unterzeichner der Nichteinmischungserklärung zum ersten Mal in London unter britischem Vorsitz zur Bildung eines Komitees zusammen. Dieses beschloss wiederum die Bildung einer Kommission zur praktischen Umsetzung der Nichteinmischungspolitik. In dieser Kommission waren all jene Staaten vertreten, deren Interessen durch den Konflikt berührt wurden. Dabei handelte es sich um die territorial angrenzenden Länder Frankreich, Portugal und Großbritannien (Letzteres aufgrund der britischen Präsenz in Gibraltar), darüber hinaus Deutschland, Italien und die Sowjetunion sowie außerdem Schweden, Belgien und die Tschechoslowakei als bedeutende Exporteure für

Rüstungsgüter. Während sich Frankreich das Ziel gesetzt hatte, aus dem Komitee ein wirkungsvolles Kontrollorgan mit politischen Befugnissen zu machen, setzte London alles daran, dem Komitee möglichst wenig Kompetenzen zu geben. Seine Aufgabe beschränkte sich nicht zuletzt auch im Sinne von Italien und Deutschland darauf, lediglich ein Forum für einen Informationsaustausch über etwaige Verletzungen der Übereinkunft zu bilden. Die neu geschaffene Kommission sollte entsprechende Informationen zusammentragen. Allein diese Minimierung der Aufgaben des Nichteinmischungskomitees ließ erahnen, dass die ausländischen Interventionen weitergehen oder, besser gesagt, jetzt erst richtig in Gang kommen würden.

Zeitgleich mit dem Beginn der sowjetischen Waffenlieferungen Ende September 1936 begann Moskau mit einer diplomatischen Offensive vor dem Nichteinmischungskomitee, die die Waffenlieferungen an die Nationalisten anprangerte. Damit wappnete sich die Sowjetunion mit Verteidigungsargumenten für den Fall, dass sie selber in das Kreuzfeuer der Kritik geraten sollte. Dieser Angriff zielte aber auch in Richtung Paris, um die dortige Regierung dazu zu bewegen, sich angesichts der Unterwanderung des Abkommens durch die «faschistischen Mächte» ebenfalls mit Waffenlieferungen zu engagieren. Neuesten Forschungsergebnissen zufolge zielte die Intervention des sowjetischen Delegierten aber auch auf den zeitgleich stattfindenden Parteitag der *Labour Party* und sollte Stimmung gegen die Politik der Londoner Regierung machen. Die sowjetische Delegation im Londoner Komitee jedenfalls beschuldigte Portugal, Deutschland und Italien der fortgesetzten Verletzung des Abkommens und forderte die Entsendung einer Untersuchungskommission an die portugiesisch-spanische Grenze. Aus dem Komitee sollte ein mit Kompetenzen ausgestattetes Kontroll- und Sanktionsorgan gemacht werden. Mit der gleichzeitigen Drohung, sich an die Übereinkunft nicht länger gebunden zu fühlen, falls die Interventionen Berlins und Roms nicht ein sofortiges Ende hätten, gab sich Moskau darüber hinaus *carte blanche*, um mit den eigenen Lieferungen fortzufahren. Die Forderung der Sowjetunion nach einer Grenzüberwachung wurde allerdings mit der Begründung abgelehnt, dass das Komitee nicht befugt sei, solche Maßnahmen zu beschließen. Es stellte Ende Oktober 1936 mit nur einer Gegenstimme, der der Sowjetunion, darüber hinaus fest, dass keine eindeutigen Beweise für die Verletzung der Übereinkunft vorlägen. Trotz dieser Abstimmungsniederlage verließ Moskau nicht das Londoner Komitee. Die Sowjetunion verfolgte dieselbe Strategie wie Italien und Deutschland: Waffen zu liefern und dabei den Schein der Nichteinmischung zu wahren. Mit den sich nun häufenden Berichten über die Verletzungen des Nichteinmischungsübereinkommens durch Deutschland, Italien, Portugal und die Sowjetunion entwickelte sich das Komitee zu einem Ort gegenseitiger Beschuldigungen und verbaler Angriffe, die die ursprüngliche Intention der Übereinkunft, wonach Spanien sich selbst überlassen werden sollte, ad absurdum führten. Das Nichteinmischungskomitee war somit ein Forum, um die spannungsgeladene internationale Stimmung in gelenkten Bahnen zu halten und zu verhindern, dass sich der Krieg in Spanien zu einem militärischen Konflikt auf europäischer Ebene entwickelte. Nach Auffassung seines Vorsitzenden, Lord Plymouth, hätte eine Anprangerung der Verstöße lediglich die bestehenden Spannungen angeheizt. Vor diesem Hintergrund hatten zwar die 27 im Komitee vertretenen Staaten das Recht, Berichte über Verstöße vorzulegen, nicht aber die spanische republikanische Regierung, die nicht einmal im Komitee vertreten war. Hinzu kam, dass keine Berichte oder Beschlussfassungen veröffentlicht, keine Sanktionsmittel eingesetzt sowie keine Vorgänge zur weiteren Behandlung an den Völkerbund geleitet wurden. Kurzum, es wurden keinerlei Maßnahmen beschlossen, die eine effektive Erfüllung der selbst gesteckten Ziele möglich gemacht hätten. Dies war zweifellos nicht das Ergebnis, das sich der französische Regierungschef Blum gewünscht hatte, und dem Foreign Office war klar, dass die Übereinkunft damit eine Farce darstellte, doch war sie gerade für die britischen Sicherheitsinteressen außerordentlich hilfreich. Es gab aber auch kritische Stimmen aus London zu der Tolerierung der deutschen und italienischen Intervention. Sie kamen nicht nur aus den Reihen der Labouropposition und den sozialistischen Gewerkschaften. Insbesondere innerparteiliche Kritiker von Regierungschef Neville Chamberlain sahen hierin auch Risiken. Winston Churchill und auch Außenminister Eden lehnten zwar die spanische Linke ab, doch verwiesen sie auf eine Gefahr für die britischen Interessen im Mittelmeer, sollte in Spanien eine faschistische Diktatur entstehen oder der italienische Einfluss in der Region wachsen. Insbesondere waren die Verbindungswege durch das Mittelmeer als Schlagader zwischen dem Commonwealth und den Britischen Inseln bedroht.

Angesichts der nach allen Seiten hin offenkundigen und heftig kritisierten Untätigkeit des Nichteinmischungskomitees sowie aus Sorge vor einem Wettlauf der Waffenlieferungen, der ebenfalls ein Gefahrenpotential in sich barg, rang sich schließlich die britische Regierung doch noch dazu durch, einen Plan zur Durchführung von Überwachungsmaßnahmen vorzulegen. Anfang März 1937 beschloss das Nichteinmischungskomitee, dass ein internationales Team von Beobachtern sowohl an den Landesgrenzen als auch für alle Frachter auf dem Weg nach Spanien eingesetzt werden sollte, die unter der Fahne eines der im Komitee vertretenen Länder fuhren. Schiffspatrouillen sollten darüber hinaus die Anwesenheit von Beobachtern an Bord sowie Frachtpapiere überprüfen dürfen. In der Praxis waren allerdings Deutsche und Italiener die Nutznießer dieser Regelung, denn während die Sowjetunion mangels eigener Kriegsschiffe in der Region darauf verzichtete, sich an den Schiffspatrouillen zu beteiligen, übernahmen die Deutschen und Italiener als Kontrollgebiet das durch die republikanische Regierung gehaltene Küstengebiet am Mittelmeer. Mit Unterstützung der Achsenmächte gewannen die Nationalisten zudem nach und nach die Hoheit über die Gewässer rund um die Iberische Halbinsel. So hatte etwa Mitte August 1936 die republikanische Kriegsmarine erstmals versucht, ein deutsches Versorgungsschiff, das auf dem Weg nach Cádiz an der Südspitze Spaniens war, aufzubringen, und gezwungen, seine Route zu ändern und Kurs auf Lissabon zu nehmen. Es sollte allerdings bei diesem einen Versuch bleiben. Aufgrund der Gefahr der Versenkung ihrer Schiffe durch die deutsche und italienische Kriegsmarine, die vor der spanischen Küste kreuzten, sowie aufgrund der mangelnden Unterstützung durch das Nichteinmischungskomitee verzichtete die Republik alsbald auf jegliche Kontrolltätigkeit und wies ihre Marine an, Konflikte mit ausländischen Schiffen zu vermeiden. Deutlich aggressiver war dagegen das Vorgehen der Kriegsmarine der Aufständischen. Anfang Oktober 1936 verkündeten diese eine Sperre der republikanischen Küstenabschnitte und begannen damit, Schiffe, die auf republikanische Häfen zusteuerten, aufzubringen und deren Ladungen zu kontrollieren. Zwar gab die Republik als Gegenreaktion den eigenen Versorgungsschiffen Geleitschutz, was in der Tat eine abschreckende Wirkung entfaltete, doch verhinderte das keineswegs eine Reihe ernsthafter Zwischenfälle. Die Nationalisten, die von Italien zwei U-Boote zur Verfügung gestellt bekommen hatten, versenkten binnen kurzer Zeit zwei Frachtschiffe, und der nationalspanische Kreuzer *Canarias* versenkte Mitte Dezember 1936 den ohne Eskorte fahrenden sowjetischen Frachter *Komsomol*, ohne überhaupt eine Kontrolle durchgeführt zu haben.

Trotz solcher Vorfälle entschied sich die Sowjetunion weiterhin gegen die Entsendung eigener Kriegsschiffe in eine von den Heimatgewässern so weit entfernte Region. Zum Schutz der eigenen Handelsflotte wurde indes beschlossen, fortan vor allem spanische Frachter sowie solche, die unter der Fahne eines außereuropäischen Landes fuhren und damit nicht den Londoner Kontrollbestimmungen unterlagen, für den Transport von Waffen und Treibstoff einzusetzen. Für die Republik brachte diese Maßnahme allerdings keinerlei Verbesserung, da nun diese Schiffe angegriffen wurden. Zudem kam es zu einer weiteren Eskalation, als wiederum sowjetische Flieger dazu übergingen, deutsche und italienische Schiffe ins Fadenkreuz zu nehmen. Ende Mai 1937 bombardierten sie ein bewaffnetes italienisches Schiff, das im Hafen von Palma de Mallorca vor Anker lag, und drei Tage später wurde bei Ibiza der deutsche Kreuzer *Deutschland* angegriffen, woraufhin deutsche Kriegsschiffe die im Besitz der Republikaner befindliche Hafenstadt Almería als Vergeltungsmaßnahme unter Beschuss nahmen. Auf diplomatischer Ebene reagierten Italien und Deutschland ebenfalls, indem sie ankündigten, sich so lange aus dem Londoner Komitee zurückzuziehen, bis Garantien zur künftigen Vermeidung solcher Vorfälle vorlägen. Ein solcher Rückzug hätte das gesamte System zur Eindämmung des Krieges in Gefahr gebracht, so dass London und Paris alle Mühen darauf verwandten, beide Staaten wieder in das System zu integrieren. Dies gelang zwar, doch nach angeblichen weiteren Zwischenfällen zogen sich Italien und Deutschland Ende Juni 1937 aus der Seekontrolle zurück und schlugen wiederum vor, dass die Kontrollmaßnahmen künftig doch allein durch die Kriegsmarine beider Kriegsparteien durchgeführt werden sollten. Dies ging schließlich sogar den Briten zu weit, da die Nationalisten aufgrund der deutlichen Überlegenheit zur See eine vollständige Blockade republikanischer Häfen hätten bewirken können. Eine weitere Eskalation der Lage stand bevor.

Als wirkungslos sollten sich auch jene Maßnahmen erweisen, die zur Reduzierung der Beteiligung ausländischer Kämpfer auf den spanischen Schlachtfeldern ergriffen wurden. Hitler und Mussolini fühlten sich nämlich nicht an den Beschluss von

Mitte Februar 1937 gebunden, wonach die Anwerbung und der Transport von Freiwilligen, die sich an den Kämpfen in Spanien beteiligen wollten, untersagt wurden. Auch die darüber hinausgehende Forderung der britischen Regierung von Anfang März 1937, wonach sich alle ausländischen «Freiwilligen» aus Spanien zurückziehen sollten, zeigte keine Wirkung. Eine Beschlussfassung wurde durch endlose Debatten verzögert und kam nicht zustande. Vor allem für die Italiener stand fest, dass sie sich erst mit dem Sieg Francos aus Spanien zurückziehen würden. Die Schlacht von Guadalajara im März 1937 brachte sogar eine Vielzahl an Beweisen dafür, dass die italienischen Verbände nicht, wie bis dahin behauptet, aus Freiwilligen, sondern sogar aus regulären Truppen bestanden. In diesem Fall weigerte sich jedoch das Nichteinmischungskomitee, die vorgelegten Beweise anzuerkennen. Die Begründung war formalistisch: Die Unterlagen seien durch die spanische Republik und damit nicht, wie vorgeschrieben, durch einen im Komitee vertretenen Staat vorgelegt worden. Es war klar, dass vom Londoner Komitee keine Impulse zur Deeskalation kommen würden, solange die europäischen Großmächte und allen voran Großbritannien die bislang verfolgte Strategie beibehielten. Dies wurde wieder einmal deutlich, als im Mai 1937 die britische Regierung zaghaft und für nur kurze Zeit die Initiative übernahm, um die Möglichkeiten einer Beendigung des Krieges auszuloten. Der spanische Staatspräsident Manuel Azaña hatte im Rahmen der Krönungsfeierlichkeiten für Georg VI. über einen Unterhändler die Londoner Regierung dazu zu bewegen versucht, Waffenstillstandsverhandlungen zu unterstützen, und hatte eigens die Gespräche über einen Abzug der ausländischen «Freiwilligen» ins Spiel gebracht. Der Waffenstillstand sollte in erster Linie zum Abzug aller ausländischen «Freiwilligen» genutzt werden, doch knüpfte Azaña darüber hinaus die Hoffnung daran, auf diese Weise weiterführende Verhandlungen führen und den Krieg zu einem Ende bringen zu können. London befürwortete zwar den Plan, und Außenminister Eden gewann hierzu sogar die Unterstützung des Vatikans, doch scheiterte das Vorhaben schließlich an der Weigerung Francos, Friedensverhandlungen zuzustimmen, die nicht eine bedingungslose Kapitulation der Republik beinhalteten. Die im Laufe des Jahres 1937 immer wieder diskutierten britischen Vorschläge zum Rückzug der «Freiwilligen» stießen darüber hinaus unverändert auf Ablehnung in Rom und Berlin. Vielmehr erhielt die ausländische Intervention durch Waffenlieferungen einen zusätzlichen Auftrieb, als Portugal Ende Juni den ausländischen Beobachtern die Genehmigung zur Kontrolle der Grenze mit Spanien entzog und Frankreich sich zwei Wochen später diesem Schritt anschloss.

Die Italiener, deren Engagement in Spanien seinem Höhepunkt zusteuerte, begannen zu dieser Zeit wiederum damit, Frachtschiffe mit Kurs auf Häfen der Republik durch einen verdeckten Militäreinsatz zu versenken, um auf diese Weise die sowjetische Hilfe so weit wie möglich zu unterbinden. So wurden im Sommer 1937 durch den Einsatz von U-Booten, Kampffliegern und Kampfschiffen insgesamt ein Dutzend Frachtschiffe versenkt sowie eine Vielzahl weiterer beschädigt. Auch die deutsche Kriegsmarine griff in den Seekrieg ein. Die U-34, eines der vor der Küste Málagas kreuzenden deutschen U-Boote, die es auf die Torpedierung von Frachtern abgesehen hatten, versenkte im Dezember 1936 (allerdings ohne entdeckt zu werden) ein republikanisches U-Boot. Das völkerrechtswidrige Vorgehen konnte bei aller Rücksichtnahme, die die britische Appeasementpolitik erforderte, weder durch die britische noch durch die französische Regierung hingenommen werden, da damit deren Interessen im westlichen Mittelmeer ernsthaft bedroht wurden. Die Angelegenheit wurde als derart wichtig eingestuft, dass sie außerhalb des wirkungslosen Nichteinmischungskomitees behandelt werden sollte. So wurde für Anfang September 1937 im schweizerischen Nyon eine internationale Konferenz zur Sicherheit der Verkehrswege einberufen, die durch offiziell ungenannte Angreifer als ernsthaft bedroht galt. Zwar nahmen weder Italien noch Deutschland daran teil, doch Mussolini reagierte umgehend. Noch vor Beginn der Konferenz war ein Befehl ergangen, der den Angriffen durch italienische U-Boote ein vorläufiges Ende setzte. Die Konferenz beschloss wiederum, dass Frankreich und Großbritannien mit sofortiger Wirkung in der Region patrouillieren und die Jagd auf U-Boote aufnehmen sollten, die für die Versenkung der Frachter verantwortlich gemacht wurden. Im Sinne der Appeasementpolitik wurde paradoxerweise gerade Italien dazu veranlasst, sich ab November an den Patrouillen zu beteiligen. Letztlich war aber vor allem das franquistische Lager der Nutznießer der neuen Situation. Zum einen hatte die Sowjetunion aufgrund der Gefahren endgültig darauf verzichtet, die Mittelmeerroute zu befahren. Zudem überließ Italien der nationalistischen Kriegsmarine zwei weitere U-Boote, was zur Folge hatte, dass nun Franco zusammen mit den Flugzeugen unter seinem Kommando über schlagkräftige Einsatzmittel verfügte, um die Seewege zu kontrollieren. Den Beschuss von Frachtschiffen hatte die Konferenz von Nyon damit nicht beenden können. Die Nationalisten versenkten zwischen September 1937 und Kriegsende und trotz massiver Proteste Frankreichs und Großbritanniens über 180 Frachter, die vor allem Versorgungsgüter an Bord hatten, die nicht unter die Bestimmungen des Londoner Komitees fielen. Obwohl es sich dabei auch um Schiffe handelte, die unter britischer Flagge fuhren, sich die Zahl der versenkten Schiffe im Vergleich zur Zeit vor dem Abkommen von Nyon vervielfacht hatte und die britische Öffentlichkeit mit Empörung reagierte, scheute die britische Regierung unter Neville Chamberlain davor zurück, wirkungsvolle Gegenmaßnahmen zu ergreifen.

Aufgrund der Gefahren, die der Seeweg mit sich brachte, kam der Pyrenäengrenze im weiteren Verlauf des Krieges eine zentrale Rolle für die Versorgung der republikanischen Einheiten mit Waffen zu. Deren Bedeutung wurde noch verstärkt, als sich die französische Regierung nach der erklärten Weigerung Italiens, die eigenen Verbände aus Spanien abzuziehen, im Oktober 1937 dazu entschloss, den Waffenschmuggel über die Grenze zu tolerieren. Auf diese Weise gelangte Kriegsmaterial auf dem Landweg nach Katalonien, das im Hafen von Marseille oder bei Bordeaux ankam, nachdem die sowjetischen Waffenlieferungen nun vor allem vom Hafen von Murmansk am Nordpolarmeer aus erfolgten. Gewährsmänner innerhalb der französischen Regierung sorgten für einen reibungslosen Transport sowie für die Ausfuhr der Waren; die Organisationsarbeit leisteten vor allem französische Kommunisten. Besondere Probleme bereitete jedoch der Transport von Flugzeugen. Die französische Regierung zögerte lange, den Landtransport der zerlegten Maschinen zuzulassen, aufgrund der besonderen Schwierigkeiten, die sperrigen Lieferungen zu verschleiern. Als Ende Februar 1938 der Transit schließlich zugelassen wurde, führten die entstandenen Verzögerungen zu einer erheblichen Luftunterlegenheit der Republik während der Offensive Francos am Ebro im März. Die Regierung unter Léon Blum beschloss angesichts der desaströsen Versorgungslage der Republik Mitte März 1938, die Grenze für den Warenverkehr sogar wieder offiziell zu öffnen, womit große Mengen an Waffenmaterial ungehindert nach Katalonien gelangten. Diese für die Republik vorteilhafte Situation sollte aber nicht von Dauer sein. Nach einer Kabinettsumbildung in Paris schloss der neue französische Regierungschef Edouard Daladier auf Druck Londons bereits Mitte Juli 1938 wieder die Grenze zu Spanien, was angesichts der außerordentlich verlustreichen Kämpfe am Ebro zu erheblichen Nachschubproblemen führen sollte. Im Angesicht einer ausweglosen Situation versuchte Negrín noch einmal, alle ihm verbliebenen Hebel in Bewegung zu setzen. So verkündete er vor allem Mitte September 1938 die Auflösung der Internationalen Brigaden und knüpfte hieran die vergebliche Hoffnung, dass mit dieser Vorleistung ein internationaler Druck entstehen könnte, der Deutschland und Italien dazu zwingen würde, ihre Hilfe ebenfalls einzustellen. Ende Oktober 1938 wurden in Barcelona die Internationalen Brigaden, die zu diesem Zeitpunkt ohnehin keine sonderliche militärische Bedeutung mehr spielten, feierlich verabschiedet. Etwa 2000 Kämpfer blieben allerdings dennoch in Spanien und beteiligten sich an den Abwehrkämpfen in Katalonien. Mit dem Verlust dieser Region endete auch die Versorgung der Republik mit Waffen. Negríns dramatische Appelle an London und Paris, die Nichteinmischungspolitik aufzugeben und der Republik zu Hilfe zu eilen, verhallten ungehört, während die Unterstützung der Nationalisten weiterging.

Die britische Regierung unter Chamberlain bemühte sich vielmehr weiter um einen Ausgleich mit Italien. Allerdings wurde die Haltung des Premiers inzwischen auch innerhalb des Londoner Kabinetts als viel zu nachgiebig kritisiert, nachdem Chamberlain in der Zwischenzeit seine Hoffnungen aufgegeben hatte, Italien zu einem vollständigen Rückzug aus Spanien bewegen zu können. Nun ging es ihm nur noch um eine Reduzierung der unverändert massiven Präsenz Italiens auf der Iberischen Halbinsel und um die Wahrung der strategischen Interessen Londons in der Region. Chamberlain sollte aber selbst dieses Ziel nicht erreichen, denn Italien erklärte sich zwar Mitte April 1938 bereit, die Präsenz in Spanien allmählich zu reduzieren, doch trafen Mitte 1938 noch einmal über 5000 italienische Kämpfer sowie einige Dutzend Kampfflugzeuge in Spanien ein. Ende 1938 befanden sich noch 30 000 Italiener, 250 italienische Flugzeuge und anderes wichtiges Kampfgerät unter dem Kommando Francos. Zudem erhöhte Deutschland ab November 1938 sogar noch einmal die Lieferungen nach Spanien. Letztlich aber war der Spanische Bürgerkrieg in der Zwischenzeit in den Hintergrund der Politik der großen europäischen Mächte gerückt. Durch den aggressiven Expansionismus des Deutschen Reichs mit dem «Anschluss» Österreichs im März 1938 und vor allem im Rahmen der Sudetenkrise war ein neuer Konflikt entstanden, der einen Krieg in Mitteleuropa in Sichtweite brachte. Selbst Franco war sich bewusst, dass der Ausbruch eines europäischen Krieges vor dem Ende des Bürgerkrieges seine Lage verschlechtern könnte, da dann seine Hauptverbündeten dem spanischen Kriegsschauplatz weniger Beachtung schenken würden. Zudem war zu erwarten, dass seine Nähe zu den Achsenmächten zwangsläufig zu Konsequenzen im Verhältnis zu Großbritannien und Frankreich geführt hätte. Diese hätten aller Wahrscheinlichkeit nach eine Seeblockade verhängt. Vor diesem Hintergrund beeilte sich Franco auf dem Höhepunkt der Sudetenkrise etwas voreilig und ohne Rücksprache mit Berlin und Rom, die Neutralität Spaniens im Fall eines europäischen Krieges zu verkünden. Franco wollte damit Unabhängigkeit beweisen. Seine Befürchtungen waren durchaus berechtigt, denn in der Tat hatte der französische Generalstab für den Fall eines europäischen Krieges die Entsendung von Truppen nach Spanien vorgesehen, um auf diese Weise die Grenze nach Süden hin abzusichern. Das Nichteinmischungskomitee hatte jedenfalls im Angesicht der großen europäischen Krise jegliche Bedeutung verloren. Der Einmarsch deutscher Truppen in Prag Mitte März 1939 und die unerfüllbaren deutschen Forderungen an Polen eine Woche später machten endgültig klar, auf welchem Weg sich Europa schon seit Jahren befand, auch wenn es die auf Ausgleich festgelegten westlichen Demokratien lange nicht wahrhaben wollten. In diesem Sinne sollte der sowjetische Delegierte beim Nichteinmischungskomitee Recht behalten, der auf die Feststellung des Vorsitzenden, Lord Plymouth, dass durch die Arbeit des Komitees ein europäischer Krieg verhindert worden sei, entgegnete: «Aus dem Nichteinmischungskomitee ist in der Praxis ein Deckmantel zur Tarnung einer gewaltigen Unterstützung

Francos durch die faschistischen Mächte geworden. Diese Mächte haben gemerkt, dass sie bei ihren aggressiven Plänen von Seiten Englands, Frankreichs und der USA kein ernstes Entgegenwirken – nicht in Worten, sondern durch Taten – zu befürchten haben. Derartige Erfahrungen könnten, so fürchte ich, Hitler und Mussolini in der Überzeugung bestärken, dass jegliche, auch die ungeheuerlichsten Diversionen in der Welt völlig ungestraft bleiben. Und wenn es so ist, dann ist auch die Gefahr des europäischen, möglicherweise auch eines Zweiten Weltkriegs größer geworden» (Maiskij, Memoiren, 356).

In den allerletzten Tagen des Bürgerkrieges versuchten die republikanischen Machthaber noch eine Evakuierung der von Repressionsmaßnahmen am stärksten gefährdeten Personen. Der britische Konsul in Valencia erhielt das Gesuch, fünf- bis zehntausend Personen auf dem Seeweg außer Landes zu bringen. Die britische Regierung verfügte zu dem Zeitpunkt aber weder über die notwendigen Transportkapazitäten vor Ort, noch war sie willens, die Verantwortung für eine so große Anzahl von Menschen zu übernehmen, zumal London zu diesem Zeitpunkt die franquistische Regierung bereits anerkannt hatte. Die britische Regierung wollte keine Maßnahme ergreifen, die nicht auf die Zustimmung der neuen Machthaber stieß. Auch die Hoffnung von Zehntausenden, die im Hafen von Alicante auf französische Transportschiffe warteten, zerschlug sich. Paris weigerte sich, den notwendigen Geleitschutz zu geben, um Franco nicht zu provozieren. Lediglich etwa 250 prominenten Republikanern wurde gestattet, sich an Bord von britischen und französischen Kriegsschiffen zu begeben, die bei Gandía vor der Küste ankerten. Nur wenigen Spaniern sollte es ansonsten gelingen, sich auf ein Schiff zu retten, das das Festland noch verlassen konnte. Der einzige Ort, an dem eine Evakuierung in größerem Ausmaß stattfand, war die kleine Mittelmeerinsel Menorca, die den gesamten Krieg hindurch republikanisch geblieben war. Hier griff die britische Kriegsmarine Anfang Februar 1939 ein, allerdings nicht aus humanitären Gründen, sondern allem Anschein nach, um einer italienischen Besetzung der Insel zuvorzukommen. Bis zum bitteren Ende des Krieges erwies sich damit, dass London und Paris lediglich bereit waren, sich von eigenen nationalen Interessen leiten zu lassen. Der Staatspräsident der spanischen Republik, Manuel Azaña, hatte jedenfalls im Februar 1939 zu einem klaren Urteil über die Ursachen für den Untergang gefunden: An erster Stelle stand die Haltung Großbritanniens. Ihr folgten die politischen Konflikte innerhalb der republikanischen Regierung. An dritter Stelle stand die Bedeutung der Einmischung Italiens und Deutschlands. Erst an vierter Stelle kamen die eigenen Mittel Francos (Martínez Saura, memorias, 53).

6. Ideologie und Krieg

Ein Repräsentant Nationalspaniens stellte vor dem Deutschen Juristentag Ende Oktober 1937 hinsichtlich der Ursachen des Aufstands im Juli 1936 fest: «In Spanien war die Ordnung zur Unordnung, aus dem machtlosen Recht war die Macht der Rechtlosigkeit geworden. Die Spanier lebten unter der Despotie der parlamentarischen Mehrheiten, die lediglich durch die gezielte Ausübung von Terror zustande gekommen waren. Mit dem simplen Prinzip der ‹Hälfte plus einem›, das Carl Schmitt so treffend kritisiert hat, wurden die allerelementarsten Grundlagen des zivilisierten Bewusstseins verletzt [...]. Die Republik war nicht nur der Vorhof der Anarchie. Durch sie herrschte bereits die Anarchie.» Laut dieser Argumentation richtete sich der Kampf der Nationalisten gegen eine als pseudolegal wahrgenommene Regierung, die Spanien in den Untergang geführt hätte. Die Nationalen hätten demnach zwangsläufig die Waffen ergreifen müssen, um die «wahre» Legalität wiederherzustellen (Tuñón de Lara, 50 años, 294). In dieser Rechtfertigung des eigenen Tuns zur Schaffung einer Scheinlegalität nach außen kommt die Triebfeder der Aufständischen, nämlich die Reaktion auf die als «zersetzend» und zutiefst «unspanisch» wahrgenommenen «Exzesse» der «Roten», recht deutlich zum Ausdruck. Den Standpunkt der Putschisten brachte Ernesto Giménez Caballero, einer der führenden Intellektuellen innerhalb der Falange, im Jahr 1938 prägnant auf den Punkt: «Sie hatten den Kern unseres Wesens, unsere Seele als Spanier und als Menschen zerstört. [...] Der Katholik in Spanien hatte Gott verloren; der Monarchist den König, der Aristokrat seinen Adel; der Soldat sein Schwert; der Unternehmer seinen Unternehmungsgeist; der Arbeiter seine Arbeit; die Frauen ihr Zuhause; das Kind die Achtung vor dem Vater. Selbst die spanische Sprache, die ständige Begleiterin des spanischen Weltreichs, [...] war zum Spucknapf für alle Art regionalistischen Drecks geworden.» Auch wenn die Aufständischen die Überzeugung einte, dass die Nation gerettet und die althergebrachte Ordnung wiederhergestellt werden müssten, war zunächst nicht deutlich, was konkret darunter zu verstehen war und was über die Ablehnung der bestehenden Situation hinaus das Wesen der «nationalen Bewegung» ausmachte. Keine der theoretischen Strömungen, zu denen seitens der Aufständischen Anknüpfungspunkte bestanden, wie die theokratische Ideologie der *Carlisten* oder die faschistische Doktrin von Primo de Rivera, ließ sich als ideologischer Überbau den Putschisten zuordnen. Diesen ging es nicht einmal in erster Linie um die Abschaffung der republikanischen Staatsform oder gar um die Rückkehr des exilierten Königs Alfons XIII. So waren der Koordinator des Putsches, General Mola, oder die Generäle Cabanellas oder Queipo de Llano keinesfalls Monarchisten. Mola ließ nicht einmal zu, dass sich Prinz Juan, der designierte Nachfolger und Sohn von Alfons XIII., den Reihen der Aufständischen anschloss. Der Prinz musste auf Weisung Molas hin das spanische Staatsgebiet Anfang August 1936 verlassen. Entsprechend waren die ersten Bekanntmachungen der Aufständischen nicht gegen die Republik als Staatsform, sondern lediglich gegen die Koalition der Volksfrontparteien gerichtet, und so beendeten führende Verschwörer wie Queipo de Llano oder Yagüe ihre Aufrufe zunächst mit einem Hoch auf die Republik. Auch kämpften sie anfangs unter der Trikolore der Republik. Selbst der Katholizismus stand, außer bei den *Carlisten*, zunächst nicht auf dem Banner der Aufständischen. Vielmehr waren bei vielen Putschisten durchaus Sympathien für ein säkulares Staatswesen zu erkennen.

Die aufständischen Offiziere verband eher ein antimodernes, antidemokratisches und die Freiheit des Geistes ablehnendes Denken. Berühmt geworden sind die wüsten Beschimpfungen des Philosophen und Rektors der Universität von Salamanca, Miguel de Unamuno, von General José Millán Astray, dem Begründer der spanischen Fremdenlegion, im Rahmen einer feierlichen Veranstaltung im Oktober 1936. Sie gipfelten in dem Ausruf «Tod den Intellektuellen». Die bezeichnenderweise zunächst unter der Leitung von Millán Astray stehende Presse- und Propagandaabteilung der Aufständischen fiel vor allem durch einen militärisch aggressiven Sprachgestus auf. So soll Millán Astray seine Mitarbeiter dazu aufgemuntert haben, kritischen und «uneinsichtigen» ausländischen Journalisten zu Disziplinierungszwecken eine standrechtliche Erschießung anzudrohen. Ein aufschlussreiches Beispiel für die zutiefst reaktionäre Geisteshaltung bieten die Erklärungen der Ursachen des Bürgerkrieges aus dem Munde von Hauptmann Gonzalo de Aguilera, der den ehrwürdigen Titel eines 14. Grafen von Alba und Yeltes führte. Dieser brachte gegenüber ausländischen Journalisten die Überzeugung zum Ausdruck, dass alles Übel in Spanien letztlich von dem System der Abwasserentsorgung herrühre. Ohne Abwassersysteme in Madrid, Barcelona und Bilbao wären alle «Roten» bereits als Kinder gestorben und damit gar nicht erst in die Verlegenheit gekommen, die Volksmassen aufzuwiegeln und zu korrumpieren. Nach dem Krieg werde daher das Abwassersystem zerstört werden, denn das von Gott gegebene System zur Kontrolle des Bevölkerungswachstums sei für Spanien viel besser geeignet. Abwassersysteme seien ein Luxus, der jenen vorbehalten werden müsse, die ihrer würdig seien: den Herren Spaniens und nicht den Sklaven (Foltz, Masquerade, 116). Solche drastischen Ansichten waren beileibe kein Einzelfall. So soll sich Mola für die Zerstörung der Industriezentren als Herde der Subversion ausgesprochen haben.

In das diffuse rückwärtsgewandte Weltbild der konspirierenden Offiziere fanden auch die Feindbilder aus dem Kolonialkrieg in Marokko Einzug, die nun auf den Bürgerkrieg übertragen wurden. Sie lieferten die ideologischen Grundlagen für eine breite nationalistische Bewegung, viel mehr als die reaktionär-elitistischen Attitüden spanischer Adliger und Großgrundbesitzer. So wurde das Bild des Fremden aus dem Marokkokrieg auf den inneren Feind in Spanien übertragen, womit aus dem religiös begründeten Krieg gegen die «ungläubigen» Rifkabylen ein Krieg gegen die als gottlos empfundenen Marxisten wurde. Jene Kennzeichen, die im Kolonialkrieg den «marokkanischen Horden» zugeschrieben wurden, wie Fremdheit, Wildheit und Unzivilisiertheit, wurden nun auf die Industrie- und Landarbeiterschaft übertragen. War also der Kolonialkrieg diesem Denken nach einst geführt worden, um «die Wilden» zu zivilisieren, so sollte nun die Zivilisation auf dem spanischen Festland wieder Einzug halten. Nach Sebastian Balfour fand dabei angesichts der Großzahl marokkanischer Söldner in einem als gemeinsam wahrgenommenen Kampf um die spirituellen Werte und gegen den marxistischen Materialismus sogar eine Symbiose zwischen dem muslimischen und dem christlichen Glauben statt. So wurde den marokkanischen Söldnern ostentativ die Ausübung ihres Glaubens gestattet, und muslimischen Geistlichen wurde die seelsorgerische Begleitung der Einheiten erlaubt. Die marokkanischen Söldner, die sich dem Kampf gegen Anarchie und Chaos und für die Wiederherstellung des «authentischen Spanien» anschlossen, wurden somit zu «wahren Spaniern». Dieses Bild entsprach dabei durchaus einer in Europa verbreiteten romantisierenden und verklärenden Wahrnehmung von Stammeskriegern als Reaktion auf die rasanten Modernisierungsprozesse in den Industriestaaten. Die «edlen Wilden» erschienen dabei in einem viel besseren Licht als die ungebildeten proletarischen Massen (Balfour, embrace, 280 f.). Eine solche Übertragung von Feindbildern entsprach dem stereotypen Denken der Kolonialoffiziere und war zweifellos unerlässlich zur Überwindung von Hemmschwellen unter den speziellen Bedingungen eines grausamen Bürgerkrieges.

Entsprechend der ideologisch aufgeladenen Situation in Europa und vor allem im Hinblick auf die mit den Nationalisten verbündeten Regime in Italien und Deutschland spielten der Antimarxismus und der Kampf gegen den internationalen Kommunismus eine zentrale Rolle als theoretisches Gerüst zur Motivation der kämpfenden Einheiten. Gemäß der Verschwörungstheorie der Aufständischen war die spanische Republik in die Hände des sowjetisch dominierten Kommunismus geraten und musste zerstört werden, auch um der schrittweisen Sowjetisierung Europas einen Riegel vorzuschieben. Anders als in Deutschland oder Italien bildete der Antikommunismus im Spanischen Bürgerkrieg aber keine selbständige ideologische Größe, sondern war vielmehr eingebettet in die kohärente ideologische Grundlage, die die Doktrin der katholischen Kirche bot. Wie Hilari Raguer herausstreicht, war die Religion zunächst nicht zentrales Motiv der Aufständischen. Nachdem bereits während der Jahre der Zweiten Republik die politische Auseinandersetzung um die Religion und deren ideologische Instrumentalisierung nicht nur zu Gewaltausbrüchen geführt, sondern zugleich identitätsstiftend gewirkt hatten, sollte eine völlig neue Dimension erreicht werden, als mit dem Beginn des Bürgerkrieges im republikanischen Herrschaftsgebiet eine systematische Ermordung von Geistlichen und eine rabiate religiöse Verfolgung einsetzten. Diese antikirchlichen Exzesse führten schließlich zu einer «Sakralisierung» des Kampfes auf Seiten der Putschisten, die Guy Hermet den Spanischen Bürgerkrieg als den letzten der europäischen Religionskriege bezeichnen ließ.

Den entscheidenden Beitrag zur religiösen Legitimation des Kampfes leistete die Amtskirche, als sie aus eigenem Antrieb die Partei der Aufständischen ergriff. So verglich der Bischof von Salamanca Enrique Pla y Deniel bereits Ende September 1936 in einem Pastoralschreiben die Auseinandersetzung in Spanien mit der Zwei-Reiche-Lehre von Augustinus: «Die Kommunisten und Anarchisten sind die Söhne Kains. [...] Nachdem sie weder Gott noch Christus bezwingen konnten, entladen sie ihren Hass nun an deren Abbildern, Tempeln und Priestern, und sie suhlen sich in Mordtaten, Plünderungen, Zerstörung und Brandschatzung. Neben dieser unsäglichen menschlichen Niedertracht in der irdenen Stadt der Gottlosen ersprießt die himmlische Stadt der Kinder Gottes.» Entsprechend schrieb Mitte August 1936 der Primas der Kirche in Spanien, Kardinal Isidro Gomá, an den Vatikan: «Es kann ohne weiteres festgestellt werden, dass sich gegenwärtig Spanien und Anti-Spanien, die Religion und der Atheismus, die christliche Zivilisation und die Barbarei im Krieg gegeneinander befinden» (Rodríguez Aisa, Gomá, 23). Der Zorn der Würdenträger nahm freien Lauf und richtete sich dabei nicht nur gegen die «verrottete» Seele der «Kinder Moskaus», sondern gegen alle, die als Feinde der Kirche ausgemacht wurden: Juden, Freimaurer sowie alle «finsteren Gesellschaften», die durch das «internationale Judentum» gelenkt würden. Unter der Federführung Gomás entstand Anfang Juli 1937 auf Veranlassung Francos, der um ein öffentliches Zeichen der Solidarität gebeten hatte, auch ein gemeinsames Schreiben der spanischen Bischöfe, das an «alle Bischöfe der Welt» gerichtet war. Darin brachten die kirchlichen Würdenträger ihre uneingeschränkte Unterstützung für jenes Lager zum Ausdruck, das ihrer Überzeugung nach die gottgewollte Ordnung, den sozialen Frieden, die Religion, die Zivilisation und das Vaterland verteidigte, während sich die Gegenseite aus Kräften zusammensetzte, die ein menschenfeindliches Regime zu errichten trachteten. Die Begriffe *reconquista* und *cruzada*, die für die christliche Rückeroberung Spaniens im Mittelalter und den Kreuzzugsgedanken standen, erhielten nun mit kirchlichem Segen eine neue

Bedeutung. Vor allem die Ikonographie der *reconquista* war omnipräsent. Der Rückeroberungskampf gegen die Mauren war nun zu einem Kampf gegen den «gottlosen Bolschewismus» geworden. Franco wiederum wurde mit kirchlichem Segen als Retter der Nation in messianische Höhen gehoben. An diesem vorbehaltlosen ideologischen Schulterschluss mit den Nationalisten beteiligten sich mit Ausnahme der Kirche im republikanischen Teil des Baskenlandes im Grunde der gesamte spanische Klerus und auch katholische Laienorganisationen. Dies geschah nicht nur dadurch, dass von den Kanzeln aus die Nationalisten unterstützt, die Fahnen der nationalistischen Regimenter geweiht wurden und Geistliche den faschistischen Gruß entboten. Kleriker ergriffen sogar die Waffen und beteiligten sich auch aktiv an den «Säuberungsmaßnahmen». Nationalismus und Katholizismus verschmolzen zu einer Einheit. Die auf nationalistischer Seite Gefallenen hatten nicht nur für das «wahre» Spanien gekämpft, sie ließen ihr Leben auch im Dienste Gottes. Die vereinzelten mäßigenden Gegenkräfte aus den Reihen der Kirche wie der Erzbischof von Tarragona, Francisco Vidal i Barraquer, waren isoliert. Vidal hatte nicht nur das Kollektivschreiben der Bischöfe nicht mit unterschrieben, sondern darüber hinaus eine versöhnende Haltung zwischen den Kriegsparteien eingenommen und im Herbst 1938 sogar versucht, einen Frieden zu vermitteln. Natürlich wurde diese Haltung von den Nationalisten als Affront aufgefasst, und Vidal wurde nicht gestattet, nach dem Krieg auf seinen Bischofsstuhl zurückzukehren.

Das gemeinsame Schreiben der spanischen Bischöfe entfaltete eine gewaltige propagandistische Wirkung: Die katholische Weltöffentlichkeit erhielt den unverblümten Aufruf, sich mit der Sache der Nationalisten zu identifizieren, und eine prorepublikanische Haltung war für Katholiken fortan kaum mehr möglich. Gerade in den Vereinigten Staaten trug diese Parteinahme dazu bei, dass sich neben einer den Nationalisten gegenüber ablehnend eingestellten breiten Öffentlichkeit auch eine starke katholische Gegenströmung bildete, die zumindest dazu beitrug, dass Washington der Republik keine Unterstützung zukommen ließ (Tusell/G. Queipo de Llano, catolicismo). Trotz aller Solidaritätsbekundungen begründete sich die Haltung der Amtskirche in Spanien aus einer innerspanischen Dynamik und deckte sich nicht nahtlos mit der Haltung des Vatikans. Insbesondere nachdem die republikanischen Behörden die Gewalt gegen Kleriker und Kircheneigentum unter Kontrolle gebracht hatten, war die Haltung des Vatikans deutlich zurückhaltender. Dies lässt sich an den Friedensvermittlungsinitiativen und an den offiziellen Kontakten zum nationalistischen Lager ablesen. Erst im November 1937 traf ein apostolischer Vertreter im nationalistischen Lager ein, und die offizielle Anerkennung erfolgte sogar erst Ende Juni 1938. Gerade Papst Pius XI., der darauf hoffte, dass in Spanien weder der Faschismus noch der Marxismus siegen würden, hielt Kontakte zu beiden Seiten. Allerdings stand auch für den Vatikan die religiöse Bedeutung des Krieges außer Frage, wie Papst Pius XII. in seiner Gratulation zum Sieg Francos unterstrich: «Mit größter Freude wenden Wir uns an Euch, geliebteste Kinder des katholischen Spanien, um Euch unseren väterlichen Glückwunsch für den Frieden und den Sieg auszusprechen, mit dem Gott gnädigerweise das christliche Heldentum Eures Glaubens und Eurer Barmherzigkeit gekrönt hat. [...] Der katholische Glaube hat soeben den Anhängern des materialistischen Atheismus unseres Jahrhunderts den erhabensten Beweis dafür geliefert, dass die ewigen Werte der Religion und des Geistes über allem stehen.»

Die «Sakralisierung» des Bürgerkrieges hat zweifellos die Kompromisslosigkeit, Unerbittlichkeit und Brutalität der Auseinandersetzung noch weiter verschärft. Sie sollte auch konstituierend für das Regime sein, das siegreich aus dem Bürgerkrieg hervortrat. Die Identifikation zwischen Staat und Kirche sollte zu einer der Grundfesten des «Neuen Staates» werden. Diese Identifikation der Nationalisten mit den Lehren der katholischen Kirche hat zweifellos aber auch dazu beigetragen, dass in Spanien keine Ideologie entstehen sollte, für die Erich Voegelin den Begriff der «politischen Religion» im Rahmen des totalitären Anspruchs des Faschismus geprägt hat. Das Bündnis zwischen Kirche und Diktatur verhinderte vielmehr die Ausbildung einer «politischen Religion» des Franquismus, die zunächst einmal mit der Sakralisierung des Krieges und der Person Francos durchaus möglich schien. Nach Überzeugung von Giuliana di Febo war für die Diktatur Francos kennzeichnend, dass dieser katholische Riten für eigene Zwecke instrumentalisierte, während in Italien eine Übertragung von Glaubensinhalten, liturgischen Handlungen und christlicher Symbolik auf die politische Sphäre stattfand. Die Doktrin der katholischen Kirche übernahm nun aber ihrerseits in Spanien eine totalisierende Funktion, da sie auf säkular-politischer Ebene zum gesamtgesellschaftlichen Dogma erhoben wurde. Die Kirche verschmolz mit den politischen Gewalten und initiierte eine Disziplinierung der Gesellschaft. Alle Bereiche des öffentlichen Lebens sollten sittlich normiert werden. Der Missionseifer der Kleriker war umfassend. Sie wurden zu den wichtigsten Propagandisten des neuen Regimes. Allerdings war die Erfüllung der sittlichen Forderungen der Kirche in dem allgemeinen Ausnahmezustand, in dem sich eine Gesellschaft im Krieg befand, kaum konsequent einzuhalten. Vergewaltigungen und Prostitution gehörten zum Kriegsalltag. Sexuelle Exzesse wurden vor allem durch die militärische Führung der afrikanischen Einheiten zumindest in Ansätzen toleriert, wie auch jeder Hörer von General Queipo de Llano vernehmen konnte, der sich in seinen makabren nächtlichen Radioansprachen in Phantasien darüber erging, wie die Frauen der Republikaner die sexuelle Leistungsfähigkeit seiner Männer zu spüren bekommen sollten.

In der Rhetorik der Nationalisten kam auch die Rückbesinnung auf die imperiale Zeit zum Tragen, die nach Abschluss der *reconquista* mit der Herrschaft der Katholischen Könige ihren Anfang genommen hatte. Das erneuerte Spanien von General Franco sollte erklärtermaßen zum Abbild Spaniens im 16. Jahrhundert werden, als Glaube und Herrschaft unauflösbar miteinander verbunden waren. Zeiten wie die des Liberalismus des 19. Jahrhunderts, in denen Spanien von diesem Grundsatz abgerückt sei, seien Zeiten der Dekadenz und des Verfalls gewesen. Die Demokratie habe wiederum lediglich die Entfaltung niederer materialistischer Triebe zugelassen. Das allgemeine und gleiche Wahlrecht widerspreche den Ordnungsvorstellungen Gottes und habe lediglich die Massen korrumpiert. Liberalismus und Demokratie wurden als gescheiterte, überkommene und vor allem als unspanische politische Irrwege verurteilt. Der vage Begriff des *Imperium* rückte in den Mittelpunkt des nationalistischen Diskurses. Damit war aber vor allem das Gefühl eines inneren spirituellen Erstarkens gemeint und erst in zweiter Linie Ambitionen territorialer Expansion oder der Anspruch, Spanien zu einer militärischen Macht höheren Ranges machen zu wollen.

Neben diesen verbindenden Positionen bestanden im Lager der Nationalisten aber eine Vielzahl an unterschiedlichen, miteinander konkurrierenden ideologischen Strömungen. Vor allem der Faschismus der Falange stand keinesfalls im Einklang mit dem theokratischen Weltbild der *Carlisten* und anderer reaktionär-katholischer Kreise. Obwohl sich der Faschismus als Bewegung in den 1930er Jahren in Europa im Aufwind befand und die Falange seit dem Frühjahr 1936 einen massenhaften Zulauf erfahren hatte, sollten die spanischen Faschisten zunächst in die Defensive geraten. Dies lag sicherlich zum einen darin begründet, dass sich die charismatische Identifikationsfigur des spanischen Faschismus, José Antonio Primo de Rivera, in den Händen der Republikaner befand und weitere führende

Köpfe der Falange wie Onésimo Redondo und Ramiro Ledesma Ramos in den ersten Wochen des Krieges erschossen worden waren. Bezeichnenderweise war diese Situation General Franco allem Anschein nach hochwillkommen. Trotz einer schlechten Quellenlage scheint festzustehen, dass Franco kein Interesse an einer Befreiungsaktion für Primo de Rivera hatte. Wenngleich der Austausch oder der Freikauf von prominenten Gefangenen im Laufe des Krieges immer wieder praktiziert wurde, liefen einige auch von deutscher Seite initiierte Vorstöße ins Leere, eine Freilassung des Falange-Gründers zu erreichen. Franco verhinderte auch, dass eine internationale Kampagne lanciert wurde, um das Leben von Primo de Rivera zu retten, der schließlich am 20. November 1936 hingerichtet wurde. Zur Erklärung dieser Haltung Francos ist ins Feld geführt worden, dass der starke Zulauf, den die Falange erfuhr, der militärischen Führung auf der einen Seite als Verstärkung der regulären Einheiten hochwillkommen war. Ein Machtzuwachs der Falange als politische Partei war auf der anderen Seite aber unerwünscht, da sie letztlich ein Gegengewicht zur militärischen Führung gebildet hätte. Primo de Rivera vertrat zudem ein dezidiert sozialrevolutionäres Programm und hatte sich in der Vergangenheit wiederholt zurückhaltend gegenüber den Zielen einer reaktionären und monarchistischen Bewegung gezeigt, denen das Gros der Putschisten und vor allem das sie unterstützende Establishment verpflichtet waren. Wie der inhaftierte Primo der Rivera Anfang Oktober 1936 in einem Interview mit einem amerikanischen Journalisten noch ein letztes Mal klar und deutlich unterstrich, hätte er sich einer Instrumentalisierung seiner Bewegung zur Wiederherstellung der alten sozialen Ordnung widersetzt (Gil Pecharromán, Primo de Rivera, 511). Damit stellte er aber für Franco eine politische Gefahr dar, und eine Befreiung konnte keinesfalls in dessen Sinne sein. Dies hielt Franco allerdings nicht davon ab, Primo de Rivera nach dessen Tod zum Märtyrer zu stilisieren und den Kult um den mythischen Gründer der Falange so weit wie möglich voranzutreiben.

Wie Franco in einem ersten Gespräch mit einem deutschen Diplomaten nach der Übernahme des militärischen Oberkommandos bekannte, war sein vordringliches politisches Ziel der ideologische Zusammenschluss der verschiedenen Kräfte. Da von allen politischen Gruppierungen wie den *Carlisten*, den *Alfonsisten*, der konservativen Parteienallianz CEDA oder der Falange lediglich die Letztgenannte durch ihr sozialrevolutionäres Programm aus dem Rahmen fiel, lag natürlich auf der Hand, dass diese Homogenisierung letztlich auf Kosten der Falange vonstatten gehen würde. Dies sollte im Rahmen der von Franco herbeigeführten Zwangsfusion aller politischen Bewegungen zu einer Einheitspartei im April 1937 erfolgen. Während politische Parteien wie die CEDA ihre erzwungene Selbstauflösung bekannt gaben und auch der Nachfolger des radikalen Monarchistenführers Calvo Sotelo an der Spitze von *Renovación Española*, Antonio Goicoechea, unwillig nachgeben und die Gruppierung auflösen musste, wurden die antagonistischen Kräfte der Falange und der *Carlisten* zur «Falange Española Tradicionalista y de las Juntas de Ofensiva Nacional-Sindicalista» zusammengeschlossen. Die Falange erhielt zwar nach außen die politische Führungsrolle zugewiesen. Dies ging aber vor allem auf das internationale politische Klima zurück. Tatsächlich war das ideologische Profil dieser amalgamierten Organisation unscharf. So wurde zwar das von Primo de Rivera verfasste Parteiprogramm, das die Abschaffung des Kapitalismus, die Verstaatlichung des Großkapitals, die Schaffung einer sozial ausgerichteten Agrarverfassung und die Umschichtung des Grundbesitzes als programmatische Ziele enthielt, von der neuen Organisation übernommen, doch wurde der neuen Bewegung jegliche Möglichkeit zu politischen Initiativen genommen. Die angestrebte «nationalsyndikalistische Revolution» verkam zu einer inhaltsleeren Formel. Zudem musste die

Falange einen katholischen ideologischen Überbau akzeptieren und verinnerlichen. Aber auch innerparteiliche Querelen und Auseinandersetzungen führten zu einer zusätzlichen Schwächung der Falange. Vor allem mit den sprunghaft gestiegenen Mitgliederzahlen verschwamm das faschistische und revolutionäre Profil der Partei. Während die Mehrheit der neuen Mitglieder zwar der Wille zum Kampf gegen die Republik (und den darin verkörperten «Liberalismus», «Marxismus», «Separatismus») und der Wunsch nach einer starken (diktatorischen) Führung einte, vertraten sie keine ausgeprägten sozialrevolutionären Ziele. Demgegenüber strebten die «alten Kämpfer» wie der neue Führer der Falange, Manuel Hedilla, danach, das Werk von Primo de Rivera fortzuführen. Hedilla versuchte den ideologischen Erosionsprozess aufzuhalten und die Falange als eigenständige politische Kraft zu bewahren. Ihm sollte sein Widerstand teuer zu stehen kommen. Er wurde unter Anklage gestellt und zum Tode verurteilt, wenngleich die Strafe noch in eine mehrjährige Haftstrafe umgewandelt werden sollte. Aber auch bei den *Carlisten* machte sich Entsetzen über die Fusion ihrer politischen Organisation mit der Falange breit, ohne dass sie sich der Vereinigung entziehen konnten. So mussten *Carlisten* auf zentrale Schwerpunkte ihrer Bewegung wie die Forderung nach Wiedereinführung der Monarchie in der Person ihres Thronprätendenten verzichten. Abweichler wurden auch hier Ziel der Verfolgung. So wurde im Dezember 1936 Manuel Fal Conde, eine zentrale Figur des *Carlismus*, ins Exil getrieben, nachdem er für die Eigenständigkeit der Organisation eingetreten war. Die Eingliederung der Milizen von Falange und *Carlismus* in die militärischen Strukturen neutralisierte beide Bewegungen zusätzlich als eigenständige Kräfte. Anders als es im republikanischen Lager der Fall sein sollte, waren damit sämtliche politischen Kräfte dauerhaft zusammengefasst und unterstanden dem militärischen Apparat. Die von Franco als Chef der neuen Bewegung ernannte Führung setzte sich aus Personen zusammen, die diese Rangordnung nicht in Frage stellten. Die neue Einheitspartei übernahm nun die Aufgabe der Kontrolle und Einbindung der politisierten Massen und erhielt einen breiten Aktionsraum im Rahmen politischer Säuberungen, propagandistischer Arbeit und der aktiven Beteiligung am Kampf durch die Bereitstellung von Milizen.

Die neue politische Bewegung blieb aber in sich heterogen, was sich schon an ihrem endlosen Namen zeigte und ebenso in der versatzstückartig zusammengestellten Uniform des nationalen Führers zum Ausdruck kam. Franco trug in dieser Zeit häufig zu seiner militärischen Uniform das rote Barett der *Carlisten* sowie das blaue Hemd der Falangisten. Die Heterogenität spiegelte sich aber vor allem in der Zusammensetzung des ersten Kabinetts Francos Anfang Februar 1938. Darin befand sich mit Pedro Sainz Rodríguez ein führender *Alfonsist*, die *Carlisten* waren mit Graf Rodezo vertreten und die Falangisten mit dem Schwager Francos, Ramón Serrano Suñer, sowie mit Raimundo Fernández Cuesta, der wiederum vor allem mit der Falange von Primo de Rivera identifiziert wurde. Die Rivalität, die während der Zeit der Republik zwischen CEDA, Falange, *Alfonsisten*, *Carlisten* bestanden hatte, rückte damit (zum Teil *nolens volens*) ins zweite Glied. Die politische Rechte ordnete sich den militärischen Erfordernissen unter. Allerdings muss betont werden, dass abgesehen von der entmachteten Falange hinter diesen Gruppierungen insbesondere die Sicherung der eigenen sozioökonomischen Interessen stand und die ideologischen Unterschiede im Kern nicht allzu groß waren. Das konservative Establishment empfand zwar weiterhin Unbehagen gegenüber den als ungehobelt empfundenen Milizen der Falange, doch wurden sie als notwendiger Beitrag erachtet, um das Ziel der Sicherung der Besitzstände zu erreichen. Jenseits aller Rhetorik deutete alles darauf hin, dass die «alte Ordnung» nicht in Gefahr war.

Ramón Serrano Suñer wurde 1901 in Cartagena geboren. Aus wohlhabenden Verhältnissen stammend, schlug er zunächst eine Laufbahn als Jurist ein. Seine politische Karriere begann er 1931 als Abgeordneter eines Rechtsbündnisses und später innerhalb der konservativ-katholischen Gruppierung CEDA unter José María Gil Robles. Er wurde zum Führer der Jugendorganisation von *Acción Popular* (JAP). Er war José Antonio Primo de Rivera freundschaftlich verbunden und betrieb nach den «Volksfrontwahlen» von 1936 den massenhaften Übertritt von Mitgliedern der JAP zur *Falange*. Nach Beginn des Bürgerkrieges wurde er zwar verhaftet, doch entkam er aus Madrid in die nationalistische Zone. Hier übertrug ihm sein Schwager Franco die Aufgabe, die Zwangsfusion aller politischen Kräfte innerhalb des nationalistischen Lagers zur *Falange Española Tradicionalista y de las JONS* (FET y de las JONS) vorzubereiten. 1939 wurde er zum Vorsitzenden des politischen Ausschusses von FET y de las JONS. Er betrieb die Konstituierung eines Regimes nach faschistischem Muster. Serrano Suñer hatte ab 1938 das Amt des Innenministers und ab 1940 auch das des Außenministers inne. Er setzte sich für den Kriegseintritt auf Seiten der Achsenmächte ein, verlor allerdings seine Ämter im Jahr 1942 aufgrund wachsender Opposition innerhalb des Militärs und nach einem Attentat von Falangemitgliedern gegen hochrangige monarchistische Generäle. Er zog sich daraufhin aus dem politischen Leben zurück. Serrano Suñer starb 2003 in Madrid.

Vor dem Hintergrund der in Europa weiter an Macht gewinnenden faschistischen Bewegungen setzte aber auch in Spanien eine Stärkung faschistischer Elemente im Regime ein. Der neue starke Mann der Falange, Serrano Suñer, der wie viele Neu-Falangisten der CEDA entstammte und Führer der Jugendorganisation von Gil Robles (JAP) gewesen war, übernahm 1938 das Amt des Innenministers und damit auch die Lenkung der Presseorgane und der Propaganda. Wenig später erhielt er zusätzlich die Kontrolle über die Sicherheitsapparate und im Jahr 1940 auch noch das Außenressort. Zudem rückten weitere Falangemitglieder in Schlüsselpositionen im Staat auf. Serrano

Suñer begann auch damit, die Grundlagen eines Staatsgefüges zu entwerfen, das sich insbesondere an dem italienischen Vorbild orientierte. Die im März 1938 erlassene Arbeitsverfassung (*Fuero del Trabajo*) lehnte sich deutlich an der italienischen *Carta del Lavoro* an. Die Schaffung eines Nationalrates der Bewegung (*Consejo Nacional del Movimiento*) und insbesondere deren politischer Ausschuss (*Junta Política*) deuteten den Anspruch der Falange an, sich in eine Organisation verwandeln zu wollen, die die politischen Leitlinien vorgab. Die Schaffung von vertikalen Syndikaten, die der Staatsführung unterstanden, als eine einheitliche Arbeitgeber und Arbeitnehmer umfassende Organisation wies nicht nur faschistische Züge auf, sondern ging über das italienische Beispiel hinaus. Der Staat übernahm damit eine regulative und interventionistische Funktion im Wirtschafts- und Arbeitsbereich, wenngleich darüber hinaus die Umgestaltung der Wirtschaftsbeziehungen aufgrund der notwendigen Rücksichtnahme auf die Kriegswirtschaft aufgeschoben wurde. Das sich konstituierende Regime Francos glich sich jedenfalls den in Mitteleuropa bestehenden Regimen an. Die traditionalistischen Elemente gerieten damit ins Hintertreffen, was unweigerlich und bis zu dem Zeitpunkt, als mit dem Ende des Zweiten Weltkriegs alle faschistischen Wunschträume zerplatzten, zu einem an Schärfe zunehmenden Konflikt zwischen den rivalisierenden Kräften führte. Dem Bild eines faschistischen Diktators entsprach auch Francos unbedingter Führungsanspruch. Der Sieg im Bürgerkrieg wurde dabei nicht als Erfüllung der Bestimmung der Nation, sondern auch als Vollendung eines von Franco ausgeführten göttlichen Auftrages interpretiert. Die Vorsehung lässt Franco triumphieren und herrschen. Eine wie auch immer geartete Beschränkung dieses Anspruches wurde nicht geduldet. Entsprechend lehnte Franco Anfang 1937 das Ersuchen des als Kronprinz designierten Sohnes von Alfons XIII. erneut ab, sich den Reihen der Nationalisten anschließen zu dürfen. Politischen Beobachtern blieb auch nicht die Erleichterung Francos verborgen, als er Anfang Juni 1937 vom Tod von General Mola erfuhr, womit sein letzter ernstzunehmender Konkurrent verschwunden war.

Während aber die Nationalisten bei aller ideologischen Verschwommenheit und interner Heterogenität ein nach außen einheitliches Bild abgaben, war das Lager der Republikaner durch offene ideologische Konflikte und einen aufs heftigste ausgetragenen politischen Richtungsstreit geprägt. Die sozialrevolutionären Vorstellungen der Anarchisten, die die herrschaftslose Gesellschaft als Ziel propagierten, sowie jene der unabhängigen Marxisten, die eine Diktatur des Proletariats anstrebten, waren miteinander sowie mit bürgerlich-republikanischen Vorstellungen unvereinbar. Hinzu kam eine ideologisch tief gespaltene sozialistische Partei, deren radikaler, vor allem gewerkschaftlicher Flügel auf eine grundlegende Umgestaltung der gesellschaftlichen Ordnung und Besitzverhältnisse zielte. Während also die bürgerlich-republikanische Regierung zunächst mit der Legitimität der republikanischen Ordnung argumentierte, die Illegalität des Aufstandes anprangerte und insbesondere die Notwehr gegen eine Aggression betonte, bot gerade der Beginn der militärischen Auseinandersetzung den sozialrevolutionären Gruppierungen die lang ersehnte Gelegenheit, die Umsetzung der Revolution mit großem propagandistischen Getöse zu propagieren. So stellte der Führer des POUM, Andreu Nin, in Barcelona Anfang September 1936 fest: «Die bürgerlichen Demokraten träumen natürlich davon, zur Ausgangssituation zurückzukehren. Viele von ihnen haben noch gar nicht gemerkt, was in unserem Land vonstatten gegangen ist. Sie merken nicht, dass von der bestandenen Ordnung rein gar nichts mehr übrig ist und wir gegenwärtig einen tiefgreifenden Umwälzungsprozess durchleben.» Etwas moderater, aber ebenso gegen die bürgerliche Gesellschaftsordnung gerichtet, stellte Ministerpräsident Largo Caballero, für den der Sozialismus das natürliche Ergebnis des gesellschaftlichen

Fortschritts war, Anfang Oktober 1936 fest: «Der Feind muss in den Schützengräben besiegt werden, aber es müssen auch die Privilegien überwunden werden, die juristisch und ökonomisch bestanden. [...] Nach dem Ende der Kämpfe wird sich die innere Verfasstheit Spaniens auch in juristischer und wirtschaftlicher Hinsicht verändert haben, und den Massen, die gegenwärtig heldenmütig kämpfen, muss die Garantie gegeben werden, dass am Ende des Krieges der Artikel 1 unserer Verfassung, wonach Spanien eine Republik ist, die sich aus Arbeitern aller Klassen zusammensetzt, zur Realität geworden ist.»

Die ideologischen Divergenzen im republikanischen Lager sollten zusätzlich durch den wachsenden Einfluss der Kommunisten verstärkt werden, die im Sinne der Vorgaben aus Moskau und der Komintern die sozialrevolutionären Vorstellungen bekämpften. Erschwerend kam hinzu, dass im Gegensatz zu der Haltung Deutschlands und Italiens der ideologische Richtungsstreit durch das massive Eingreifen der sowjetischen Berater und der Repräsentanten der Komintern von außen verstärkt wurde, was zu einer weiteren Verschärfung der Spannungen führte. Als kleinster gemeinsamer Nenner und ideologische Klammer blieb schließlich lediglich die Interpretation des Bürgerkrieges als antifaschistischem «Abwehrkampf» übrig. Der «Antifaschismus» sollte analog zur «Sakralisierung» des Krieges durch die Nationalisten ebenfalls einen dualistischen und die eigene Mission heroisierenden Diskurs begründen. Vor allem im Sinne der kommunistisch dominierten Propaganda ging es um die Verteidigung der in der republikanisch-demokratischen Ordnung verankerten Freiheit und um den Widerstand des spanischen Volkes gegen die «Faschisten» und die «Reaktion». Dieser Abwehrkampf umfasste demnach alle Kräfte des Volkes, wie sie in der Koalitionsregierung unter Einschluss der Katholiken des PNV, der Anarchosyndikalisten sowie der sozialistischen gewerkschaftlichen Kräfte zum Ausdruck kamen. Auf die gleiche Art und Weise, mit der die Nationalisten einen Krieg gegen finstere internationale Mächte zu führen vorgaben, sprach die republikanische Propaganda in Anspielung auf die Befreiungskriege gegen Napoleon (1808–1813) von einem Krieg gegen eine Invasion von außen, die die Unabhängigkeit der spanischen Nation bedrohe. Ganz im Sinne des «antifaschistischen» Charakters des Abwehrkampfes der Republik war der Krieg aber auch ein Kampf um die Freiheit Europas, eine Argumentationslinie, die mit der wachsenden Intervention Italiens und Deutschlands sowie der sich verschärfenden internationalen Krise immer weiter an Dominanz gewann. Die «faschistischen Mächte» trachteten demnach danach, sich Spaniens zu bemächtigen, um auf diese Weise ihre Ausgangsposition im Hinblick auf den künftigen europäischen Krieg zu verbessern, durch den Europa unter das Joch des Faschismus kommen solle. Für alle Fraktionen des republikanischen Lagers ging es aber auch um die Verteidigung der Zivilisation gegen die Barbarei. So stellte die Zeitschrift *El Socialista* im Dezember 1936 fest: «Die nackte und unumstößliche Wahrheit ist, dass der Versuch unternommen worden ist, eine tote Vergangenheit wieder zum Leben zu erwecken, über deren Barbarei im Spiegel der Geschichte nichts als Verdammnis gesprochen worden ist. In diesem Licht allein muss unser Kampf beurteilt werden, in dem alle moralischen Werte allein von uns vertreten werden.» Für beide Kriegslager ging es damit im Kern um einen Kampf gegen dämonische Mächte und für die Errettung Spaniens. Diese verblendete Wahrnehmung sollte alle Vorstöße unweigerlich zum Scheitern bringen, die für eine Vermittlung zwischen beiden Lagern einzutreten versuchten. Auch die von Staatspräsident Azaña Mitte Juli 1938 dramatisch ausgesprochene Mahnung zur Versöhnung nach Kriegsende konnte da keine Früchte tragen: «Wenn der Krieg das Ende nimmt, das wir uns wünschen, ist es die moralische Verpflichtung insbesondere derjenigen, die ihn erleiden, aus den abschreckenden Lehren das Bestmögliche zu lernen. Und wenn die Fackel in die Hände anderer Männer und anderer Generationen übergeht, wird die Erinnerung bleiben. Und sobald wieder einmal das hasserfüllte Blut aufwallt und das spanische Wesen sich von neuem in Intoleranz, Hass und Zerstörungswut hineinsteigert, sollen diese Männer an die Toten denken und sich der Lehren jener entsinnen, die zornerfüllt und für ein grandioses Ideal großmütig kämpfend in der Schlacht gefallen sind und jetzt, von der mütterlichen Erde ummantelt, keinen Hass mehr fühlen, keinen Groll mehr hegen und uns mit den sternengleichen ruhigen und fernen Strahlen ihres Lichtes die Botschaft des ewigen Vaterlandes an alle seine Söhne übermitteln: Friede, Erbarmen und Vergebung» (Azaña, discursos, 494).

7. Repression, Exil und Erinnerung

Die Folgen des Krieges waren niederschmetternd. Allein von den materiellen Schäden sollte sich die Nation lange nicht erholen. Die Industrieanlagen befanden sich in einem desolaten Zustand. Kriegsbedingte Zerstörungen von Eisenbahnanlagen und Frachtschiffen führten zu gravierenden Problemen bei der Versorgung der Bevölkerung. Zudem war wegen des Ausbruchs des Zweiten Weltkriegs kurz nach dem Ende des Spanischen Bürgerkrieges an den Wiederaufbau mit ausländischer Unterstützung nicht zu denken. Ausländische Beobachter verglichen die katastrophale Versorgungslage in Spanien mit der in den von den Deutschen besetzten Gebieten. Der Verlust nahezu der gesamten Devisen- und Edelmetallreserven durch die Waffenkäufe der Republik sowie die gewaltigen Schulden aufgrund der Lieferungen Italiens und Deutschlands banden zudem über viele Jahre die Handlungsfähigkeit der spanischen Wirtschaftspolitik. In direkter Folge der Kampfhandlungen sollen an die 150 000 Menschen ums Leben gekommen sein, was nicht nur ein unermessliches Leid für die betroffenen Familien bedeutete, sondern eine Rückkehr zur Normalität zusätzlich erschwerte, da es sich bei den Toten und Kriegsversehrten vor allem um arbeitsfähige Männer gehandelt hatte. Leid und Elend sollten durch die von den Siegern ausgeübte und ideologisch motivierte Repression in schier unvorstellbarer Weise noch gesteigert werden. Francos Presseoffizier Gonzalo de Aguilera stellte in diesem Zusammenhang gegenüber einem amerikanischen Journalisten nüchtern fest: «Unser Programm ist die Tötung eines Drittels der männlichen Bevölkerung Spaniens. Damit wird das Land sauber werden» (Foltz, Masquerade,

116). Aguilera galt zwar als exzentrisch, doch steckten in seinen Äußerungen nicht nur unter den Nationalisten verbreitete Ansichten. Die makabre Feststellung hinsichtlich der gezielten Dezimierung der spanischen Bevölkerung enthält tatsächlich auch den Kern der Zielvorstellungen der Nationalisten: Im Sinne der Sakralisierung des Krieges und in Analogie zur Verfolgung «judaisierender» Elemente durch die spanischen Herrscher der frühen Neuzeit, die zu einer spirituellen Läuterung der Nation geführt habe, sollte auch der Bürgerkrieg eine «Reinigung» Spaniens von «unspanischen» Kräften bewirken. Für Franco war, wie er im Frühjahr 1940 im andalusischen Jaen verkündete, das Leiden einer Nation in historischen Schicksalsstunden keine Laune der Geschichte, sondern eine spirituelle Bußhandlung und die Strafe, die Gott den Menschen bei einer verfehlten Lebensführung auferlege. Auch die katholische Amtskirche empfand genauso. So stellte der Erzbischof von Burgos in einer Predigt im Jahr 1937 fest, dass der Krieg der Fastenzeit gleiche, indem die Menschen nun für ihre Sünden büßten und Spanien durch das Blutopfer Läuterung erführe. Dies sei unumgänglich als Vorbedingung für die Auferstehung der Nation, die mit dem Sieg der Nationalisten eintreten werde. Im Weltbild spanischer Adliger wie Aguilera kommt aber auch das Konzept der Blutreinheit (*limpieza de sangre*) des Adels zum Ausdruck, das über Jahrhunderte das Denken in Spanien geprägt hat und die «Reinheit» von als minderwertig wahrgenommenen fremden (vor allem jüdischen) Einflüssen beschrieb. Der Krieg wurde damit nicht nur als Kampf gegen den Marxismus oder gegen die «Söhne Kains» geführt, sondern darüber hinaus gegen eine als krank wahrgenommene Bevölkerung. Indem reaktionäre Gestalten wie Gonzalo de Aguilera das Proletariat geradeheraus als Ratten und Läuse bezeichneten, ihm keinerlei Rechte zugestanden, zumal es mit dem Bazillus des Bolschewismus infiziert nichts als Plagen verbreite, treten neben religiöse oder politische Argumente auch biologistisch begründete Überzeugungen hervor. Der Militärpsychiater Antonio Vallejo Nágera, der während des Bürgerkrieges eine Vielzahl psychiatrischer Kliniken im nationalistischen Machtgebiet unterhielt, verschrieb sich «folgerichtig» der Idee, die biologistisch begründete Minderwertigkeit von Marxisten wissenschaftlich zu begründen. Der Marxismus wurde damit als genetisch bedingte psychische Krankheit beschrieben. So entstand eigens eine der psychiatrischen Abteilung des Heeres unterstellte psychologische Forschungsstelle, um an internierten Republikanern die pathologischen Wurzeln des Marxismus zu erforschen (Reig, Ideología, 28). Die Konsequenz war klar: Die gottgewollte soziale Ordnung könne nur wiederhergestellt werden, wenn das als infiziert diagnostizierte Fleisch chirurgisch aus dem «Volkskörper» herausgetrennt werde. Erst damit könne die nationale Psyche und Physis wieder gesunden.

Die Reinigung Spaniens durch die physische Vernichtung alles als unspanisch wahrgenommenen Lebens setzte nicht erst mit Kriegsende ein. Vielmehr wurden bereits unmittelbar mit dem Vorrücken der nationalistischen Einheiten im eroberten Gebiet die Dörfer nach «Roten» durchsucht, um sie kurzerhand zu liquidieren. Die Gewaltmaßnahmen, die vor allem von Falangemilizen und *Carlisten* ausging, betrafen im Wesentlichen die Mitglieder von sozialistischen, kommunistischen und anarchistischen Organisationen. Allein die Mitgliedschaft in einer Arbeiterorganisation führte während des Bürgerkrieges für gewöhnlich zur Exekution der Betroffenen. Das Belastungsmaterial stammte dabei üblicherweise von den örtlichen Pfarrern und ortsansässigen Anhängern der Nationalisten. Darüber hinaus wurde in Salamanca eine umfangreiche zentrale Datensammlung aus erbeuteten Unterlagen und Archiven zusammengestellt und ausgewertet, um gezielt gegen weitere als Staatsfeinde verdächtigte Personen vorgehen zu können. Normalerweise fanden stets mehrere Wellen der Repression in den jeweiligen Ortschaften statt. Nachdem bei einer ersten

Aktion noch recht unkoordiniert exponierte Repräsentanten republikanischer Organisationen auf Fingerzeige hin und ohne förmliche Verfahren erschossen worden waren, erfolgte die nächste Stufe der Repression mit Institutionalisierung der Herrschaft im nationalistischen Machtbereich auf der Grundlage von Kriegsgerichtsurteilen. Dass aber mit der Einrichtung von Gerichten lediglich der Schein der Legalität gewahrt wurde, zeigt sich exemplarisch an den Äußerungen des Adjutanten von General Queipo de Llano, wonach der für die öffentliche Ordnung zuständige Offizier in Sevilla täglich an die sechzig Todesurteile unterschreibe, ohne die Akten gelesen zu haben, denn nur auf diese Weise könne Spanien gründlich von Marxisten befreit werden. Die Willkür, mit der vorgegangen wurde, war nach Michael Richards beabsichtigt, denn sie unterstützte die Ziele der Repression, indem sie das Angstgefühl innerhalb der Bevölkerung verstärkte. Allein in Málaga führten die Terrorakte in den Folgewochen nach der Eroberung der Stadt Anfang Februar 1937 zu über 2500 Opfern. Für Córdoba hat Fernando Moreno eine Gesamtzahl von 9579 Opfern der «Säuberungen» ermittelt, und für das ebenfalls andalusische Huelva geht die Forschung von mindestens 8000 Opfern aus. Nach der Eroberung Barcelonas Ende Januar 1939 kündigte sich auch hier das Massaker an, als Innenminister Serrano Suñer einem deutschen Journalisten eine zynische Diagnose zur Lage in der Stadt lieferte: Die Stadt sei durch und durch vom Bolschewismus durchsetzt und die spanische Seele erstickt worden. Die Bevölkerung sei in jeder Hinsicht krank, so dass man der Stadt die Pflege angedeihen lassen werde, die einem Kranken zustehe.

Der Bürgerkrieg war damit im Jahr 1939 noch lange nicht zu Ende. Der «Tag des Sieges» am 1. April 1939 war keinesfalls ein Tag des Friedens oder gar ein Tag, von dem ein Signal der Versöhnung ausgehen sollte. Nach dem militärischen Sieg begann der Krieg im Inneren. Die «Kultur der Repression» (Richards) wurde für die Diktatur konstituierend. Die Erinnerung an ein liberales Spanien sollte radikal ausgelöscht werden. Das Gesetz über politische Verantwortlichkeiten vom Februar 1939 sowie das Gesetz zur Unterdrückung von Freimaurerei und Kommunismus vom März 1940 richteten sich nicht nur gegen aktive Unterstützer der Republik, sondern auch gegen solche Personen, die angeblich den Nationalisten Hilfe versagt hatten. Sogar Unterlassung und unbeabsichtigte Behinderung konnten damit schwere Strafen nach sich ziehen. Politisch motivierte Taten, die lange Jahre zurücklagen, sollten hierbei ebenso geahndet werden wie die mutmaßliche Gesinnung der Betroffenen, denn die nationalistische Definition von Verbrechen schloss moralische wie ideologische Kategorien mit ein. Zudem kam den gesetzlich vorgesehenen Stellungnahmen der örtlichen Pfarrer eine herausragende Bedeutung für die Urteilsfindung zu.

Hunderttausende Soldaten der «Volksarmee» und sonstige Verdächtige kamen nach Kriegsende zu Überprüfungszwecken zunächst auf unbestimmte Zeit in eines von insgesamt mindestens fünfzig Internierungslagern. Hunger, Entwürdigung, willkürliche Misshandlungen und Erschießungen kennzeichneten diese Lager. Als der italienische Außenminister Graf Ciano im Sommer 1939 Spanien besuchte, ging er davon aus, dass in Madrid täglich über zweihundert, in Barcelona 150 und in Sevilla an die 80 Erschießungen stattfanden. Britischen Schätzungen zufolge waren allein in den ersten fünf Monaten nach Kriegsende mindestens 10 000 Todesurteile vollstreckt worden. Die Menge der anhängigen Verfahren war wiederum um ein Vielfaches größer. Nach Angaben von Reig Tapia wurden gegen mehr als 300 000 Personen Verfahren eingeleitet, und für Ende 1939 weisen offizielle spanische Statistiken die Zahl von 270 000 Inhaftierten in regulären Haftanstalten (damit waren nicht die Internierungslager gemeint) aus. In den Jahren 1939 und 1940 bestanden an die 500 Gefängnisse, die oft nicht mehr als improvisierte Quartiere waren und nicht einmal einen hygienischen Mindeststandard erfüllten. Die Gefängnisse waren zudem hoffnungslos überfüllt. Als Anhaltspunkt für die damals herrschenden Zuständen sei das reguläre Gefängnis von Valencia erwähnt, das im Jahr 1907 für 528 Insassen erbaut worden war und in dem nun an die 15 000 Häftlinge untergebracht waren. Die Inhaftierten saßen sprichwörtlich aufeinander und hatten mitunter kaum Platz, um sich nachts auf den Boden zu legen. Misshandlungen und Erniedrigungen waren hier genauso alltägliche Praxis wie der Umstand, dass die Essensrationen nicht einmal ausreichten, um den Mindestbedarf an Kalorien zu decken. Eine seuchenartige Verbreitung von Typhus und Tuberkulose war die unmittelbare Folge. Francisco Moreno hat als Untersuchungsergebnis für 13 der insgesamt 52 spanischen Provinzen den Tod von über 4600 Inhaftierten aufgrund von Hunger oder Krankheit ermittelt (Juliá, víctimas, 297 f.). Tod durch Hunger, Krankheit und Exekutionen wurden zur alltäglichen Erscheinung. Die Briefe des Dichters Miguel Hernández aus einem dieser Gefängnisse sind ein anschauliches Zeugnis von diesem grausamen Alltag, den auch er schließlich nicht überleben sollte.

Darüber hinaus wurden gewaltige Arbeitslager geschaffen. Dahinter stand der Gedanke, dass die «Sünde» der Einlassung mit den Idealen der Republik schwere Bußhandlungen erforderlich mache. Entsprechend bestand somit (außer für Kommunisten und Freimaurer, die keinesfalls als wiedereingliederungsfähig galten) die Möglichkeit, festgestellte Schuld durch Arbeit abzutragen. Dem der Kirche unterstehenden «Nationalen Patronat zur Haftverkürzung durch Arbeitseinsatz» ging es dabei vor allem um die «Läuterung» der Strafgefangenen. Marxistische Überzeugungen sollten hierbei mittels intensiver Missionierung durch christlich-katholische ersetzt werden. Während verhältnismäßig wenige Strafgefangene der Obhut der Kirche unterstellt wurden, war die Zwangsarbeit in Arbeitsbataillonen weit verbreitet. Diese wurden unter menschenverachtenden Bedingungen vor allem im Straßenbau, in Bergwerken oder beim Wiederaufbau zerstörter Gebiete eingesetzt. In den Quecksilberminen von Almadén etwa betrug aus Gesundheitsgründen die reguläre Arbeitszeit üblicherweise lediglich drei Stunden an je zwei Tagen pro Woche. Zwangsarbeiter dagegen wurden an drei Tagen jeweils viereinhalb Stunden in den giftigen Bergwerken eingesetzt. Auch für die Errichtung des im Norden Madrids gelegenen gewaltigen Mausoleums im «Valle de los Caídos», das als Grabstätte für Primo de Rivera, Franco und für die Gefallenen der Nationalisten bestimmt war, wurden abertausende Strafgefangene herangezogen. Die Torturen verfolgten das Ziel, die Inhaftierten seelisch und körperlich zu Krüppeln zu machen.

Mit einer Haftentlassung war aber keineswegs der Weg zur sozialen Reintegration frei. So folgten ihr üblicherweise nicht nur strenge Auflagen, wie etwa die tägliche Meldung bei den Sicherheitsorganen oder die Verbannung aus dem Heimatort. Auch die Verteilung von Arbeitsplätzen unterlag ideologischen Kriterien. Nach einem Gesetzesdekret vom August 1939 waren achtzig Prozent aller frei werdenden Stellen für Personen reserviert, die auf der Seite der Nationalisten gekämpft hatten oder durch «Rote» verfolgt worden waren. Die vorgeschriebene politische Überprüfung aller Stelleninhaber im Staatsdienst sperrte die Betroffenen sogar vollständig von einem Arbeitsverhältnis im öffentlichen Dienst aus. Auch in der Privatwirtschaft wurde eine Überprüfung der Arbeitnehmer, gegebenenfalls bei Aussonderung der politisch unliebsamen, durchgeführt. Damit erfolgte eine tief in das soziale System hineinreichende Zementierung der Spaltung der Gesellschaft in Sieger und Besiegte, Besitzende und Marginalisierte. Das Gesetz über die politischen Verantwortlichkeiten sah zudem unbarmherzig die Enteignung von Besitz und Vermögen oder Geldstrafen vor, deren Höhe das Vermögen der Betroffenen weit übersteigen konnte. Die Strafbefehle ergingen darüber hinaus unabhängig davon, ob der Betroffene lebte oder hingerichtet worden war. Diese ökonomischen Strafmaßnahmen waren ebenfalls ein gezielt eingesetztes Mittel der Unterdrückung, zumal sie angesichts der oft nur geringen Vermögenswerte der Betroffenen keine besondere Einnahmequelle für den Staat darstellten. Die Familien von Strafgefangenen, die ohnehin in sozialer Isolation lebten, rutschten zudem auf diese Weise häufig in Armut und Elend ab. Mitunter wurden den Familien von Republikanern sogar die Kinder entrissen, um sie staatlicher Obhut zu übergeben oder zur Adoption freizugeben. Offiziellen spanischen Statistiken zufolge befanden sich im Jahr 1941 über 3700 Kinder in staatlicher Obhut. Im Jahr darauf war ihre Zahl auf über 9000 gestiegen (Juliá, víctimas, 301). Frauen wurden aber auch direkt zum Opfer von Repressalien. Dies galt nicht nur aufgrund von politischer Gesinnung, sondern ebenso, wenn ihnen ein den Moralvorstellungen der Kirche widersprechender Lebenswandel unterstellt wurde. Das Scheren des Haupthaares wurde dabei zur häufig praktizierten öffentlichen Stigmatisierung. Rizinusöl galt als probates Mittel zur Bekämpfung politischer und moralischer Verunreinigungen. Die Falange hatte einen Freibrief, die Familien von Republikanern zu drangsalieren. Die Repression erhielt damit nicht nur einen willkürlichen, sondern auch einen gleichsam institutionellen Charakter. Republikaner und ihre Angehörigen wurden sprichwörtlich zu Aussätzigen. Da Spanien bis in die 1960er Jahre hinein ein rural geprägtes Land war, war die soziale und institutionelle Kontrolle, die durch die örtlichen Pfarrer, die Delegierten der Falange und die Gemeindeverwaltung ausgeübt wurde, ein probates Mittel der Repression. Während Denkmäler, Friedhöfe, Kirchenmauern und Straßennamen die Erinnerung an die Opfer der Sieger allgegenwärtig machte, waren die Unterdrückten zum Schweigen verdammt. Angst, Einsamkeit, Verlust und Ungewissheit lagen wie ein Schatten über den Verlierern des Krieges. So stellt rückblickend der Historiker

Carles Santacana fest: «Jedes Mal, wenn man danach fragte, was vor jenem Datum passiert war, legten die Erwachsenen ihren Zeigefinger auf die Lippen und blickten sich nach allen Seiten um. Wir waren Leute ohne Vergangenheit, ohne Erinnerung» (Santacana, derrotats, 113). Entsprechend deutet vieles darauf hin, dass die spätere Abwanderung von Abertausenden in die neu entstehenden Industriezentren sowie ins europäische Ausland insbesondere von diesen Ausgegrenzten ausging.

Über die Gesamtzahl der Repressionsopfer ist viel diskutiert worden, da die Quellenlage erhebliche Schwierigkeiten aufwirft. Mittlerweile steht jedoch fest, dass die franquistische Propaganda versucht hat, die Zahlen kleinzureden, um die Schreckensbilanz zu verschleiern. So wurden politisch motivierte Tötungen oftmals mit der Ahndung von gewöhnlichen Verbrechen erklärt. Häufig wurden auch Erschießungen durchgeführt, ohne dass ein Verwaltungsakt vollzogen wurde. Die Behörden weigerten sich oftmals, Totenscheine auszustellen, oder die Betroffenen verzichteten aus Angst darauf, eine Eintragung vornehmen zu lassen. Viele Opfer galten somit während der gesamten Dauer der Diktatur lediglich als «vermisst» oder als «verschwunden». So geht die Forschung davon aus, dass der Tod von lediglich zwischen einem Drittel und der Hälfte der während des Bürgerkrieges Erschossenen behördlich beurkundet wurde. Die Eintragungen fanden oftmals erst Jahre nach dem Tod des Diktators statt. Lokalstudien haben erwiesen, dass die Zahl der tatsächlichen Opfer die offiziellen Angaben meist um ein Dreifaches überstieg. Auf der Grundlage der Ergebnisse einer Vielzahl von minutiösen Untersuchungen auf Gemeinde- und Provinzebene, die inzwischen für einen großen Teil der spanischen Provinzen vorliegen, fielen schätzungsweise 150 000 Personen der Repression der Nationalisten zum Opfer (Juliá, víctimas, 410). Insgesamt betrachtet, kann die Repression im Krieg und in der unmittelbaren Nachkriegszeit keinesfalls durch den Verweis auf militärische Notwendigkeiten oder Folgen, die sich aus den erhitzten Gemütern und Racheimpulsen ergaben, erklärt werden. Es handelte sich um ein systematisches politisches Projekt des Terrors zur «sittlichen Reinigung der Gesellschaft» nach ideologischen Kriterien. Es ging darum, für alle Zukunft jegliche Keime möglicher politischer Opposition zu beseitigen. Der Herstellung der «Purität der Nation» fielen Hunderttausende durch Tod, Inhaftierung, Vertreibung und Repressalien zum Opfer. Nach Überzeugung von Ortiz Heras hat in der gesamten Geschichte Europas keine vergleichbare soziale und ökonomische Repression der eigenen Bevölkerung stattgefunden (Ortiz Heras, Violencia). Dieses Ergebnis widerspricht allerdings einer landläufigen Meinung über das Franco-Regime. So stellte der Vizepräsident des Deutschen Bundestages, Richard Jaeger, vor dem Hohen Haus im April 1960 im Hinblick auf Gewalt und Tyrannei in Spanien fest: «Es ist ja auch die Diktatur in einem romanischen Volk; sie wird also weder mit preußischer Exaktheit noch mit deutscher Perfektion durchgeführt, sondern eben in der etwas leichteren Lebensart dieser Völker, die die Dinge gar nicht so schlimm erscheinen lässt – jedenfalls im Allgemeinen –, wie dies in unserem Land wäre, wenn hier ein solches System bestünde.» Solche Äußerungen sind schlichtweg auf eine Verblendung zurückzuführen, die eine radikale Unkenntnis der sozialen Realität im Land zum Ausdruck bringen.

1939 hatte eine massive Flucht über die Grenzen nach Frankreich eingesetzt. Während bis Ende 1938 etwa 45 000 Spanier die Grenze überschritten hatten, folgte bis Ende Februar 1939 eine gewaltige Welle, die weit über 400 000 Personen umfasste. In den Folgemonaten wagten zwar viele eine Rückkehr nach Spanien, doch 160 000 bis 300 000 zogen es aus Angst vor, im Exil zu bleiben. Zehn Jahre nach Bürgerkriegsende waren noch 125 000 Personen in Frankreich als Flüchtlinge registriert. Wenngleich die Zahlenangaben eine große Schwankungsbreite aufweisen, lässt sich doch sagen, dass diese Fluchtbewegung und das dauerhafte Exil derartiger Menschenmassen keine Parallele in der jüngeren spanischen Geschichte besitzen. Mit der Flucht verband sich nicht nur eine schmerzhafte Entwurzelung der Betroffenen, sondern auch das Bewusstsein des Verlustes einer Heimat, die mit dem Einzug der neuen Herrscher für immer zerstört schien. Der französischen Regierung unter Daladier und später der Vichy-Regierung waren die Flüchtlinge allerdings alles andere als willkommen. Sie wurden in improvisierten Übergangslagern, oftmals ohne befestigte Unterkünfte, untergebracht. Misshandlungen, Hunger, Krankheit und Tod wurden auch hier zum Regelfall. Für viele Exilierte ging darüber hinaus der «Kampf gegen den Faschismus» weiter. Sie schlossen sich im Zweiten Weltkrieg als *maquisards* der französischen Resistance an und traten in die Befreiungsarmee im Krieg gegen die Achsenmächte ein. Vielen Flüchtlingen sollte aber noch ein weiterer Leidensweg bevorstehen. So wurden einige führende Republikaner wie Julián Zugazagoita, Lluís Companys und Juan Peiró in Frankreich aufgespürt, Franco überstellt und in Spanien hingerichtet. Largo Caballero wiederum verbrachte vier Jahre in einem deutschen Konzentrationslager und starb kurz nach seiner Befreiung. Nach Berechnungen von Mariano Constante wurden etwa 15 000 Spanier in deutsche Konzentrationslager verschleppt, insbesondere nach Mauthausen, aber auch nach Dachau und Buchenwald, von denen etwa die Hälfte in der Gefangenschaft ihr Leben lassen sollte. Ein besonderes Symbol für die grausamen Folgen des Bürgerkrieges stellt das Exil von Kindern dar, die aus den Kriegsgebieten (insbesondere durch britische Schiffe aus der nördlichen Küstenregion) evakuiert worden waren, um sie vor den Folgen der Kriegshandlungen zu schützen. Über 37 000 Kinder verließen auf diesem Weg Spanien, wurden oft auf Dauer von ihrer Heimat, ihren Eltern und Verwandten getrennt und mussten, auf sich allein gestellt, ihr Leben in einem fremden Land aufbauen. Lediglich etwa 20 000 von ihnen sollten Spanien wiedersehen (Alted, exilio).

Während Länder wie Großbritannien lediglich einigen wenigen Hundert, unter ihnen Negrín, die Einreise gestatteten, nahm dagegen nach Ende des Zweiten Weltkriegs insbesondere Mexiko viele Flüchtlinge auf. Bis 1948 trafen hier etwa 20 000 Personen ein, die vor allem den Kern einer intellektuellen spanischen Elite im Exil bilden sollten. Die Bedeutung der spanischen Exilbewegung liegt nämlich abgesehen von ihrer quantitativen Relevanz darin, dass es sich hierbei um einen gewaltigen Aderlass in kultureller und intellektueller Hinsicht handelte. Neben der materiellen Armut im Spanien der 1940er und 1950er Jahre wird daher stets auch die damals herrschende intellektuelle und künstlerische Armut hervorgehoben. Unter denen, die Spanien den Rücken kehrten, befanden sich der Dichter Antonio Machado, der kurz nach dem Eintreffen im französischen Exil im Jahr 1939 starb, die Schriftstellerin María Zambrano, Pablo Picasso, Joan Miró und Luis Buñuel, um nur einige der Bekanntesten zu nennen. Im deutschsprachigen Raum fanden darüber hinaus insbesondere der Philosoph José Ortega y Gasset sowie die Historiker Salvador de Madariaga und Américo Castro Beachtung. Beide Nobelpreise, die während der Diktatur an Spanier verliehen wurden, gingen an Exilierte: Juan Ramón Jiménez erhielt den Literaturnobelpreis im Jahr 1956 und Severo Ochoa den für Medizin im Jahr 1959. In Mexiko, das keine diplomatischen Beziehungen zu Franco-Spanien aufnehmen sollte, fand schließlich auch die republikanische Exilregierung eine dauerhafte Bleibe. Ein Exilparlament traf regelmäßig zusammen, wählte einen Ministerpräsidenten, der wiederum durch die Besetzung der verschiedenen Ministerressorts eine Regierung bildete. Die Institutionen, die sich als die legitimen Repräsentanten Spaniens verstanden, lebten gleichsam in der Fiktion die Republik weiter. Erst nach den ersten demokratischen Parlamentswahlen nach dem Tod Francos fassten Exilregierung und Exilparlament im Juni 1977 den Beschluss, sich aufzulösen. Dass am Ende nicht aus diesem republikanischen Erbe, sondern aus dem von Franco geschaffenen System das demokratische Spanien hervorgehen sollte, zeigt die Tragik und Illusion, in der diese Exilierten gelebt haben. Der über Jahrzehnte ungebrochene Wille, dem Regime des Generals Franco Widerstand entgegenzusetzen, zeugt auch von der Fortexistenz eines tief verwurzelten Hasses gegenüber den Siegern von 1939. Auf der anderen Seite verheilten auch nicht die Wunden innerhalb des in sich tief verfeindeten republikanischen Lagers. Das Exilparlament vertrat lediglich einen Teil der ehemals gemeinsamen Front, und die gegenseitige Ablehnung verhinderte letztlich die Schaffung einer starken Opposition, die vom Exil aus im Bündnis mit den westlichen Demokratien den Sturz der Diktatur wirkungsvoll hätte betreiben können.

Das Franco-Regime ist ohne den permanenten Bezug auf den Bürgerkrieg nicht zu erklären. Es lebte bis zu seinem Ende vom Beschwören dieser Erinnerung. Die Deutung des Sieges als Bestimmung der Vorsehung sowie der uneingeschränkte militärische Triumph schufen die Legitimationsbasis für eine kompromisslose Herrschaftsausübung. Das franquistische Regime setzte dabei nach innen auch ein Definitionsmonopol hinsichtlich der Wahrnehmung und Interpretation des Bürgerkrieges durch, wenngleich, wie Enrique Moradiellos herausgearbeitet hat, in der Dekade der 1960er Jahre eine veränderte Wahrnehmung einsetzte. Angesichts einer Gesellschaft, die sich damals im sozioökonomischen Aufbruch befand, wurde unter Beibehaltung des Konzeptes der beiden sich unversöhnlich gegenüberstehenden Spanien das triumphalistische und heroisierende Bild des Krieges schrittweise durch das einer kollektiven Tragödie ersetzt. Auch konnten nun viele Exilierte wieder nach Spanien zurückkehren. Die Vorstellung von der gemeinsamen Schuld an dem Wahnsinn des Krieges und vom Scheitern aller Spanier rückte allmählich in den Vordergrund. Das Entstehen einer Zivilgesellschaft und ein Generationswechsel ebneten den Weg für ein Aufeinanderzugehen beider Lager, was nach dem Tod Francos zum zentralen Bestandteil des politischen Übergangsprozesses werden sollte. Mit dem Tod des Diktators fand zwar die von Staats wegen erfolgte Stigmatisierung der im Bürgerkrieg Besiegten ihr Ende, doch wurde schlagartig das gewaltige Trauma des Krieges sichtbar. Die Sorge vor einem Aufreißen alter Wunden und die Angst vor einer radikalisierten und polarisierten Gesellschaft waren allgegenwärtig. Man befürchtete, dass als Folge dieser Entwicklung gewalttätige Auseinandersetzungen bis hin zu einem neuerlichen Bürgerkrieg ausbrechen könnten, wie sie Spanien während der Jahre der Zweiten Republik erlebt hatte. Die Selbstverpflichtung, dass es nie wieder zu einem Bürgerkrieg kommen dürfe, trat in den Mittelpunkt des gesellschaftlichen Bewusstseins. Die Erinnerung wirkte als mahnendes historisches Erbe. Damit wurde die Herstellung eines breiten Konsenses aller gesellschaftlichen Gruppierungen in allen zentralen politischen Belangen zum imperativen Ziel der politischen Akteure nach 1975. Der als labil wahrgenommene Demokratisierungsprozess sollte keinesfalls durch unerfüllbare politische Maximalforderungen oder gar ideologische Reizthemen überfrachtet werden. *Consenso* wurde zum gebetsmühlenartig wiederholten und praktizierten Schlagwort. Der Konsenswille äußerte sich etwa darin, dass der Generalsekretär der spanischen KP, Santiago Carrillo, dem als Verantwortlichen für die öffentliche Ordnung in Madrid im November 1936 die Erschießung von 2000 Gefangenen zugeschrieben wurde, und Adolfo Suárez, der letzte Generalsekretär des *Movimiento Nacional* als Nachfolgeorganisation der Falange, im Jahr 1977 gemeinsam einen Aktionsplan ausarbeiteten, um einen friedlichen Regimewandel auf den Weg zu bringen. Der Schriftsteller und spätere sozialistische Kulturminister, Jorge Semprún, der im April 1945 aus dem Konzentrationslager Buchenwald befreit worden war, stellte rückblickend fest, dass man in jenen Jahren lernen musste, mit den Häschern gemeinsam an einem Tisch zu sitzen, die einen einst ins Gefängnis geworfen hatten.

Das Bürgerkriegstrauma saß aber auch innerhalb der Gesellschaft tief, was sich besonders eindringlich an den Wahlergebnissen zu den spanischen *Cortes* ablesen lässt. Während in den Jahren der Zweiten Republik eine starke Polarisierung des Parteienspektrums stattgefunden hatte, fand nun eine Hinwendung zu Parteien statt, die für politische Mäßigung standen und keine Erinnerung an den Bürgerkrieg hervorriefen. Auf diese Weise wurde die Listenvereinigung *Unión de Centro Democrático* zum eindeutigen Wahlsieger der ersten Parlamentswahlen im Jahr 1977. Andererseits wurden Parteien wie die vom ehemaligen Minister der Diktatur, Manuel Fraga Iribarne, gegründete *Alianza Popular*, die auf den «soziologischen Franquismus» als den ab den 1960er Jahren zu bescheidenen Wohlstand gekommenen breiten bürgerlichen Schichten als Wählerklientel setzte, oder die kommunistische Partei PCE unter der Führung des Bürgerkriegskämpfers Santiago Carrillo abgestraft und erhielten nur geringe Stimmenanteile. Ganz in diesem Sinne stellte Ministerpräsident Felipe González anlässlich des 50. Jahrestages des Bürgerkriegsbeginns im Jahr 1986 fest, dass dieser Krieg kein Ereignis sei, dessen man gedenken solle, auch nicht durch die, die ihn erlebt und erlitten hätten. Der Bürgerkrieg sei vielmehr endgültig zur Geschichte geworden und damit für Spaniens Realität nicht mehr lebendig und präsent. Während sich also die Wissenschaft intensiv mit den Ereignissen befasste, blendete die Gesellschaft diese Vergangenheit aus und richtete ihren Blick auf die Zukunft. Entsprechend können auch Meinungsumfragen zur Bedeutung des Bürgerkrieges für die spanische Gesellschaft interpretiert werden: Im Sommer 1983 sahen drei Viertel aller Befragten im Bürgerkrieg eine beschämende Epoche, die am besten vergessen werden sollte (Bernecker, Krieg, 225).

Das Konsensgebot führte damit zu einer Tabuisierung von Fragen nach Schuld und Sühne. Die Amnestiegesetze von 1976 und 1977 verordneten auch im Hinblick auf die begangenen Verbrechen eine Amnesie. Und genauso wie die Suche nach den Tätern wurde auch die nach den Opfern tabuisiert. Ende der 1970er Jahre fanden für kurze Zeit zaghafte Versuche von Seiten der republikanischen Opfer der Repression statt, sich der eigenen Vergangenheit zu nähern, indem erstmals Gräber jener Tausenden geöffnet wurden, die in den Jahren des Bürgerkrieges erschossen und verscharrt worden waren, Gräber, über deren Existenz ein Mantel des Schweigens ausgebreitet worden war. Doch der Putschversuch vom Februar 1981 und die damals im Fernsehen live übertragenen Schüsse in den *Cortes* zeigten sozusagen als Warnschüsse, die die Gefahr einer Wiederholung der Geschichte vor Augen führten, eine schlagartige Wirkung. Ein aus den Erlebnissen der Vergangenheit herrührender Schmerz oder gar Rachegefühle hatten keinen Platz in einem Gemeinwesen, dessen oberstes Ziel die Sicherung der Prinzipien von Demokratie, Freiheit und Toleranz waren. Das Gebot des Vergessens lag nun schwerer denn je über der Vergangenheit. Wenngleich seit dem Ende der Diktatur wissenschaftliche Studien zu den Hintergründen, dem Verlauf und den Folgen des Krieges in großer Zahl erschienen, blieb die öffentliche Demonstration der persönlichen Erfahrung ein Tabu. Die Zeit des Schweigens fand damit eine quälende Fortsetzung. In einer Schlüsselszene der «Erzählung nach der Wirklichkeit» von Javier Cercas heißt es daher: «Glauben Sie mir, diese alten Geschichten interessieren keinen mehr, nicht einmal uns, die wir sie selbst erlebt haben. Früher schon, ja, aber das ist vorbei. Jemand hat entschieden, dass diese Geschichten vergessen werden sollen. Und wissen Sie was? Wahrscheinlich hatte er sogar Recht damit. Außerdem bestehen diese Geschichten doch alle zur Hälfte aus unbewussten Lügen und zur anderen Hälfte aus bewussten Lügen» (Cercas, Salamis, 187).

Seit einigen Jahren ist diese Erinnerung allerdings wieder erwacht. Vor allem die Nachkommen der republikanischen Bürgerkriegsopfer ergriffen das Wort. Sie fühlten sich in einer Zeit, in der die allgemeine Überzeugung bestand, dass die Schreckgespenster der Vergangenheit endgültig überwunden seien, dem «Gebot des Vergessens» nicht mehr verpflichtet. Das Schlagwort der «Wiedergewinnung der historischen Erinnerung» macht seit etwa fünf Jahren die Runde und erfasst breite Schichten der Bevölkerung. Im Herbst des Jahres 2000 wurde unter gewaltiger Anteilnahme durch die Medien und trotz einer symptomatischen Zurückhaltung von Seiten der damals durch die konservative Volkspartei geführten Regierung auch die Öffnung von Gräbern der «Vermissten» in Angriff genommen. Von Emotionen getragene persönliche Erinnerungen prägen seitdem die bis dahin eher nüchterne und ausgewogene öffentliche Auseinandersetzung mit den Ereignissen des Bürgerkrieges. Auch kommen wieder die Thesen der franquistischen Bürgerkriegspropaganda und das Geschichtsbild der Diktatur zum Vorschein. Die Nostalgiker der Diktatur zeigen nun öffentliche Präsenz. Die Würdigung des Andenkens an Franco ist salonfähig geworden und nicht mehr allein der extremen Rechten vorbehalten. Zudem hat eine polemische und ideologisch aufgeladene Geschichtsschreibung Hochkonjunktur erfahren, und ihre Werke finden reißenden Absatz. Die umstrittenen Publikationen des Journalisten Pío Moa erleben gewaltige Auflagen und haben zu erbitterten Kontroversen geführt. Dem Trend zur Ideologisierung und Emotionalisierung der Geschichte können sich aber selbst renommierte Wissenschaftler nicht entziehen, indem vor allem die Frage nach der Schuld an der Tragödie des Krieges in den Mittelpunkt der Betrachtung rückt.

Dieser Polarisierungsprozess lässt sich auch auf der politischen Ebene konstatieren. Nachdem noch Ende 1995 alle Parlamentsparteien einträchtig das Angebot zur Einbürgerung der

Kämpfer der Internationalen Brigaden als Geste der Anerkennung für deren selbstlosen Einsatz in Spanien beschlossen hatten und dies als Ausdruck der Reife der spanischen Gesellschaft im Umgang mit der jüngsten Vergangenheit empfunden worden war, fand bereits im Wahlkampf 1996 eine ideologische Radikalisierung zwischen der konservativen Volkspartei PP und der sozialistischen Partei PSOE statt. Bis dahin vermiedene alte Parolen und das Bild der «zwei Spanien» kamen wieder zur Vorschein. So gab der sozialistische Ministerpräsident Felipe González bei einer Wahlkampfveranstaltung in Barcelona im Hinblick auf die Wahlsiegambitionen des politischen Gegners die Losung der Kommunistenführerin Dolores Ibárruri aus: «No pasarán!» Die Sozialisten setzten erstmals seit der Wiedereinführung der parlamentarischen Demokratie bewusst auf die Angst vor einer Machtübernahme durch die mit dem Franquismus gleichgesetzte Rechte. Die konservative Partei wiederum begann nach anfänglichem Zögern damit, das politische Erbe des Franquismus anzutreten. Der Tenor der Auseinandersetzung im politischen Diskurs ist seitdem zunehmend aggressiv geworden, wie etwa im Jahr 1999 die Diskussionen um finanzielle Entschädigungen für die Exilierten zeigten. Die politisch-ideologische Befindlichkeit in Spanien wird nicht zuletzt im Hinblick auf das Gedenkjahr 2006 eine weitere Polarisierung erfahren.

Nach 25 Jahren einer auferlegten Verdrängungspolitik ist die spanische Gesellschaft von einer gewaltigen emotional aufgeladenen Woge der Erinnerung an das Leid erfasst worden, das von der grausamsten Erfahrung der Geschichte Spaniens ausging, einem Krieg, der zwar spanische Wurzeln hatte, der aber zugleich zum Schlachtfeld der Ideologien wurde und durch den Spanien in die Fänge der europäischen Mächte sowie ihrer nationalen Interessen geriet. Entsprechend kann die außerordentliche Brutalität, die im Bürgerkrieg von beiden Kriegsparteien verübt wurde, nicht allein auf den für zeitgenössische

Beobachter sprichwörtlichen «wilden Charakter» der Spanier und deren «inquisitorische» Mentalität, mit der sie Andersdenkende unbarmherzig verfolgten, reduziert werden. In diesem Krieg findet ebenfalls die ideologisch begründete radikale Intoleranz im Europa der Zwischenkriegszeit einen dramatischen Ausdruck, die allerdings erst in den Vernichtungsfeldzügen des Zweiten Weltkriegs und im Holocaust ihren unvorstellbaren Höhepunkt erreichen sollte.

Abkürzungsverzeichnis

ADAP	Akten zur Deutschen Auswärtigen Politik
AP	Alianza Popular
CEDA	Confederación Española de Derechas Autónomas
CNT	Confederación Nacional del Trabajo
CTV	Corpo di Truppe Volontarie
FAI	Federación Anarquista Ibérica
FET	Falange Española Tradicionalista
FNTT	Federación Nacional de Trabajadores de la Tierra
Hisma	Compañía Hispano-Marroquí de Transportes
JAP	Juventudes de Acción Popular
JONS	Juntas de Ofensiva Nacional-Sindicalista
NSDAP	Nationalsozialistische Deutsche Arbeiterpartei
PCE	Partido Comunista de España
PNV	Partido Nacionalista Vasco
POUM	Partido Obrero de Unificación Marxista
PP	Partido Popular
PSOE	Partido Socialista Obrero Español
PSUC	Partit Socialista Unificat de Catalunya
SIM	Servicio de Investigación Militar
UCD	Unión de Centro Democrático
UGT	Unión General de Trabajadores

Zeittafel

1931

14. 4.	Ausrufung der Zweiten Republik. Bildung einer provisorischen Regierung unter Niceto Alcalá Zamora
11. 5.	Brand und Plünderung von Klöstern in Madrid
28. 6.	Parlamentswahlen (*Cortes Constituyentes*)
15. 10.	Bildung einer provisorischen Regierung unter Manuel Azaña
9. 12.	Verkündigung der Verfassung der spanischen Republik
10. 12.	Wahl von Niceto Alcalá Zamora zum ersten Präsidenten der Zweiten Republik

1932

19. 1.	Beginn anarchistischer Aufstände in Katalonien
10. 8.	Putschversuch gegen die republikanische Ordnung durch General José Sanjurjo in Sevilla
9. 9.	Verabschiedung des Autonomiestatuts für Katalonien
15. 9.	Verabschiedung des Agrarreformgesetzes

1933

12. 1.	«Massaker von Casas Viejas» an anarchistischen Aufständischen
29. 10.	Gründung von *Falange Española* durch José Antonio Primo de Rivera
19. 11.	Sieg der vereinigten Rechtsparteien bei Parlamentswahlen

1934

13. 2.	Fusion von *Falange Española* und *Juntas de Ofensiva Nacional-Sindicalista*
4. 10.	Regierungsumbildung unter Alejandro Lerroux bei Aufnahme von Mitgliedern der CEDA

6. 10.	«Spanische Oktoberrevoution» in Asturien; Aufstände in Katalonien
10. 12.	Bildung von *Bloque Nacional* unter José Calvo Sotelo

1935

2. 5.	Französisch-sowjetischer Beistandspakt
6. 5.	Regierungsumbildung und Ernennung von José María Gil Robles zum Kriegsminister
18. 6.	Deutsch-britischer Flottenvertrag
9. 12.	Hoare-Laval-Plan zur Teilung Abessiniens
14. 12.	Regierungsumbildung nach Korruptionsaffären von Alejandro Lerroux

1936

16. 2.	Sieg der Volksfrontkoalition bei Parlamentswahlen; Bildung einer republikanischen Regierung unter Manuel Azaña
26. 2.	Wiederherstellung der *Generalitat* von Katalonien unter Lluis Companys
7. 3.	Einmarsch deutscher Truppen in das entmilitarisierte Rheinland
10. 5.	Wahl von Manuel Azaña zum Staatspräsidenten. Regierungsbildung unter Santiago Casares Quiroga
13. 7.	Ermordung von José Calvo Sotelo
17./18. 7.	Militärputsch und Beginn des Bürgerkrieges
18. 7.	Bildung einer republikanischen Regierung unter Diego Martínez Barrio
19. 7.	Neubildung der Regierung in Madrid unter José Giral
20. 7.	Flugzeugabsturz und Tod von General Sanjurjo
21. 7.	Bildung des «Komitees der Antifaschistischen Milizen» in Barcelona
24. 7.	Bildung der «Nationalen Verteidigungsjunta» in Burgos
28. 7.	Beginn der deutschen Hilfe an die Nationalisten
2. 8.	Frankreichs Entscheidung für die Nichteinmischungspolitik
14. 8.	Besetzung von Badajoz durch die Nationalisten
15. 8.	Britisch-französische Übereinkunft zur Nichteinmischung in den Spanischen Bürgerkrieg

4\. 9. Bildung einer Volksfrontregierung unter Francisco Largo Caballero

9\. 9. Erstes Treffen des Nichteinmischungskomitees in London

27\. 9. Befreiung des Alcázar von Toledo

28\. 9. Wahl Francos zum oberkommandierenden General der nationalistischen Streitkräfte

1\. 10. Proklamation Francos zum Regierungschef und Generalissimus

7\. 10. Bildung der autonomen baskischen Regierung

25\. 10. Deutsch-italienischer Vertrag («Achse Berlin-Rom»)

4\. 11. Eintritt der Anarchisten in die Madrider Regierung

6\. 11. Verlegung des republikanischen Regierungssitzes nach Valencia

8\. 11. Eintreffen der Internationalen Brigaden und erster sowjetischer Waffen in Madrid

16\. 11. Entsendung der *Legion Condor* nach Spanien

18\. 11. Anerkennung der Regierung Francos durch Deutschland und Italien

20\. 11. Hinrichtung von José Antonio Primo de Rivera in Alicante

6\. 12. Beschluss Mussolinis zur Entsendung von Truppen nach Spanien

1937

2\. 1. Britisch-italienisches Abkommen zur Erhaltung des Status quo im Mittelmeerraum

6\. 1. Verabschiedung des *Spanish Embago Act* durch den amerikanischen Kongress

5\. 2. Beginn der Schlacht am Jarama

8\. 2. Eroberung von Málaga durch die Nationalisten

8\. 3. Beginn der Schlacht bei Guadalajara

19\. 4. Zusammenschluss der Falange und der Traditionalisten zu einer Einheitspartei unter der Führung Francos (*Falange Española Tradicionalista y de las JONS*)

26\. 4. Zerstörung Guernicas durch deutsche und italienische Lufteinheiten

3\. 5. Beginn der Kämpfe zwischen Kommunisten, Anarchisten und unabhängigen Marxisten in Barcelona

17\. 5. Neubildung der republikanischen Regierung unter Ministerpräsident Juan Negrín

31. 5. Rückzug Italiens und Deutschlands aus der internationalen Seekontrolle
3. 6. Tod von General Emilio Mola bei einem Flugzeugabsturz
19. 6. Einnahme von Bilbao durch die Nationalisten
1. 7. Kollektives Schreiben der spanischen Bischöfe
6. 7. Beginn der Offensive des *Volksheeres* bei Brunete
10. 8. Auflösung des *Consejo de Aragón*
24. 8. Beginn der republikanischen Offensive bei Belchite
10. 9. Beginn der Konferenz von Nyon
21. 10. Vollständiger Verlust des republikanischen Herrschaftsgebietes im Norden
31. 10. Verlegung des republikanischen Regierungssitzes nach Barcelona
15. 12. Beginn der Schlacht um Teruel

1938

7. 1. Einnahme von Teruel durch das *Volksheer*
30. 1. Bildung der ersten Regierung unter General Franco
22. 2. Rückeroberung von Teruel durch die Nationalisten
9. 3. Erlass der Arbeitsverfassung durch die nationalistische Regierung
10. 3. Beginn der Offensive der Nationalisten in Aragonien
17. 3. Öffnung der spanisch-französischen Grenze
3. 4. Einnahme von Lérida durch die Nationalisten
5. 4. Rücktritt von Indalecio Prieto als republikanischer Verteidigungsminister
8. 4. Regierungsbildung in Frankreich durch Edouard Daladier
14. 4. Durchbruch der Nationalisten zum Mittelmeer; Zweiteilung des Territoriums der spanischen Republik
12. 5. Anerkennung der Regierung Francos durch Portugal
13. 6. Schließung der spanisch-französischen Grenze
25. 7. Beginn der Schlacht am Ebro
21. 9. Ankündigung des Rückzugs der Internationalen Brigaden
27. 9. Neutralitätserklärung Francos im Fall eines europäischen Krieges
30. 9. Konferenz von München
29. 10. Verabschiedung der Internationalen Brigaden
16. 11. Ende der Schlacht am Ebro

30.12. Übernahme der Kontrolle über die nationalistischen Sicherheitsorgane durch Ramón Serrano Suñer

1939

26. 1. Einnahme Barcelonas durch die Nationalisten
9. 2. Flucht der republikanischen Regierung nach Frankreich
9. 2. Erlass des Gesetzes über politische Verantwortlichkeiten durch die Regierung Francos
10. 2. Rückkehr von Ministerpräsident Juan Negrín nach Spanien
11. 2. Vollständige Besetzung Kataloniens durch nationalistische Einheiten
27. 2. Anerkennung der Regierung Francos durch Großbritannien und Frankreich
28. 2. Rücktritt von Manual Azaña vom Amt des Staatspräsidenten
5. 3. Aufstand in Madrid unter Oberst Segismundo Casado
6. 3. Flucht von Juan Negrín aus Spanien
15. 3. Deutscher Einmarsch in Prag
27. 3. Beitritt Spaniens zum Antikominternpakt
28. 3. Einnahme Madrids durch die Nationalisten
31. 3. Einnahme von Alicante durch die Nationalisten
31. 3. Unterzeichnung eines deutsch-spanischen Freundschaftsabkommens
1. 4. Ende des Bürgerkrieges

Auswahlliteratur

Abellán, José Luis: El exilio como constante y como categoría. Madrid 2001

Abendroth, Hans-Henning: Hitler in der spanischen Arena. Paderborn 1973

Aguilar Fernández, Paloma: Memory and Amnesia. The Role of the Spanish Civil War in the Transition to Democracy. New York 2002

Alpert, Michael: La reforma militar de Azaña. Madrid 1982

Alted Vigil, Alicia: El exilio español de la guerra civil: los niños de la guerra. Madrid 1995

Alvarez Bolado, Alfonso: Para ganar la guerra, para ganar la paz. La Iglesia y la guerra civil. Madrid 1995

Antón, Julio de: Policía y Guardia Civil en la España republicana. Madrid 2001

Arias Ramos, Raúl: La Legión Cóndor en la Guerra Civil. El apoyo militar alemán a Franco. Madrid 2003

Armero, José Mario: España fue noticia. Corresponsales extranjeros en la guerra civil española. Madrid 1976

Aróstegui Sánchez, Julio (Hrsg.): Historia y memoria de la guerra civil. 3 Bde. Valladolid 1988

Avilés, Juan: Pasión y farsa. Franceses y británicos ante la guerra civil española. Madrid 1994

Azaña, Manuel: Discursos políticos. Barcelona 2004

Azaña, Manuel: Diarios de guerra. Barcelona 2000

Bahamonde Magro, Angel; Javier Cervera Gil: Así terminó la Guerra de España. Madrid 2000

Balfour, Sebastian: Deadly Embrace. Morocco and the Road to the Spanish Civil War. Oxford 2002

Barea, Arturo: Hammer oder Amboss sein. Frankfurt 1955

Baxell, Richard: British Volunteers in the Spanish Civil War. The British Battalion in the International Brigades, 1936–1939. London 2004

Beevor, Antony: La Guerra Civil Española. Barcelona 2005

Bernecker, Walther L.: Anarchismus und Bürgerkrieg. Zur Geschichte der Sozialen Revolution in Spanien 1936–1939. Hamburg 1978

Bernecker, Walther L.: Sozialgeschichte Spaniens im 19. und 20. Jahrhundert. Frankfurt 1990

Bernecker, Walther L.: Krieg in Spanien 1936–1939. Darmstadt [2]2005

Blanco Escolá, Carlos: La incompetencia militar de Franco. Madrid 2000

Blinkhorn, Martin: Carlismo y contrarrevolución en España 1931–1939. Barcelona 1979

Blinkhorn, Martin: Democracy and Civil War in Spain 1931–1939. London 1988

Bolloten, Burnett: The Spanish Civil War. Revolution and Counterrevolution. Chapel Hill 1991

Borrás Llop, José María: Francia ante la guerra civil española: Burguesía, interés nacional e interés de clase. Madrid 1981

Bosch Sánchez, Aurora: Ugetistas y libertarios. Guerra civil y revolución en el país valenciano 1936–1939. Valencia 1983

Brenan, Gerald: The Spanish Labyrinth. Cambridge 1943

Broué, Pierre: Staline et la révolution. Le cas espagnol. Paris 1993

Buchanan, Tom: Britain and the Spanish Civil War. Cambridge 1997

Cantalupo, Roberto: Fu la Spagna. Ambasciata presso Franco. Febbraio-aprile 1937. Milano 1948

Carr, Edward H.: The Comintern and the Spanish Civil War. London 1984

Carroll, Peter N.: The Odyssey of the Abraham Lincoln Brigade. Americans in the Spanish Civil War. Stanford 1994

Casanova, Julián: Anarquismo y revolución en la sociedad rural aragonesa, 1936–1938. Madrid 1985

Casanova, Julián (Hrsg.): Morir, matar, sobrevivir. La violencia en la dictadura de Franco. Barcelona 2002

Casanova, Julián: Anarquism, the Republic and Civil War in Spain, 1931–1939. London 2005

Casanova, Marina: La diplomacia española durante la guerra civil. Madrid 1996

Cercas, Javier: Soldaten von Salamis. Berlin 2002

Cierva, Ricardo de la: Franco. Barcelona 1986

Cortada, James W. (Hrsg.): Historical Dictionary of the Spanish Civil War, 1936–1939. Westport 1982

Coverdale, John: Italian Intervention in the Spanish Civil War. Princeton 1976

Crusells, Magí: La Guerra Civil española: cine y propaganda. Barcelona 2003
Cruz, Rafael: El Partido Comunista de España en la Segunda República. Madrid 1987
Cruz, Rafael: Pasionaria. Dolores Ibárruri, Historia y Símbolo. Madrid 1999
Cunningham, Valentine (Hrsg.): Spanish Front. Writers on the Spanish Civil War. Oxford 1986
Ealham, Chris; Michael Richards (Hrsg.): The Splintering of Spain. Cultural History and the Spanish Civil War, 1936–1939. Cambridge 2005
Edwards, Jill: The British Government and the Spanish Civil War, 1936–1939. London 1979
Einhorn, Marion: Die ökonomischen Hintergründe der faschistischen deutschen Intervention in Spanien 1936–1939. Berlin (Ost) 1962
Ellwood, Sheelagh: Prietas las filas. Historia de Falange Española. Barcelona 1984
Elorza, Antonio; Marta Bizcarrondo: Queridos camaradas. La Internacional Comunista y España, 1919–1939. Barcelona 1999
Enrique y Tarancón, Vicente: Recuerdos de juventud. Barcelona 1984
Febo, Giuliana di: Ritos de guerra y de victoria en la España franquista. Bilbao 2002
Foltz, Charles: The Masquerade in Spain. Boston 1948
Fontana, Josep: Enseñar historia con una guerra civil por medio. Barcelona 1999
Foss, William; Cecil Gerahty: The Spanish Arena. London 1938
Foxá, Agustín de: Madrid, de corte a checa, Madrid 1962
Fraser, Ronald: Blood of Spain. The Experience of Civil War. 1936–1939. London 1979
Fusi Aizpurúa, Juan Pablo: Franco. Spanien unter der Diktatur 1936–1975. München 1992
Fyrth, Jim: The Signal was Spain: The Spanish Aid Movement in Britain, 1936–1939. London 1986
García Pérez, Rafael: Franquismo y Tercer Reich. Las relaciones económicas hispano-alemanas durante la segunda guerra mundial. Madrid 1994
Garitaonandía, Carmelo; José Luis de la Granja (Hrsg.): La guerra civil en el País Vasco. 50 años después. Bilbao 1987
Gibson, Ian: The Death of Lorca. London 1973
Gibson, Ian: Paracuellos: como fue. Madrid ^{2}2005

Gil Pecharromán, Julio: Conservadores subversivos. La derecha autoritaria alfonsina (1913–1936). Madrid 1994
Gil Pecharromán, Julio: La Segunda República. Madrid 1995
Gil Pecharromán, Julio: José Antonio Primo de Rivera. Retrato de un visionario. Madrid ²2003
González Cuevas, Pedro Carlos: Acción Española. Teología política y nacionalismo autoritario en España (1912–1936). Madrid 1998
González Cuevas, Pedro Carlos: Historia de las derechas españolas. De la Ilustración a nuestros días. Madrid 2000
Graham, Helen: Socialism and War. The Spanish Socialist Party in Power and Crisis (1936–1939). Cambridge 1991
Graham, Helen: The Spanish Republic at War 1936–1939. Cambridge 2002
Graham, Helen: The Spanish Civil War. A Very Short Introduction. Oxford 2005
Heiberg, Morten: Emperadores del Mediterráneo. Franco, Mussolini y la guerra civil española. Barcelona 2004
Heiberg, Morten; Mogens Pelt: Los negocios de la guerra. Armas nazis para la República española. Barcelona 2005
Hermet, Guy: Les Catholiques dans l'Espagne Franquiste. 2 Bde. Paris 1980/81
Hopkins, James K.: Into the Heart of the Fire. The British in the Spanish Civil War. Stanford 1998
Howson, Gerald: Arms for Spain. The Untold Story of the Spanish Civil War. London 1998
Huhle, Rainer: Die Geschichtsvollzieher. Theorie und Politik der Kommunistischen Partei Spaniens 1936 bis 1938. Gießen 1980
Ibárruri, Dolores: Der einzige Weg. Berlin (Ost) 1964
Jackson, Gabriel: A Concise History of the Spanish Civil War. London 1974
Jackson, Gabriel: Juan Negrín. Cara y Cruz. Barcelona 2004
Juliá, Santos: Historia económica y social moderna y contemporánea de España. Madrid 1988
Juliá, Santos: Manuel Azaña. Una biografía política. Madrid 1990
Juliá, Santos; Julián Casanova; Josep María Solé i Sabaté; Joan Villarroya; Francisco Moreno: Víctimas de la Guerra Civil. Madrid 1999
Keene, Judith: Fighting for Franco. International Volunteers in Nationalist Spain during the Spanish Civil War, 1936–1939. London 2001
Kolzow, Michail: Spanisches Tagebuch. Berlin (Ost) 1960

Kowalsky, Daniel: La Unión Soviética y la guerra civil española. Una revisión crítica. Barcelona 2003
Kühne, Horst: Krieg in Spanien 1936–1939. Berlin 1986
Leitz, Christian: Economic Relations Between Nazi Germany and Franco's Spain 1936–1945. Oxford 1996
Malefakis, Edward: Agrarian Reform and Peasant Revolution in Spain: Origins of the Spanish Civil War. New Haven 1970
Madariaga, María Rosa: Los moros que trajo Franco. La intervención de tropas coloniales en la Guerra Civil Española. Barcelona 2002
Maiskij, Ivan M.: Memoiren eines sowjetischen Botschafters. Berlin 1973
Marquina, Antonio: La diplomacia vaticana y la España de Franco (1936–1945). Madrid 1983
Martínez Reverte, Jorge: La batalla del Ebro. Barcelona 2003
Martínez Saura, Santos: Memorias del secretario de Azaña. Barcelona 1999
Matesanz, José Antonio: Las raíces del exilio. México ante la guerra civil española. México 1999
Merkes, Manfred: Die deutsche Politik im Spanischen Bürgerkrieg 1936–1939. Bonn ^{2}1969
Miralles Palencia, Ricardo: Juan Negrín. La República en guerra. Madrid 2003
Moa, Pío: El derrumbe de la segunda república y la guerra civil. Madrid 2000
Moa, Pío: Los mitos de la guerra civil. Madrid 2003
Molinero, Carme; Margarita Sala y Sobrequés (Hrsg.): Una inmensa prisión. Los campos de concentración y las prisiones durante la guerra civil y el franquismo. Barcelona 2003
Montero, Antonio: Historia de la persecución religiosa en España, 1936–1939. Madrid 1961
Moradiellos, Enrique: La perfidia de Albión. El gobierno británico y la guerra civil española. Madrid 1996
Moradiellos, Enrique: El reñidero de Europa. Las dimensiones internacionales de la guerra civil española. Barcelona 2001
Moradiellos, Enrique: 1936. Los mitos de la Guerra Civil. Barcelona 2004
Moreno Gómez, Francisco: La Guerra Civil en Córdoba (1936–1939). Madrid 1985
Morodo Leoncio, Raúl: Orígenes ideológicos del franquismo: Acción Española. Madrid 1985

Mühlen, Patrik von zur: Spanien war ihre Hoffnung. Die deutsche Linke im Spanischen Bürgerkrieg 1936 bis 1939. Bonn 1983
Nerín, Gustau: La guerra que vino de Africa. Barcelona 2005
Oliveira, César: Salazar e a guerra civil de Espanha. Lisboa 1987
Orella, José Luis: La formación del Estado Nacional durante la guerra civil española. Madrid 2001
Ortiz Heras, Manuel: Violencia política en la II República y el primer franquismo. Albacete, 1936–1950. Madrid 1996
Payne, Stanley G.: Unión Soviética, comunismo y revolución en España (1931–1939). Barcelona 2003
Payne, Stanley G.: El colapso de la República. Los orígenes de la Guerra Civil (1933–1936). Madrid 2005
Pike, David W.: Les Français et la guerre d'Espagne 1936–1939. Paris 1975
Preston, Paul: The Spanish Civil War, 1936–1939. London 1986
Preston, Paul: Franco. A Biography. London 1993
Preston, Paul: The Coming of the Spanish Civil War: Reform, Reaction and Revolution in the Second Republic. London ^{2}1994
Preston, Paul: Las tres Españas del 36. Barcelona 1998
Preston, Paul: La guerra civil española. Barcelona 2000
Proctor, Raymond: Hitler's Luftwaffe in the Spanish Civil War. Westport 1983
Radosh, Ronald; Mary R. Habeck; Grigory Sevostianov (Hrsg.): Spain Betrayed. The Soviet Union in the Spanish Civil War. New Haven 2001
Raguer, Hilari: La pólvora y el incienso. La Iglesia y la guerra civil española (1936–1939). Barcelona 2001
Reig Tapia, Alberto: Ideología e historia (Sobre la represión franquista y la guerra civil). Madrid 1985
Reig Tapia, Alberto: Memoria de la Guerra Civil. Los mitos de la tribu. Madrid 1999
Richards, Michael: A Time of Silence. Civil War and the Culture of Repression in Franco's Spain, 1936–1945. Cambridge 1998
Rodríguez Aisa, María Luisa: El cardenal Gomá y la guerra de España. Aspectos de la gestión pública del primado, 1936–1939. Madrid 1981
Romero, Luis: Tres días de julio: 18, 19 y 20 de julio de 1936. Barcelona 1967
Rosas, Fernando (Hrsg.): Portugal e a guerra civil espanhola. Lisboa 1998

Rubio, Javier: La emigración de la guerra civil de 1936–1939. 3 Bde. Madrid 1977
Rubio Cabeza, Manuel: Diccionario de la Guerra Civil Española. 2 Bde. Barcelona 1987
Sainz Rodríguez, Pedro: Testimonio y recuerdos. Barcelona 1978
Salas Larrazábal, Ramón: Los datos exactos de la guerra civil. Madrid 1980
Salas Larrazábal, Ramón; Jesús Salas Larrazábal: Historia general de la guerra civil. Madrid 1986
Saña, Heleno: Die libertäre Revolution. Die Anarchisten im spanischen Bürgerkrieg. Hamburg 2001
Sanchez Asiaín, José Angel: Economía y finanzas en la Guerra Civil española (1936–1939). Madrid 1999
Santacana i Torres, Carles: Victoriosos i derrotats: el franquisme a L'Hospitalet, 1939–1951. Barcelona 1994
Saz Campos, Ismael: Mussolini contra la Segunda República. Hostilidad, conspiraciones, intervención. Valencia 1986
Schauff, Frank: Der verspielte Sieg. Sowjetunion, Kommunistische Internationale und Spanischer Bürgerkrieg 1936–1939. Frankfurt a. M. 2004
Schieder, Wolfgang; Christoph Dipper (Hrsg.): Der Spanische Bürgerkrieg in der internationalen Politik (1936–1939). München 1976
Seidman, Michael: Republic of Egos. A Social History of the Spanish Civil War. Madison 2002
Shubert, Adrian: Hacia la revolución. Orígenes sociales del movimiento obrero en Asturias. Barcelona 1984
Silva, Emilio; Santiago Macías: Las fosas de Franco. Madrid 2003
Southworth, Herbert: Guernica!, Guernica!: A Study of Journalism, Diplomacy, Propaganda and History. Berkeley 1977
Southworth, Herbert: Disinformation and the Spanish Civil War: The Brainwashing of Francisco Franco. London 2001
Thomas, Hugh: The Spanish Civil War. New York [3]2001
Thomás, Joan Maria: La Falange de Franco. El proyecto fascista del régimen. Barcelona 2001
Tosstorff, Reiner: Die POUM im spanischen Bürgerkrieg. Frankfurt a. M. 1987
Trapiello, Andrés: Las armas y las letras. Literatura y guerra civil. Barcelona 2002

Tuñón de Lara, Manuel u. a.: La Guerra Civil española. 50 años después. Barcelona 1985 (dt.: Der Spanische Bürgerkrieg. Eine Bestandsaufnahme. Frankfurt a. M. 1987)
Tusell, Javier: Las elecciones del frente popular. 2 Bde. Madrid 1971
Tusell, Javier: Franco en la Guerra Civil. Una biografía política. Barcelona 1992
Tusell, Javier; Genoveva García Queipo de Llano: El catolicismo mundial y la guerra de España. Madrid 1993
Ucelay-Da Cal, Enric: La Catalunya populista. Imatge, cultura i política en l'etapa republicana, 1931–1939. Barcelona 1982
Uhl, Michael: Mythos Spanien. Das Erbe der Internationalen Brigaden in der DDR. Berlin 2004
Vilar, Pierre: Kurze Geschichte zweier Spanien. Der Bürgerkrieg 1936 bis 1939. Berlin 1987
Villarroya i Font, Joan; Josep Maria Solé Sabaté: Breu historia de la guerra civil a Catalunya. Barcelona 2005
Viñas, Angel u. a.: Política comercial exterior en España (1931–1975), Bd. 1. Madrid 1979
Viñas, Angel: El oro de Moscú. Alfa y Omega de un mito franquista. Barcelona 1979
Viñas, Angel: Franco, Hitler y el estallido de la guerra civil. Antecedentes y consecuencias. Madrid 2001
Welles, Sumner: The Time for Decision. New York 1944
Whealey, Robert H.: Hitler and Spain. The Nazi Role in the Spanish Civil War 1936–1939. Lexington 1989

Aus dem Verlagsprogramm

Geschichte Spaniens

Manuel Fernández Álvarez
Johanna die Wahnsinnige 1479–1555
Königin und Gefangene
Aus dem Spanischen von Matthias Strobel
2005. 228 Seiten mit 21 Abbildungen. Leinen

Walther L. Bernecker
Spaniens Geschichte seit dem Bürgerkrieg
3., neubearbeitete und erweiterte Auflage. 1997.
336 Seiten mit 1 Karte. Paperback
Beck'sche Reihe Band 284

Alfred Kohler
Ferdinand I. 1503–1564
Fürst, König, Kaiser
2003. 377 Seiten mit 18 Abbildungen und 1 Karte. Leinen

Alfred Kohler
Karl V. 1500–1558
Eine Biographie
2005. 424 Seiten mit 22 Abbildungen, einer Karte
und einer genealogischen Tafel.
Beck'sche Reihe Band 1649

Walther L. Bernecker
Spanische Geschichte
Vom 15. Jahrhundert bis zur Gegenwart
3. Auflage. 2003. 136 Seiten mit 2 Karten. Paperback
Beck'sche Reihe Band 2111
C. H. Beck Wissen

Günther Haensch/Gisela Haberkamp de Antón
Kleines Spanien-Lexikon
Wissenswertes über Land und Leute
2., neubearbeitete Auflage. 1996. 190 Seiten mit 7 Karten. Paperback
Beck'sche Reihe Band 825
Reihe «Länder»

Europäische Geschichte im 20. Jahrhundert

Paul Fischer/Geoffrey P. Burwell
Kleines England-Lexikon
Wissenswertes über Großbritannien
3., neubearbeitete und erweiterte Auflage. 1995.
291 Seiten mit 6 Karten. Paperback
Beck'sche Reihe Band 814
Reihe «Länder»

Heinrich Händel/Daniel Gossel
Großbritannien
4., völlig neu bearbeitete und erweiterte Auflage. 2002. 316 Seiten
mit 28 Abbildungen, 6 Graphiken und 3 Karten. Paperback
Beck'sche Reihe Band 835
Reihe «Länder»

Günther Haensch/Hans J. Tümmers
Frankreich
Politik, Gesellschaft, Wirtschaft
Unter Mitarbeit von Peter Huber und Rudolf Steiner.
3., völlig neubearbeitete Auflage. 1998. 443 Seiten mit Karten,
Schaubildern und Tabellen. Paperback
Beck'sche Reihe Band 831
Reihe «Länder»

Alfred Grosser
Wie anders ist Frankreich?
2. Auflage. 2005. 240 Seiten. Gebunden

Carmine Chiellino/Fernando Marchio/Giocondo Rongoni
Italien
3., neubearbeitete Auflage. 1995.
437 Seiten mit 3 Karten. Paperback
Beck'sche Reihe Band 821
Reihe «Länder»

Verlag C. H. Beck München